Otto Maier

Macht dem Töten ein Ende

In diesem Buch werden aktuelle Ereignisse dargestellt, die zur Zeit von vielen Menschen breitflächig diskutiert werden. Es geht um die Mitwirkung der katholischen Beratungsstellen nach Paragraph 218 an der Tötung Ungeborener durch die Erteilung des Beratungsscheines. Die Darstellungsform ist ein Dialog.

P. Otto Maier

Macht dem Töten ein Ende!

Der böse Beratungsstreit um Paragraph 218 in der Katholischen Kirche nimmt seit Jahren leider kein Ende. Zwischen Retten und Töten-Lassen springen die Meinungen der Gruppen auseinander. Die Mehrheit der deutschen Bischöfe will am umstrittenen staatlichen Schutzkonzept festhalten, obwohl es der Frau die unfaßbare Entscheidung überläßt, das ungeborene Kind zu töten. Gegen diese Tatsachen wehren sich jene Christen, deren Gewissen an den Ewigen Normen, die Gott uns gegeben hat, festhält.

Ein Plädoyer für Ungeborene

ISBN 3 - 932426 - 10 - X
1998 by SJM - Verlag D - 67149 Meckenheim
Printed in Czech Republic
Gesamtherstellung: Matice cyrilometodejska s.r.o.
Olomouc
Gestaltung des Umschlags: Inigo Bernard

Ehre sei dem Vater und
dem Sohn und dem Heiligen Geist,
wie im Anfang
so auch jetzt und alle Zeit
und in Ewigkeit. Amen!

Gott Vater hat alles geschaffen.

Alles im Himmel und auf Erden
wurde geschaffen
nach dem Bild Jesu Christi.

Der Heilige Geist
erfüllt und heiligt alles
mit dem Odem des Lebens.

Maria, Du Mutter Jesu Christi,
Du Schmerzenmutter
und unsere Mutter,
bitte für alle Kinder,
besonders aber für die im Mutterschoß.

Man muß die Wahrheiten tausendmal wiederholen und von allen Seiten immer wieder noch einmal beleuchten. Erst die Wiederholungen schürfen heraus, was wirklich gemeint ist. Vielleicht wird dann ein Festgefahrenes doch noch durch einen neuen Überlegungsprozeß in Gang gesetzt. Wenn dies nicht der Fall sein sollte und trotz der Erkenntnis keine Umkehr eintritt, bleibt der granitene Block des Unrechts unbarmherzig in dem Raum der Menschheitsgeschichte stehen und klagt uns dort für immer an.

Inhaltsverzeichnis

Das Blut des Abel

Das Blut hat eine laute Stimme, – nicht nur das Blut Abels, sondern auch das Blut aller, die für den Herrn getötet wurden. Die Stimme des Blutes ist Zeugnis für den Glauben und für die Glut der Liebe, um derentwillen sie starben. Das Blut schreit von der Erde zum Himmel. Denn die Zeugen wurden zwar wie Abel an abgelegenen Orten getötet, doch ihr Tod ist "kostbar in den Augen des Herrn". Mit Recht verlangt er, daß alle, die ungerecht gemordet wurden, den Kranz erlangen und daß die, welche sie ungerecht verfolgt und getötet haben, selbst verurteilt werden. Das Blut aller Getöteten, deren Leben sich um des Zeugnisses willen bewährt hat, ruft zum Herrn.

Unfaßbar viel Blut der Ungeborenen, unserer kleinsten Brüder und Schwestern, wird täglich weltweit im Schoße ihrer Mütter vergossen. Das bringt eine Fülle von Anklagen, die auch vor den Thron des Lebendigen Gottes emporsteigen. Zwar haben die Kleinsten kein persönliches Zeugnis abgelegt, aber ihr vergossenes Blut legt gegen unsere schreiende Ungerechtigkeit und Herzenshärte Zeugnis ab und klagt schwer an. Der Ankläger ist das Menschenblut, von dem der Herr streng geboten hat, daß wir es nicht vergießen dürfen.

Unsere Generation ist wie blind in Finsternis und Gottvergessenheit gestürzt. In ähnlichem Wahn, wie ihn schon die braunen und roten Systeme unseres Jahrhunderts besessen haben, betreibt der moderne Mensch wieder den Aufstand gegen Gott, indem er sich am Menschen, dem Abbild Gottes, vergreift. Er verfügt als Mensch über den Menschen. Er hat vergessen, was an Gewaltsystemen hinter ihm liegt, und rennt schon wieder voller Torheit in Chaos und Verderben, – und vergießt Blut.

Vorwort

Die Zeit drängt. Es tobt ein gewaltiger Kampf zwischen Himmel und Erde, zwischen Höhen und Abgründen, zwischen Lauterkeit und Bosheit.

Gott schafft den Menschen. Er erhebt ihn und adelt sein Angesicht, schenkt ihm eine einmalige Würde und macht seine Person unantastbar. Der Mensch hingegen vernichtet den Menschen, indem er ihn willkürlich tötet. Er beraubt ihn seiner Würde, die er in den Staub tritt. Er verunehrt sein Angesicht und gibt den Menschen dem Zugriff des Menschen preis. So geschieht es bereits flächendeckend in der heutigen "postmodernen Gesellschaft" durch Abtreibung und Euthanasie.

Der Mensch als Mensch ist unter die Räuber gefallen, liegt am Straßenrand und blutet aus tausend Wunden. Doch wem wird das in unserer goldenen Wohlstandsgesellschaft bewußt, da wir einen Lebensstandard aufweisen, wie ihn ehemals nicht einmal Fürsten besaßen.?

Es wäre reizvoll, aus dem vorhandenen Rohmaterial ein entsprechendes Werk zu gestalten. Doch die Zeit drängt und erlaubt nicht, Auseinandersetzungen auf die lange Bank zu schieben. So bleibt vieles unvollendet und der Leser muß Wiederholungen und Halbfertiges in Kauf nehmen.

Andererseits wird auf diese Art und Weise die Problematik immer wieder neu beleuchtet, so daß andere Gesichtspunkte ebenfalls deutlich werden.

Möge der Leser verzeihen, daß er bei dieser Auseinandersetzung nicht jene Form findet, die man spannungsreich liest. Mag man verzeihen, daß im Kampf um das Leben das Angenehme auf der Strecke liegen bleibt.

1. Kapitel

Der böse Streit um den Beratungs-Schein

Bischof Karl Lehmann, Mainz, und Lebensrechts-gruppen

Schon zwanzig Jahre lang währt in der Katholischen Kirche Deutschlands der Kampf um den Beratungsschein. Er hat verschiedene Etappen durchlaufen. Bei diesem Kampf stehen auf der einen Seite die Mehrheit der deutschen Bischöfe unter der Stabsführung von Bischof Lehmann und auf der anderen Seite verschiedene Gruppierungen, Moraltheologen, Laien und Einzelkämpfer. Letztere Gruppen widersprechen den Bischöfen, weil die Mitwirkung der katholischen Kirche am staatlichen Töten nach § 218 StGB dem Gebot Gottes: „Du sollst nicht töten" entgegensteht.

Bei dieser breitflächigen Auseinandersetzung geht es zunächst um die erschreckende Tatsache, daß die Beraterinnen der Schwangerenkonfliktberatungsstellen nach Paragraph 218/219 StGB den Beratungsschein unterschreiben und der Frau aushändigen. Der Schein liefert mit vorgedrucktem Formular, Stempel, Datum und Unterschrift das ungeborene Kindlein dem Tod aus, da er die Straflosstellung des Abtreibers unterschrieben garantiert.

Der Schein muß vom Staatsgesetz her jeder Frau, die ihn verlangt, ausgehändigt werden. Er ist so etwas wie das Zünglein an der Waage. Denn wenn die Frau sich für die Tötung ihres Kindes entschieden hat, braucht sie eine Beratung und hernach den Schein. Der Staat garantiert seine Erteilung per Gesetz. Zwar soll nach dem Gesetz die Beratung dazu da sein, Leben zu schützen und zu erhalten, aber die Beraterin gibt ebenfalls vom Gesetz vorgeschrieben Jahr für Jahr auch hunderttausendfach den Schein aus. Wenn aber Beratung und Schein das Kind zur straffreien Tötung freigeben, was will dann diese rein staatliche oder kirchlich-staatliche Beratung wirklich: retten oder töten-lassen?

Die Kirche arbeitet im staatlichen Beratungssystem mit. Ihre Mitwirkung wird in den Jahren immer wieder neu umschrieben. Zuletzt geht es vor allem darum, daß die Beratung nach dem Willen des staatlichen Gesetzgebers die einzige Voraussetzung für die straflose Tötung des unschuldigen Kindleins im Mutterschoß ist.

Seitdem Herr Ramm, der Vorsitzende der "Aktion Leben", und seine Mitstreiter nicht nur vor Abtreibungskliniken beten sondern auch vor dem bischöflichen Palais, tritt der Kampf in eine andere Phase ein. Besonders Bischof Lehmann ist sehr verärgert, so daß er sich darüber, wie uns glaubwürdig mitgeteilt worden ist, sogar beim Heiligen Vater beklagt hat. Er soll gesagt haben, daß es Lebensschützer gäbe, die als fanatische Gegner unserer Beratungsstellen unsachlich, undifferenziert und nicht selten auch beleidigend vorgehen. Sechs Wochen seien sie vor dem Bischofshaus in Mainz gestanden und hätten

Heiligen Vater beklagt hat. Er soll gesagt haben, daß es Lebensschützer gäbe, die als fanatische Gegner unserer Beratungsstellen unsachlich, undifferenziert und nicht selten auch beleidigend vorgehen. Sechs Wochen seien sie vor dem Bischofshaus in Mainz gestanden und hätten ihn sogar der Mitwirkung beim Mord unschuldiger Kinder bezichtigt. – Er will sich nun dies nicht mehr gefallen lassen und gegen die "militanten" und "unsachlichen" Lebensschützer etwas unternehmen.

Ansonsten behauptet der Bischof, daß es zwischen ihm und den Lebensrechtsgruppen nur gegenteilige zu respektierende Standpunkte gebe. Aber stimmt das? Ist denn nicht eine Mitwirkung (cooperatio) an der Abtreibung ein so furchtbares Geschehen, daß man selbst noch das Stäublein eines Verdachtes wegblasen müßte? Ist denn nicht Abtreibung das abscheuliche Jahrhundertverbrechen, ein Mord, eine Hinrichtung?

Doch, so sagt die Mehrheit der Bischöfe, geht es bei der Beratung gerade darum, ungeborene Kinder der Abtreibung zu entreißen und sie zu retten. Es geht darum, den Frauen zu helfen.

Grund genug, scharf darüber nachzudenken, was diese staatlich-kirchliche Beratung ist. Handelt es sich nur um Beratung, die ungeborene Kinder zu retten versucht, oder trägt man gerade durch die Beratung und die Ausstellung des Scheines zur Abtreibung bei? Diese Untersuchung wollen wir mit Hilfe eines Dialogs durchführen.

Die handelnden Personen in diesem Dialog sind <u>die Frau</u> und <u>Der Pater</u> (Pater Maier).

Zwanzig Jahre Abtreibung
Abtreibung ist kein Thema mehr

Die Frau: „Herr Pater, mit dem Streitwort Abtreibung lockt man heute keinen müden Krieger mehr hinter dem Ofen hervor. 20 Jahre Abtreibungsgesetz zernagt jeden menschlichen Widerstand. Also wollen die Menschen das Wort "Abtreibung" nicht mehr hören. Sie sind müde. Aber während man von Abtreibung nichts mehr wissen will, treibt man hinter verschlossenen Türen flott ab. Und dafür stellt sich dann eine Gruppe von Ärzten und ein flächendeckendes Angebot an Abtreibungsmöglichkeiten in Kliniken zur Verfügung."

Pater Maier: „Die Kirche leistet Widerstand."

Die Frau: „Ja, durch große Worte! Aber an der Basis der Kirche ist der Widerstand längst zerschmolzen. Der Pegel ist abgesunken. Das Feuer der Verteidigung abgebrannt."

Pater Maier: „Und die Bischöfe und Priester?"

Die Frau: „Viele Priester kennen die vielgestaltigen Probleme um die Abtreibung schon nicht mehr richtig, – und wenn sie darüber vor ihren Gemeinden reden sollten, dann reden sie von den Bedrängnissen der Frau, für die man Verständnis haben müsse, doch wer redet noch vom Kindlein, das getötet wird? Das Wort Mord ist mit einem Tabu belegt. Nicht wenige Pfarrer sträuben sich, über das hunderttausendfache Töten der Ungeborenen predigen zu lassen."

Pater Maier: „Oft scheint es so zu sein! Denn bei einer Predigt über die Ungeborenen, wie ich aus eigener Erfahrung weiß, kann die Reaktion von Gläubigen sehr peinlich sein. Es werden Emotionen frei gesetzt, und hernach wird der Prediger persönlich angegriffen. Das stört den Frieden in der Pfarrei, also schweigt man als Pfarrer, da man ja in neuerer Zeit auf kirchlichem Gebiet schon genug Ärger hat!"

Die Frau: „Abtreibung ist und bleibt ein geistiger Sprengsatz von höchster Brisanz. Die Welt weiß um ihr böses Verbrechen, und verbirgt ihre Scham. Die Situation ist die gleiche wie in den vorausgegangenen Diktaturen des Westens oder des Ostens."

Pater Maier: „Sie meinen die Nazis und die Kommunisten?"

Die Frau: „Ja! Darum ist der Druck der Öffentlichkeit darauf angesetzt, daß niemand etwas mit Abtreibung zu tun haben möchte. – Also wer verteidigt noch die Kindlein?"

Pater Maier: „Der Papst in Rom!"

Die Frau: „Ja, der Papst! Sicher, der Papst! - Doch, wer wird ihm noch Glauben schenken. In unserem Land lacht man mit vorgehaltener Hand über den alten Mann im Vatikan. Und bei den Spöttern sind auch viele Geistliche. Doch wenn seine Zeit abgelaufen sein wird (und darauf scheinen viele zu warten), hoffen nicht wenige (und auch Würdenträger), daß sich in der Kirche vieles ändere."

Pater Maier: „Leider ist es so. Der Mantel Christi ist zerrissen. Die Geistlichkeit hat ihre geschlossene Einheit verloren. Auch sie ist dem Zeitgeist aufgesessen und hat weitgehend ihre Kampfkraft eingebüßt. Bei solch delikaten Fragen wie Abtreibung, wer wollte da noch vor anderen Menschen Zeugnis geben?

Die Frau: „Dazu kommt die Politik und die Frage der jeweiligen Macht."

Pater Maier: „Ja, und darum versteckt man sich hinter schlauen diplomatischen Reden und Antworten. Die Kindlein aber sterben "in Massen", wie Kardinal Höffner einmal gesagt hat. Und die, die kompromißlos das Lebensrecht der Ungeborenen verteidigen, werden mit der Medienkeule "Sektierer", "Fundamentalisten" oder "Fanatiker" erschlagen."

Die Frau: „Während die religiöse Krise in der Kirche tobt und deshalb die Ehe und die Kindlein nicht mehr verteidigt werden, werden die Kirchen leerer und alles wird so profan. Auch werden die Herzen vor lauter Cafeteria-Diskussions-Mentalität sehr lau und sehr kalt."

Der Pater: „Diese Situation hat ein Afrika-Missionar bei seinem Heimaturlaub schmerzlich und mit bewegter Stimme bei seiner Predigt zum Ausdruck gebracht, indem er ausrief: »Armes reiches Deutschland, wo schlitterst du hin?« Und es wurde ganz still in der Kirche, so betroffen waren die Leute."

Die Frau: „Was die Ungeborenen betrifft, haben wir also den Krieg fast ganz verloren?"

Pater Maier: „Die Schlacht ja. Den Krieg nicht! Denn die menschliche Natur erträgt auf die Dauer solche Abscheulichkeiten nicht. Auch wird ein solcher Unrat von Lügen und Täuschungen so oder so einmal offenbar."

Die Frau: „Nun zu einem anderen Thema."

Pater Maier: „Zu welchem?"

Mahnwache vor dem bischöflichen Palais
Das Dilemma der katholischen Kirche Deutschlands

Die Frau: „Habe ich richtig gehört, daß Herr Ramm und die "Aktion Leben e. V." vor den Palais verschiedener Bischöfe eine Mahnwache des Gebetes gemacht hatten? Sie haben dabei Transparente hochgehalten und einen Grabstein als Symbol gesetzt."

Pater Maier: „Das stimmt."

Die Frau: „Ich habe gehört, daß Bischof Lehmann von Mainz darüber sehr verärgert war. Er soll sogar vor dem Heiligen Vater darüber gesprochen und behauptet haben, auf einem der Plakate habe gestanden: 'Lehmann ein Mörder.'"

Der Pater: „Dieses Plakat, sofern es irgend eine Gruppe getan haben möge, ist mit 100%er Sicherheit nicht von Herrn Ramm oder der "Aktion Leben e. V."

Die Frau: „Pater, Sie sind selbst bei der "Aktion Leben e. V.", sind Sie der Urheber dieser Idee, vor den bischöflichen Palais zu beten?"

Der Pater: „Nein."

Die Frau: „War es also Herr Ramm?"

Der Pater: „ Wir haben zwar darüber gesprochen, und ich habe mein Für und Wider geäußert. Aber es war Herr Ramm, der sich durchgerungen hat, trotz meiner Bedenken die Aktion durchzuführen.

Die Frau: „Um was ging es denn?"

Der Pater: „Die Frage der katholischen Beratungsstellen ist nicht allein eine Frage der verschiedenen Standpunkte sondern hier geht es darum, ob der Beratungsschein eine Mitwirkung an der Tötung eines Menschen sei. – Ist aber der Beratungsschein eine solche Mitwirkung an der Tötung eines Menschen, dann ist die Situation der Katholischen Kirche äußerst prekär. Denn 1. ist sie die weltweite Anwältin für das Leben, so daß der Papst über die Abtreibung in Rio de Janeiro do Sul die harten Worte gebraucht hat: "Abscheuliches Verbrechen", – "eine Hinrichtung", und 2. überliefert sie unschuldige Kindlein im Schoße der Mutter in Deutschland durch Teilnahme an der staatlichen Beratung dem Tod, da ja der Abtreiber auf Grund des Beratungsscheines juristisch **straflos** liquidieren kann."

Die Frau: „Hat Bischof Lehmann der "Aktion Leben" den Kampf angesagt?"

Der Pater: „Doch! – Die KNA berichtet vom 1. Oktober 1997 folgendes, in dem Bischof Lehmann zu Wort kommt:

❖ Neu mag jene Betroffenheit sein, die Lehmann bei der Abschluß-Pressekonferenz erkennen ließ. »Ich habe in den letzten Monaten zu vielen Beschimpfungen meiner Person geschwiegen«, sagte der 61jährige. »Aber wenn vor meiner Haustüre Leute mit einem Plakat auf dem Rücken stehen 'Lehmann ein Mörder' oder wenn vor der Autoausfahrt ein Grab gebaut wird, dann muß ich schon sehr an mich halten. So kann man nicht miteinander umgehen, das ist ein Stil, den wir nicht länger hinnehmen.« Das war noch nicht Lehmanns Abrechnung mit den sogenannten Lebensschützern der militanteren Art. Die wird wohl grundsätzlicher werden und beispielsweise viel Nachdenkliches zum Respekt vor dem Gewissen des Gegenübers beinhalten. »Jetzt halte ich noch den Mund«, meinte der Bischof.

Bei der Frage der Beratung, in Fulda in gerade mal fünf Minuten abgehandelt, wurde immerhin deutlich, daß nicht allzu viel klar ist. Fest steht, daß es zwischen den vatikanischen Stellen und den deutschen Bischöfen keinen Dissens darüber gibt, ob die deutsche Seite in einer Frage der Lehre einen Verstoß begangen hat; strittig ist lediglich, ob der Verbleib in der staatlich anerkannten Konfliktberatung klug oder vertretbar ist.

Wenn es gar kein Schreiben aus Rom gäbe, hätte das, meinte Lehmann, zwar auch 'Annehmlichkeiten', insgesamt wäre das »keine gute Lösung.« Man müsse auch an die angespannte Situation der Beraterinnen denken, die einen Anspruch auf Klarheit hätten. Lehmann selber hofft dann nach eigenem Bekunden, daß er vor der Entscheidung Roms oder deren Veröffentlichung nach Rom gebeten wird. Sein Verhältnis zu Kardinal Josef Ratzinger in dieser Frage?

Ein »normales Gegenüber bei unterschiedlichen Auffassungen und mit gegenseitigem Respekt.« – »Weder ihm noch mir liegt da an Kungelei.«

Der Pater fährt fort: „Bischof Lehmann hat außerdem am 28. September 1997 ähnliches ausgesagt. Er wolle mit den militanten Lebensrechtlern Abrechnung halten, da sie den Grabstein aufgestellt haben und ein Plakat gezeigt haben: »Lehmann ein Mörder«.

Die Frau: „Hat die "Aktion Leben e.V." eine solche Beleidigung ausgesprochen oder nicht?"

Der Pater: „Nein! Ich habe (wie schon gesagt) darüber Herrn Ramm befragt. Er betonte, daß ein derartiges Vorhaben überhaupt nicht in Frage käme. Dazu kommt, was sich jeder ausrechnen kann: Wenn ein solches Plakat vor dem bischöflichen Palais Lehmanns gezeigt worden wäre, kann ich mir nicht vorstellen, daß Bischof Lehmann nicht sofort eine Anzeige bei der Staatsanwaltschaft gemacht hätte. So wie ich Bischof Lehmann einschätze, hätte er sich das nicht gefallen lassen und sofort eingegriffen."

Die Frau: „Wie kann der Bischof so etwas verbreiten, wenn es nicht stimmt?"

Der Pater: „Ich weiß es nicht. – Vielleicht gab es noch eine zweite Gruppe vor dem Palais, von der wir nichts wissen. Doch diese Aussage ist nur eine Überlegung. – Wahrscheinlich meint der Bischof mit dieser Anschuldigung die "Aktion Leben"."

Die Frau: „Wie kann denn der Bischof so etwas behaupten?"

Der Pater: „Fragen Sie ihn selbst."

Die Frau: „Werden Sie etwas gegen den Bischof unternehmen?"

Der Pater: „Ich sicher nicht. Aber Herr Ramm empfindet dies als eine schwere Verleumdung, die man nicht auf sich sitzen lassen kann. Man wird sehen, was er tun wird."

Die Frau: „Sie, Herr Pater, streiten nun schon 15 Jahre und mehr in diesem Kampf, der für Sie und andere aussichtslos zu sein scheint. Was hat Sie bewogen durchzuhalten?"

Der Beratungsschein zur Straffreiheit mit Stempel und Unterschrift der Beraterin

Der Pater: „Es war in der Tat sehr schwer, diesen Streit durchzutragen. Dazu kam, daß man ja mit der kirchlichen Autorität im Clinch lag, – und ich bin Katholik und Priester, und liebe meine Bischöfe, die Väter des Glaubens. Wenn ich also diesen Kampf auf mich nahm, so nur deshalb, weil mir die Wahrheit selbst in dieser staatlich-kirchlichen Beratungsfrage wesentlich angegriffen erschien. Ich konnte nie verstehen, daß ein Beratungsschein, der die Straflosigkeit des Abtreibers garantiert und mit Stempel und Unterschrift der Beraterin versehen ist, nur eine entferntere sachliche Mitwirkung an der Tötung eines unschuldigen Menschen darstellen soll. Wenn die Frau sich entschieden hat, daß ihr Kind nicht Leben soll, dann entscheidet sie sich zu einer vorsätzlichen Tötung, in die der Abtreiber einwilligt, sie durchführt und durch den Schein straflos bleibt, obwohl er einen unschuldigen, hilflosen Menschen getötet hat."

Die Frau: „Hat Sie die Tragik und das Leid der Mütter, wie sie Karin Struck, Susan Stanfort und viele andere hinausgeschrien haben, nie berührt? Ging es bei Ihnen nur um objektive moralische Tatbestände?

Der Pater: „Das ist es ja eben! Wie oft stand mir die Tragödie der Frauen vor Augen, die sich nach der Beratung und der hernach vollbrachten Abtreibung den Rachegeistern ihres Gewissens ausgeliefert hatten und nicht mehr von ihnen loskamen. Ich erinnere mich noch an das Wort einer Krankenschwester von Heidelberg zu einer jungen Frau, die anderntags abtreiben wollte. Sie sagte folgendes: "Morgen beginnt's!"

Die Frau: „Was heißt das, morgen beginnt's."

Der Pater: „Die Kinderschwester hatte zuvor die junge Frau angesprochen und gefragt: "Sag mir doch, was ist mit dir los?" Darauf antwortete die junge Frau, die am anderen Tag bei Dr. Zwick in Lindenfels abtreiben wollte, wie folgt: "Morgen ist alles vorbei." Die Kinderschwester fährt herum, schaut sie groß an und antwortet: "Nein, morgen beginnt's!" Sie wollte damit zum Ausdruck bringen, daß sie ab morgen unter dem "Post-abortion-syndrome" (PAS) stehen wird.

Das Leid der modernen Frau, der die Abtreibung eingeredet und hernach angelastet wird, ist grenzenlos. Darum ist das juristische und medizinische System, mit der straflos Kinder getötet werden, eine der größten Abscheulichkeiten unserer Zeit, ja, aller Zeiten. - Leider hat sich die Katholische Kirche durch ihre staatlich-kirchlichen Beratungsstellen in dieses System eingebunden mit, was viele nur sehr schmerzlich ertragen."

Die Frau: „Bitte! Was versteht man unter dem Wort "Post-abortion-syndrome" (PAS)?"

Der Pater: „Darunter versteht man die wissenschaftlich erwiesene Tatsache, daß Abtreibungen bei den Frauen auf der ganzen Welt schwere seelische Erschütterungen hervorrufen, die oft ein ganzes Leben anhalten."

Die Frau: „Aber das ist doch das katholische Gewissen, das wir diesen Frauen anerzogen haben!?"

Der Pater antwortet, indem er den Kopf schüttelt: „Nein Frau, so ist es nicht. - Dieses Phänomen wird auch bei Hinduistinnen, Mohammedanerinnen, Israelitinnen, bei Frauen aus dem Nord- und Südpol unserer Erde, ja selbst bei ungläubigen Frauen, also bei allen Frauen, beobachtet. - Dieses Phänomen ist offenkundig nicht an religiöse Werte gebunden. Frau Prof. Dr. Wanda Poltawska hat mir einmal gesagt, daß jede Abtreibung das Herz der Mutter trifft."

Die Frau: „Wenn das bei den Frauen so ist, dann muß man daraus folgern, daß Abtreibung ein schwerwiegender und unerlaubter Eingriff in unsere menschliche Natur ist."

Der Pater: „Ja! Das muß man daraus folgern"

Die Frau: „Zurück zu unserem Thema. - Sie haben gesagt, daß Sie sich nun schon über 20 Jahre in diesem Kampf befinden. Wie aber steht das mit Bischof Lehmann?"

Der Pater: „Genau kann ich Ihnen nicht sagen, wann er sich in diesen Kampf eingeschaltet hat, aber es dürfte etwa schon mit dem Beginn seines Amtes als Bischof von Mainz zusammenhängen. Dazu kommt, daß er seit über zehn Jahren Vorsitzender der Deutschen Bischofskonferenz ist. Er hat von Anfang an das staatliche System verteidigt und dadurch den Weg zur jetzt vorherrschenden Mentalität über die Beratungsstellen in Deutschland wesentlich kanalisiert."

Die Frau: „Dann steht also Bischof Lehmann Ihnen und anderen Lebensrechtsgruppen, die ähnlich denken wie Sie, im Weg? - Haben Sie auch eine direkte Auseinandersetzung mit ihm gehabt?"

Der Pater: „Wir haben viele Artikel über diese Frage und ihre schrecklichen Ungereimtheiten in "Christ und Zukunft", dem Organ der "Bewegung für das Leben" e.V., geschrieben und veröffentlicht. Wenn ich alle Artikel, die wir geschrieben haben, aufzählen wollte, würde die Liste sehr lang werden."

Die Frau: „Und Sie persönlich?"

Der Pater: „Etwa ein ganzes Jahr lang durfte ich als Priester nur in den eigenen Ordenshäusern Beicht hören. In den Pfarreien und Diözesen wurde mir diese Erlaubnis entzogen, weil mein damaliger Provinzial P. Ferdinand Thome SAC sich nicht für mich einsetzte, und Bischof Lehmann mich nicht in der Diözese Mainz einschreiben lassen wollte. Ich hatte damals meinen Wohnsitz in der Diözese Mainz. Man machte mir den Vorwurf, in der Beratungsfrage im Widerspruch zur deutschen Katholischen Kirche und ihren Beratungsstellen zu stehen. Man respektierte nicht einmal meinen Gewissensentscheid."

Die Frau: „Wie geht das weiter?"

Der Pater: „Als ich in dieser Zeit einmal meinen Oberen Dr. Martin Juritsch SAC in Rom besuchte, hat er mir gesagt: "Du wirst die Schlacht gegen die deutschen Bischöfe nie gewinnen." Ich antwortete ihm, daß ich diese Schlacht gar nicht gewinnen wolle, sondern daß es mir allein darum ging, der Wahrheit zum Durchbruch zu verhelfen, auf daß das abscheuliche Verbrechen der Abtreibung und die Vernichtung von Hunderttausenden unschuldiger Kindlein endlich aufhöre. Ich sagte ihm, daß ich es nicht ertragen könne, die Kirche, die Braut Christi, in ein solches Massaker verwickelt zu sehen.

In dieser Zeit sollte dann eine Unterredung zwischen Bischof Lehmann und mir stattfinden. Diese jedoch wurde kurzfristig abgeblasen, es fand nur ein Gespräch statt zwischen seinem Generalvikar Luley, einem Domkapitular und mir. Man fragte mich bei diesem Gespräch, ob ich so loyal sein könnte, wie man das von einem katholischen Priester verlangt. Ich schmunzelte und sagte Ja. Hernach drohte ich, ein kirchliches Gerichtsverfahren in Rom gegen das Unrecht, das mir von der Diözese Mainz angetan wurde, anzustrengen. Es schien, als ob damals die Androhung eines Gerichtsverfahrens in Rom bei diesen Herren seine Wirkung zeigte. Denn nach dieser Unterredung ging alles sehr schnell. Drei Tage nach diesem Gespräch hatte ich die Beichterlaubnis."

Die Frau: „Sie sind also davon überzeugt, daß die Kirche aus dem staatlichen System aussteigen muß, und Lehmann ist davon überzeugt, daß die Katholische Kirche, um möglichst viele Kinder zu retten, im staatlichen System bleiben muß. – Sind das nicht zwei divergierende Standpunkte, die in einer multikulturellen oder demokratischen Gesellschaft mit Respekt zu tolerieren sind?"

Der Pater: „Auf gar keinen Fall, da es in einem Rechtsstaat ihm vorgegebene Menschenrechte zu achten gilt, und zwar konkret das Lebensrecht jedes einzelnen Kindleins, so daß es auch dem Staat nicht erlaubt ist, hier eine Güterabwägung vorzunehmen. – Im übrigen zur Toleranz: Bei mir war es nicht so, sondern man hatte mir wegen meines divergierenden Standpunkts zunächst einmal die Loyalität abgesprochen. Aber das ist das kleinere Übel. – Um vieles mehr schmerzt mich die vorsätzliche Tötung Unschuldiger, an der auch katholische Stellen durch ein System der Beratung nach staatlichen Vorgaben mitwirken. – Heute scheint es Bischof Dyba zu sein, den man so ausgrenzt, als ob er die Loyalität gegenüber dem Bischofskollegium verletzt habe. – Plötzlich sind jene, die sonst argumentativ reichlich auf der Klaviatur der Gewissensfreiheit spielen, ihren Gegnern gegenüber intolerant und steinhart."

Die Frau: „Herr Pater, das müssen Sie noch deutlicher erklären. Was wollen Sie? Worin besteht der Unterschied?"

Der Pater: „Das ist nicht so einfach auszudrücken."

Die Frau: „Es ist aber wichtig, daß wir das so präzise formulieren als nur möglich."

"Der Staat tötet", sofern das Kind als "unzumutbare Last" eingeschätzt wird

Der Pater: „Professor Isensee aus Bonn hat 1986 in der "Neue Juristische Wochenschrift " (NJW) Seite 1146 formuliert: »Der Staat tötet«, - man muß hinzufügen, daß also der Staat vorsätzliche Tötungen nicht bestraft, wobei in Fällen der erweiterten medizinischen Indikation bis zum Zeitpunkt der Geburt Abtreibungen von der Staatskasse oder den Krankenkassen bezahlt werden.

Die Frau: „Was noch weiter?"

Der Pater: „Diese Formulierung von Prof. Isensee hat Professor Tröndle noch treffend ergänzt. Er schreibt: »Die derzeitige Handhabung der Indikationsregelung hat Isensee "kurz und ohne Verklausulierung" wie folgt umschrieben: »Der Staat tötet". Man kann ergänzen: Er tötet nur auf Wunsch jeder Abtreibungswilligen, tut dies aber stets ohne jegliche sachliche Prüfung, sogar - wie ernsthaft gar nicht bestritten werden kann - in den keineswegs seltenen Fällen, die dem Dunkelfeld nicht verfolgter Kriminalität angehören.« (ZRP 1989, Heft 2, Seite 60).

Die Frau: „Das geht ja bis tief in die Strukturen des Staates hinein?"

Der Pater: „Ja! Jemand sagte mir, daß die Tötung der Ungeborenen bei uns infrastrukturell festgelegt sei."

Die Frau: „Weiter!, ich möchte noch mehr wissen."

Der Pater: „Gut! **1.** ***Der Staat*** hat diese "moderne" Abtreibungsgesetzgebung zum Schutz des "Lebens" geschaffen, wie er sich ausdrückt.

Die Frau: „Zum Schutz des Lebens? –Was heißt das?"

Der Pater: „Die vorgegebene Absicht des Staates ist, die heimlichen Abtreibungsziffern zu senken, - das heißt zu vermeiden, wie die Politiker damals das Parlament beschworen, daß Frauen bei der "heimlichen Abtreibung auf dem Küchentisch" sterben oder bei Abtreibungen durch Engelmacherinnen hernach schwere körperliche Schäden davontrügen."

Die Frau: „Und das Kind?"

Der Pater: „Das Kind! Es soll durch eine "ergebnisoffene Beratung" geschützt werden."

Die Frau: „Aber es wird doch getötet?"

Der Pater: „Ja! In den allermeisten Fällen."

Die Frau: „Stimmt das, daß es die juristische Formel der ***"unzumutbaren Last"*** gibt?"

Der Pater: „Ja! Frauen, bei denen das kommende Kind nach Auffassung des Staates und seines Gerichts eine ***"unzumutbare Last"*** bedeutet, dürfen sich unter dieser Bedingung ihres ***"unzumutbaren"*** Kindes bis unmittelbar vor der Geburt entledigen. Der Staat "erlaubt" in diesem Fall, daß Menschen getötet werden."

Die Frau: „Die Formulierung "unzumutbare Last" ist dehnbar wie Kaugummi, der sich nach allen Richtungen ziehen läßt."

Der Pater: „Der Staat hat, um eine Abtreibung zu ermöglichen, eine solche juristische Hintergrundsformel gewählt, gemäß der die Frau zum Ausdruck bringen kann, daß für sie ihr Kind eine Last sei und damit unzumutbar."

Die Frau: „Aber das ist doch blanke Willkür.

Der Pater: „Natürlich! – Der Staat gibt die Entscheidung über Leben und Tod in die Hand von Menschen. Der Mensch entscheidet nach seinem Gutdünken. Das bleibt letztlich subjektive Willkür. – Damit wird in Deutschland der Naturrechtsgedanke, der ohnehin unterentwickelt ist, in unerträglicher Weise ausgehöhlt, eben zur Willkür."

Die Frau: „Hinter der Willkür aber steht eine Ideologie."

Der Pater: „Ja! – Denn es ist der Rechtsordnung im Laufe der Jahrtausende Menschheitsgeschichte nicht eingefallen, ein Kind als ***unzumutbare Last*** einzustufen. Ebensowenig ist dies den Frauen, die ja die Last getragen haben, eingefallen."

Die Frau: „Dann erlaubt der Staat sehr großzügig das Töten. Er erlaubt es, um Frauen zu retten, oder er ermöglicht es ihnen, eine "unzumutbaren Last" straflos wegzuwerfen."

Der Pater: „So ist es. – Nun **2. *Auch die Kirche*** und die Mehrzahl der deutschen Bischöfe arbeiten bei diesen staatlichen Vorgaben innerhalb der 12-Wochenfrist mit, um (wie sie sagen) möglichst vielen Kindern das Leben zu retten."

Die Frau: „Ach, wie schön! - Der Staat will retten und die Kirche will auch retten. In dieser Formulierung sind sich beide einig. Aber sagen Sie mit bitte: Wenn die Kirche im Rahmen der staatlichen Vorgaben mitarbeitet, wirkt sie dann nicht offenkundig am "abscheulichen Verbrechen" mit?"

Der Pater: „Diese Sorge drückt der Brief des Heiligen Vaters aus, auch wenn er sich vor allem auf die Scheinerteilung konzentriert."

Die Frau: „Ich weiß. - Sie stellt nach dem neuen Abtreibungsgesetz von 1995 den Abtreiber straffrei, so daß er töten kann. - Habe ich mit dieser Aussage den Kern der Wahrheit getroffen?"

Der Pater: „Sie haben getroffen, aber genauer gesagt ist es eigentlich dieses staatliche System der Beratung, das die Einbindung der Kirche schon wegen seiner Zielsetzung problematisch macht. Darum mußte die Kirche eine "kirchliche Rechtfertigung" suchen, um an einem solchen System mitwirken zu können.

Die Frau: „Wie lautet diese "Rechtfertigung"?

Der Pater: „Die Bischofskonferenz behauptet, die Scheinerteilung sei ***nur eine sachliche und entferntere Mitwirkung*** an der Tötung unschuldiger Kindlein. Diese Formulierung besteht schon weit mehr als einem Jahrzehnt. - Bischof Lehmann und seine Berater behaupteten sogar lange Zeit, daß der Schein ***nur eine Beratungsbestätigung*** für die Frau ist. Seit neustem, besonders nach dem Besuch der Bischöfe beim Papst, wird von einem ***Dilemma*** gesprochen. - Beraten, Retten und Scheinaushändigen bilden im System eine Einheit."

Die Frau: „Dann ist Beraten eine Einheit des Lebens und des Tötens zugleich?"

Töten und Retten in eins verschlungen
Das Leitbild von Staat und Kirche

Der Pater: „Ja, Töten und Retten sind verschlungen in eins. Das gilt beiden, dem Staat und der Kirche. - Und da man diese Einheit von "Töten und Retten" oder "Retten und Töten" nicht trennen kann, liegt darin das Abscheuliche, das Abstruse, das Täuschende, das Verwirrende, das Tragische, das Heuchlerische, das Niederziehende oder das Verbrechen! Wer wollte dies leugnen?"

Die Frau: „Sie meinen also: Wenn der Staat tötet und die Kirche an dieser staatlich gegebenen Möglichkeit zu töten mitarbeitet, dann müßte logischerweise gefolgert werden, daß auch die Kirche tötet – Oder was meinen Sie dazu?"

Der Pater: „Genau das meine ich."

Die Frau: „Ist die Erteilung des Beratungsscheins nun wirklich nur eine entferntere Mitwirkung wie vorgegeben wird?"

Der Pater: „Nie und nimmer. Darüber ist sehr viel geschrieben worden. Der Moraltheologe, der diese Formulierung vor mehr als einem Jahrzehnt erfunden hat, war der Problematik entweder nicht gewachsen oder er diente seinen Auftraggebern.

Die Frau: „Wie schätzen Sie den Schein ein?"

Der Pater: „Die Juristen für das Leben, so besonders der Jurist Werner Esser aus Köln, sagen, daß der Beratungsschein in dem staatlich vorgegeben Rahmen ein ***"instrumentum sceleris a priori"*** sei, das im Voraus schon zu keinem anderen Zweck benutzt werden kann, als zur Straflosstellung einer Tötungshandlung."

Die Frau: „Was ist das ein ***"Instrumentum sceleris a priori"***?

Der Pater: „Wie soll ich das übersetzen? Der Beratungsschein ist also ein Instrument, mit dem man ein Verbrechen begehen kann, sobald man es in der Hand hat, – also, ein Tatwerkzeug, dazu bestimmt, die Tat zu ermöglichen. Darf ich wiederholen. Der Schein ist also ein Tatwerkzeug, ohne den das Ziel des straflosen Tötens Ungeborener nicht erreicht werden kann."

Die Frau: „Sind auch Sie dieser Auffassung?"

Der Pater: „Liebe Frau!, vermögen Sie mir etwas anderes über den Beratungsschein zu sagen? Der Schein wird vom Gesetz vorgeschrieben, von der Beratungsstelle ausgestellt, seiner Zweckbestimmung nach dient er der Straflosstellung und darüber hinaus ist er nutzlos."

Die Frau: „Können sie das behaupten? Steht das so im Gesetz geschrieben?"

Der Pater: „Ja, es steht geschrieben! – Im Gesetz heißt es:

> Der Tatbestand eines Schwangerschaftsabbruches ist für alle Beteiligten nach § 218 a Abs. 1 StGB ausgeschlossen wenn
>
> - die Schwangerschaft innerhalb von 12 Wochen nach der Empfängnis durch einen Arzt abgebrochen wird,
> - die schwangere Frau den Abbruch verlangt,

- sie dem Arzt die Bescheinigung einer anerkannten Beratungsstelle eine mindestens drei Tage zurückliegende Schwangerschaftskonfliktberatung nach § 219 StGB nachgewiesen hat.

Der **Tatbestandsausschluß** bedeutet: Wenn diese Voraussetzungen vorliegen, wird keiner der am Schwangerschaftsabbruch Beteiligten bestraft. Es besteht kein strafrechtliches Verbot, ohne daß das Verhalten dadurch auch für andere Rechtsgebiete als rechtmäßig gekennzeichnet ist. In der Vorschrift über die Beratung (§ 219 StGB) wird darauf hingewiesen, daß die Rechtsordnung einen Schwangerschaftsabbruch - auch nach Fällen der Beratungsregelung - grundsätzlich nur in besonderen Ausnahmesituationen billigen kann. Ob eine solche Ausnahmesituation vorliegt muß aber wenn die Voraussetzung der Beratungsregelung vorliegen, nicht wie in Indikationsfällen durch einen Außenstehenden festgestellt werden. Die verantwortliche Entscheidung über den Schwangerschaftsabbruch liegt bei der Frau.
[Siehe § 218, "Was ist neu?", Informationen für Frauen, Familien, Beratungsstellen und Ärzte über das Schwangeren- und Familienhilfeänderungsgesetz 1995, Herausgeber: Presse- und Informationsdienst der Bundesregierung, Seite 9 und 10]

Sie sehen, was das Gesetz verlangt. Es besteht kein Zweifel, daß nach dem Gesetz der Schein die Straflosstellung des Abtreibers bewirkt."

Die Frau: „War das vor dem 2. Fristenregelungsurteil vom 16. 03. 1993 auch schon so? Haben damals ähnlich Bedingungen gegolten wie heute?"

Der Pater: „Es war nicht ganz so. Vor 1993 waren die Indikationsfeststellung des Arztes und die Beratung Voraussetzungen für die Straffreiheit des Abtreibers."

Die Frau: „Also zwei Bedingungen?"

Der Pater: „Ja. - Allerdings war die Frau schon auf Grund der Beratung straffrei."

Die Frau: „Aber, so wie ich das erlebt habe, hat die Kirche doch damals nur eine Bedingung gesehen, nämlich die Indikationsfeststellung des Arztes, - Die Beratung war Beratung, aber keine Mitwirkung an der Abtreibung."

Der Pater: „Das kann man auf keinen Fall sagen in bezug auf die Straflosstellung der Frau nach § 218 (3) Satz 2 StGB. Hier bewirkte die Beratung eine Straflosstellung. Außerdem hat die Kirche schon eine Mitwirkung gesehen, wenn auch nur, wie schon gesagt, eine sachliche und entferntere."

Die Frau: „Und das beim Jahrhundertverbrechen, wobei doch schon die leiseste Berührung mit dieser Untat kriminell ist!"

Der Pater: „Einige Moraltheologen sagten, sonst hätten man nicht retten können. - Doch lassen wir das jetzt. Wir kommen später auf dieses Thema zurück."

Die Frau: „Also hat man damals innerhalb der deutschen Bischofskonferenz allein die Indikationsfeststellung als notwendige Bedingung zur Abtreibung angesehen?"

Der Pater: „Ja, leider, so haben sie es damals behauptet, und so haben wir es damals erlebt. - Der Teil des Gesetzes, welcher der Beratung und der Beraterin gewidmet war, wurde in seinem Wortlaut einfach übersehen und mißachtet. Wer gegen diese Mißachtung sprach, wurde ausgegrenzt und nicht gehört, eigentlich niedergeknüppelt."

Die Frau: „Und wie rechtfertigte sich die deutsche katholische Kirche damals?"

Der Pater: „Sie haben die Bedingung der katholischen Schwangerenberatung als eine "sachliche Mitwirkung im entfernteren Sinn" innerkirchlich festgelegt, die keinerlei moralische Schuld mit sich bringt."

Die Frau: „Und damit basta?!"

Der Pater: „Ja! Und damit basta!"

Die Frau: „War das alles?"

Der Pater: „Nein. - Denn ein höherer kirchlicher Würdenträger hat wenigstens zugegeben, daß die Kirche damals, wenn auch in entfernterer Weise, in das Abtreibungsgeschehen einbezogen war. Auch hat er zugegeben, daß dabei der Wert des Lebens selbst auf dem Spiel stand."

Die Frau: „War das alles?"

Der Pater: „Nein. - Derselbe Mann hat bestätigt, daß nach dem neuen Schwangeren- und Familienhilfeänderungsgesetz vom 21. 08. 1995 der Beratungsschein nun die einzige Bedingung ist zur straffreien Durchführung der Abtreibung."

Die Frau: „Wenn er dies zugegeben hat, hat er zugegeben, daß es früher zwei Bedingungen zur straffreien Abtreibung brauchte."

Der Pater: „Eigentlich ja."

Die Frau: „Und warum haben die Bischöfe das nicht gesehen?"

Der Pater: „Weil man es nicht sehen wollte!"

Die Frau: „Das ist schlimm!"

Zwiespältigkeit der Interpretation
Die Kirche interpretiert anders als der Staat

Der Pater: „Es ist sehr schlimm. - Denn die kirchliche Argumentation lag von Anfang in einer Zwiespältigkeit."

Die Frau: „Worin?"

Der Pater: „Daß das ehemalige Staatsgesetz des § 218b., in dem die Beratung die gleiche Rolle spielte wie die Indikationsfeststellung des Arztes, von der katholischen Kirche Deutschlands und ihren Moraltheologen in eine "entferntere sachliche Mitwirkung" uminterpretiert wurde. Das Uminterpretieren entsprach aber nicht dem Buchstaben des Gesetzes?"

Die Frau: „Wie können Sie das beweisen?"

Der Pater: „Indem wir den Gesetzestext heranholen und ihn lesen."

Die Frau: „Bitte sprechen Sie sich genauer aus."

Der Pater: „Lesen Sie den Text des Paragraphen 218b: ***"Abbruch der Schwangerschaft ohne Beratung der Schwangeren"*** und dann vergleichen Sie, so nüchtern Sie auch nur können, den Text von Paragraph 219 ***"Abbruch der Schwangerschaft ohne ärztliche Feststellung"***. Der Textvergleich legt offen, daß der Gesetzgeber der Beratung und der Indikationsfeststellung des Arztes die gleiche Wertstellung hinsichtlich der Straffreiheit des Abtreibers und der Frau einräumen. Auch das Strafmaß ist in beiden Fällen genau das gleiche. - Liegen die juristischen Verhältnisse aber derart, dann kann man doch nicht von einer "entfernteren nur sachlichen Mitwirkung" sprechen."

Die Frau: „Als das Gesetz 1976 rechtskräftig wurde, und die Kirche in die Beratung einsteigen wollte, hat sie zuerst moraltheologische Gutachten eingeholt?"

Der Pater: „Ja! Die Moraltheologen aber, damals noch sehr anerkannt, haben fast einstimmig dem § 218b. zugestimmt. Sie sahen zwar darin eine Mitwirkung am Töten Ungeborener, aber die Mitwirkung, von der sie sprachen, war dann, wie gesagt, nur eine sachliche und entferntere."

Die Frau: „Entsprachen die Gutachten der Moraltheologen einer harten Analyse der bitteren Tatsachen des Abtreibungsgeschehens und was da mit der Abtreibung und vor allem mit den Beratungsbüros auf uns zukommen mußte, oder hatte man den Eindruck, daß die Gutachten mehr im Sinne ihrer Auftraggeber geschrieben worden waren."

Der Pater: „Es mag damals in den 80er Jahren so gewesen sein wie es heute ist, wo im Geschrei der Zeitungen und Medien, in der Präsentation der vielen Gutachten von Fachleute und der Statements der Parteien einen der nackte Zeitgeist angrinst. – Darum schrieben die Moraltheologen wohl mehr im Sinne des Zeitgeistes der damaligen Epoche, wohl auch, weil ein gewisses Interesse bestand, an der staatlichen Schwangerenkonfliktberatung teilzunehmen. Die Kirche wollte auch im Staat präsent sein und deshalb bei der Beratung dabei sein."

Die Frau: „Das gab ja damals eine auseinanderstrebende Kluft des Denkens zwischen dem Wollen des Staates und wie die Kirche das Wollen des Staates einschätzte?"

Der Pater: „Ja! – Die moraltheologischen Entscheidungen haben das Denken auseinandergerissen. Denn der Staat dachte anders als die Kirche. Wer rein formell unter dem Gesichtspunkt des Gesetzestextes die Sachlage betrachtete, der kam nicht umhin, die Indikationsfeststellung des Arztes (plus Zertifikat) und die Beratung (plus Schein, auch wenn zum Teil nur Länderrecht) als "condicio sine qua non" für die Straffreiheit zu betrachten. Das heißt, Indikationsfeststellung und Beratung waren nach dem staatlichen Gesetz des Paragraphen 218 die absolute Voraussetzungen für die Straffreiheit des Abtreibers."

Die Frau: „Man behauptet immer, daß ***der Beratungsschein*** im alten Abtreibungsgesetz eine untergeordnete Bedeutung besessen hat? Der Schein sei im Gesetzestext nicht ausdrücklich genannt und nach Länderrecht geregelt gewesen. – Hingegen, was den indizierenden Arzt betrifft, mußte dem Abtreiber die schriftliche Feststellung der Indikationsfeststellung vorliegen, bevor er töten konnte."

Der Pater: „Das ist richtig. – Doch die notwendige Bedingung zur straffreien Abtreibung war nicht der Schein, sondern die Beratung. – In diesem Zusammenhang erinnere ich mich an Frau Elisabeth Backhaus aus Münster, die Frau eines Juristen, die uns bei unseren Zusammenkünften mit Vehemenz und pausenlos einhämmerte, daß es letztlich nicht der Schein, sondern die Institution "Beratung" sei, welche nach dem Gesetz die Straffreiheit garantierte."

Die Frau: „Eine Zwischenfrage! Ist das die Frau Backhaus, die das Büchlein "Mitschuldig – Zur Frage der schuldhaften Mitwirkung an Abtreibung und Euthanasie" (Derscheider-Verlag) geschrieben hat? Das Büchlein hat damals Aufsehen erregt."

Der Pater: „Ja, sie ist es."

Man hat es schon 1975 gewußt
Stellungnahme des Kommissariats der Deutschen Bischöfe

Die Frau: „Kennen Sie die Stellungnahme des Kommissariats der deutschen Bischöfe vom 7. Oktober 1975."

Der Pater: „ Ja, ich kenne das Papier und es erschüttert mich, "weil man es von Anfang gewußt hat"."

Die Frau: „Was hat man gewußt?"

Der Pater: „Man hat von Anfang an gewußt, daß Beratung Straffreiheit für die Abtreibung gewähren soll. - Dazu ein Ereignis aus der Vergangenheit."

Die Frau: „Von welchem Ereignis wollen Sie berichten?"

Der Pater: „Am 1. Oktober 1987 bei einem Gespräch im Kommissariat der deutschen Bischöfe in Bonn, bei welchem unter anderem Prälat Bocklet, Dr. Panzer, Herr Ramm und ich zugegen waren, hatte Ramm den Herren vorgehalten, daß die Beratung als Beratung für die Frau zweiundzwanzig Wochen lang die einzige Voraussetzung für Straffreiheit sei. Einer der Herren widersprach heftig. Er betonte gegenüber Ramm, daß dies einfach nicht stimme. Als aber Herr Ramm darauf bestand, es sei aber nach dem Gesetz so, stand dieser Herr von seinem Platz auf mit der Bemerkung, er verlasse jetzt den Raum, da auf der Basis eines solchen Mißtrauens keine guten Gespräche möglich seien. - Überraschenderweise stand Herr Ramm ebenfalls auf und sagte: »Nein, er brauche nicht weggehen, da er gehe, - und zwar er gehe zu seinem Wagen, um ein Dokument zu holen, welches nachweise, daß das Kommissariat von Anfang an Bescheid gewußt hat. Der Herr setzte sich wieder und alles wartete."

Die Frau: „Und dann?"

Der Pater: „Dann brachte Herr Ramm folgendes Papier:

> ❖ Stellungnahme des Kommissariats der deutschen Bischöfe vom 7. Oktober 1975 zu dem Entwurf der Regierungskoalition zur Änderung des Paragraphen 218 StGB (Auszug):
>
> »Schwere Bedenken müssen ferner dagegen erhoben werden, daß der Gesetzentwurf für die Schwangere bei Abtreibungen bis zur 22. Schwangerschaftwoche auch ohne Vorliegen einer Indikation eine generelle Straflosigkeit vorsieht, wenn sie sich zuvor nur entsprechender Beratung unterzogen hat. Der Gesetzentwurf geht in diesem Punkt noch über die für verfassungswidrig erklärte Fristenregelung hinaus. Diese Regelung widerspricht daher eindeutig dem Urteil des Bundesverfassungsgerichts,

> das unmißverständlich betont hat, die Verpflichtung des Staates, das sich entwickelnde Leben durch das Strafrecht wirksam zu schützen, bestehe grundsätzlich auch gegenüber der Mutter.«
>
> (Zitiert aus: Amtsblatt für die Diözese Regensburg, Jahrgang 1975, Seite 115).

Die Frau: „Also ist die Frau allein durch die Beratung 22 Wochen straffrei, – das heißt, daß sie ohne weiteres nach Holland zu einer gesetzwidrigen Abtreibung gehen kann, sofern sie sich hat beraten lassen. Solange sie das in der 22 Wochenfrist tut, kann sie nicht bestraft werden?"

Der Pater: „So war es von Anfang an und ist so bis heute geblieben."

Die Frau: „Die Herren des Kommissariats, was sagten sie dazu?"

Der Pater: „Nichts. Denn sie wußten, daß es ein korrektes Schriftstück war. Der eine von ihnen blätterte dauernd im Strafgesetzbuch, aber sagte nichts mehr. Sein Schuß war ins Leere gegangen."

Die Frau: „Also ist die Straffreiheit in das Rechtssystem integriert, und die Beratung nach dem Gesetz ist nicht nur Retten-Wollen sondern auch Straffrei-Machen. So will es der Gesetzgeber."

Der Pater: „So sehe ich das."

Die Frau: „ Sie meinen also das System des Gesetzes, wenn sie das Wort Schwangerenkonfliktberatung in den Mund nehmen?"

Der Pater: „Sie sagen das richtig: Beratung als System innerhalb des Abtreibungsparagraphen. Mir, dem juristisch nicht vorgebildeten Laien, war es nicht ganz klar, was Frau Backhaus damals meinte."

Die Frau: „Und wissen Sie es nun?"

Der Pater: „O ja! Und ich will es Ihnen erklären. Man hat den damaligen § 218b., in dem die Beratung festgelegt wurde, unterschätzt und sich auf den Schein anstatt auf den Paragraphen konzentriert. Dabei ist es ***eine böse Doppelbödigkeit***, daß die Beratung zur Rettung des Kindes zugleich auch die straffreie Tötung des Kindes garantierte.

Die Doppelbödigkeit Das System und die Straflosigkeit

Die Frau: „Und der Schein? "

Der Pater: „Es ist das System, das auf diese Weise die Straflosigkeit gewährt. Auch der Beratungsschein zeigt darin nur das System an, weil es eine solche

Bestätigung geben muß, durch die man beweisen kann, daß die Vorgaben des Gesetzes erfüllt wurden. Erst dann konnte man gesetzlich der Strafe entgehen. Allerdings konnte der Schein auch anderweitig ersetzt werden. Doch hatten die weitaus meisten Ländern ihn als Beratungsnachweis längstens eingeführt."

Die Frau: „Macht sich an dieser Doppelbödigkeit des Paragraphen auch die Kirche schuldig?"

Der Pater: „Die Kirche hat den Paragraphen und seine Doppelbödigkeit nicht gemacht, das war der Staat. Der Staat hat dieses System der Kindstötung im Mutterleib durch die gesetzgebenden Gremien ermöglicht. – Die Kirche jedoch ist ohne Zwang, und trotz der Weigerungsmöglichkeit, die das Gesetz vorsieht, freiwillig in dieses System eingetreten und partizipiert nun daran, so daß sie bei allem, was das Gesetz fordert und ermöglicht, mitwirkt. Ob sie diese Mitwirkung will oder nicht, oder ob sie vorgibt, sie sei im System nur wegen der Rettung der ungeborenen Kinder, die sonst nicht gerettet werden könnten, ändert an der Tatsache nichts, daß sie im System drin ist. Darum hat uns auch Frau Backhaus so dringend vor dem § 218b. gewarnt.

Die Frau: „Also hat auch schon in dieser Zeit die Kirche eifrig den Schein unterschrieben, ohne Gewissensbisse zu bekommen?"

Der Pater: „Leider, – so ist es."

Die Frau: „Straffreiheit ergab sich also nach Meinung der Kirche damals einzig und allein aus der Indikationsfeststellung des Arztes?"

Der Pater: „So beurteilte man es, und dies entgegen dem Wortlaut des Gesetzes. Das galt damals so sehr, daß eine hochgestellte kirchliche Persönlichkeit für das jetzige seit 1995 gültige Gesetz meint, daß an die Stelle der Indikation und ihrer ärztlichen Bestätigung der damaligen Zeit in der heutigen Zeit die Beratung und ihr Zertifikat getreten ist. Der Beratungsschein sei nun die einzige Bedingung zur straffreien Durchführung der Abtreibung."

Die Frau: „Wirft die jetzige Regelung nicht ihren Schatten auf das vergangene Abtreibungsgesetz zurück, so daß man nun erkennen kann, was damals gemeint war?"

Der Pater: „Ich halte dafür, daß dies nicht nur die Juristen erkennen konnten, die wie der Deutsche Richterbund von einer "verkappten Fristenregelung" sprachen. Heute hat sich nun ganz eingefädelt, was damals schon angelegt war. – Auch kann man an der jetzigen Situation erkennen, wie sehr die

Kirche einer geschichtlichen Fehlinterpretation der damaligen Situation erlegen war und ist."

Die Frau: „Und die Schuldfrage?"

Der Pater: „Die wird noch geklärt werden müssen. Doch der objektive Bestand wird dann aufzeigen, daß hier ein nicht geringes Maß an Schuld vorhanden ist.

Das liebe Geld
Und es spielt auch eine Rolle

Die Frau: „Was bewog zu solchem Handeln? – Stimmt es, daß auch das Geld keine unbedeutende Rolle im Zusammenhang der Beratungsbüros spielte?"

Der Pater: „Das Geld? – Ja, das Geld! – "Pecunia non olet", Geld riecht nicht, sagt man. – Damals nach 1976 wurde der Satz weitergegeben, daß man den hohen Betrag, den der Staat für die Schwangerenberatung ausschütte, nicht nur "pro familia" überlassen könne."

Die Frau: „Also spielte auch das Geld eine Rolle?"

Der Pater: „Ich glaube schon, und zwar ganz von Anfang an. – Denn es war Frau Dr. Jakobs, seinerzeit Ministerialdirektorin im Bayerischen Sozialministerium, die deshalb auf die bayerischen Bischöfe Einfluß nahm, damit die Beratungsmillionen nicht nur an "pro familia" oder andere gingen."

Die Frau: „Woher wissen Sie das?"

Der Pater: „Herr Ramm von der "Aktion Leben e.V." hat mir ein Gedächtnisprotokoll überlassen. Darin schreibt er, daß Frau Dr. Jakobs vor Jahren bei einer Tagung in Lohr am Main, in der er anwesend war, folgendes gesagt habe:

> ***»Das Beratungsmodell der katholischen Kirche sei ihr Modell. Sie sei damals zu den Bayerischen Bischöfen gegangen und habe sie dazu gebracht, in dieses staatliche Modell einzusteigen, weil bekannt geworden sei, daß der Staat dieses Modell finanziell unterstütze, sonst gingen die Millionen an "pro familia" oder andere.«"***

Die Frau: „Also waren doch die Bischöfe schon von Anfang an auch gegenüber der Beratung nach § 218 reserviert?"

Der Pater: „Das stimmt. Dieser Sachverhalt wird von Frau Dr. Renate Hellwig MdB, Staatssekretärin a. D., in einem Artikel: "Das Für und Wider der Reform – Gewissensfragen an den christlichen Abgeordneten" bestätigt. Dies ist nachzulesen in einer Schrift der "Konrad-Adenauer-Stiftung": »Zehn

Jahre nach der Reform des § 218«."

Die Frau: „Und was sagt Frau Dr. Renate Hellwig?"

Der Pater: „Sie formuliert wie folgend:

> ***»Als Staatsekretärin im Lande Rheinland/Pfalz war ich auch zuständig für die Beratungsstellen. Zunächst mußte die Kirche zur Führung dieser Beratungsstellen überredet werden. Sie befürchtete durch ihr Mitwirken eine Mitschuld an Abtreibungen. Sie haben dann doch 90 % der Stellen übernommen.«"***

Die Frau: „Soll nicht auch bei der Einstimmigkeit der Bischofskonferenz nach dem Papstbrief die Frage der Zuschüsse eine Rolle gespielt haben?"

Der Pater: „So wird im Dunkelfeld der Spekulationen weitererzählt, daß einige Bischöfe wegen der staatlichen Mitfinanzierung der Beratungsstellen und aus Angst davor, daß die staatliche Finanzierung dieser Stellen ersatzlos gestrichen werden könnte und damit das Jahresbudget der Diözese bedroht sei, zur Einstimmigkeit beigetragen hätten. Darum wollte man nicht sofort aus der Beratung nach dem Schwangeren- und Familienhilfeänderungsgesetz 1995 aussteigen, sondern zunächst eine Kommission einsetzen, welche die Frage studieren sollte."

Die Frau: „Aber es liegt doch die ***"verantwortliche Entscheidung"*** über den Abbruch bei der Frau und nicht beim Abtreiber?"

Der Pater: „Ja, das ist noch eine zusätzliche Belastung für die katholischen Beratungsstellen. Denn durch die Ausstellung des Beratungsscheines stellen sie nicht nur den **"Töter"** des ungeborenen Kindes straffrei, sondern anerkennen durch ihr Verhalten auch noch das Selbstbestimmungsrecht, also eine Letztentscheidung der Frau, und auch hier von Anfang an."

Verstehen Sie, daß einem, so oft man dies betrachtet und man darüber nachdenkt, das Herz bricht. Man ist zutiefst getroffen und möchte schreien: das darf nicht wahr sein! Die deutsche katholische Kirche, hat sich durch staatliche Vorgaben, denen sie sich unterwirft, in einen Tötungsprozeß eingebunden. Anstatt diesem Staat und allen denen, die abtreiben wollen, das kategorische Wort des Johannes des Täufers: »Es ist euch nicht erlaubt« entgegenzuschleudern, kollaboriert man mit einem Staat, der einen juristischen Tötungsapparat ungeheueren Ausmaßes auf die Beine gestellt hat, um ungeborene Kindlein zu töten – und das in der Bundesrepublik Deutschland insgesamt (nach unterem Zahlenwert) mindestens 300.000 Mal pro Jahr. In diesem Zusammenhang ist das Wort "zum Schutz des Lebens" nur noch Spott und Hohn."

Die Frau: „Nehmen das die Zeitgenossen überhaupt wahr?"

Der Pater: „Ich weiß es nicht. Denn muß man sich bei der genannten Zahl, wenn man sie auf 22 Jahre hochrechnet, nicht fragen, wieviel Menschen sich schuldig fühlen müssen? - Auch bin ich überzeugt, daß in kommenden Zeiten eine solche Abtreibungsmentalität eine seelische Erschütterung hervorrufen wird, welche die Menschheit tief betroffen machen wird. Die kommenden Generationen - das sind nach Auffassung von Frau Dr. Peters jene, welche die Abtreibung überlebt haben - werden die Abtreibung als das brandmarken, was sie ist, nämlich als "Schande der Menschheit".

Die Frau: „Ist das Wort "Schande der Menschheit" vom Papst in Rio Janeiro do Sul nicht im Hinblick auf Sterilisationen angewendet worden."

Der Pater: „Doch! Sie mögen recht haben, aber Sie können das ruhig auch auf die Abtreibung anwenden."

Die Frau: „Worauf liegt nun der Akzent der Deutschen Bischofskonferenz? Ist es die Treue zum Staat, der vorgibt, er wolle Ungeborene retten, um andere preisgeben zu können?"

Treue zum Staat oder Treue zur Kirche

Der Pater: „Wer kann das beantworten! Jemand sagte mir, daß die Deutsche Bischofskonferenz sicher ein treuer Diener des Staates sei (auch weil sie von dort her bezahlt werde), stellte aber in Frage, ob sie auch ein treuer Diener der Kirche Jesu Christi sei."

Die Frau: „Aber sieht Bischof Lehmann die Sache nicht anders? Sollte bei diesem brutalen vorsätzlichen Töten Unschuldiger nicht alles getan werden, um so viele Menschenleben zu retten, wie überhaupt noch zu retten sind?"

Der Pater: „Selbstverständlich."

Die Frau: „Warum leisten Sie dann einen solchen Widerstand gegen die Argumentation vieler Bischöfe?"

Der Pater: „Weil man nichts Böses tun darf, um Gutes zu bewirken. Konkret: Man darf sich nicht mitwirken und in eine Massentötungssystem einbinden, um dadurch zu versuchen, eine selektiv geringe Zahl von Ungeborenen zu retten."

****

30 Jahre Widerstand der Bischöfe gegen Rom macht sich bemerkbar

Königsteiner Erklärung
Der zerbrochene Gewissensentscheid

Die Frau: „Sie sprachen von der Gruppe um Lehmann innerhalb der Kirche in Deutschland. Wie tief sitzt eigentlich die Zerstrittenheit? Und wie tief ist die Kluft zwischen der deutschen katholischen Kirche und Rom?"

Der Pater: „Die Zerstrittenheit ist groß. Die Kluft ist tief."

Die Frau: „Warum?"

Der Pater: „Weil vom deutschen Episkopat schon mehr als 30 Jahre eine Obstination gegen Rom und den Heiligen Vater betrieben wird. Die Deutschen wissen es angeblich besser. Die Königsteiner Erklärung, in der das Gewissen gegen die Enzyklika "Humanae Vitae" Pauls VI. ausgespielt wurde, bildet einen Riß. Aber anstatt diesen Riß zu heilen, wurde er nach 25 Jahren auf der Bischofskonferenz in Fulda feierlich zelebriert, wobei Bischof Lehmann eine entsprechende Ansprache hielt. Und nun sind es 30 Jahre her. Denn seit dem Jahr 1968 tanzt der deutsche Episkopat mehrheitlich seinen Tanz der Widerspenstigkeit gegen Rom, natürlich immer fein kaschiert, als ob man in völliger Harmonie mit Rom stünde. In neuerer Zeit scheint die deutsche Katholische Kirche in ihrer Basis bereits eine Art Antikirche darzustellen. Was von einigen gar nicht gesehen, von anderen mit System betrieben und von wieder anderen schlicht geleugnet wird, indem man so tut, als ob eine solche Aussage ein Hirngespinst wäre."

Die Frau: „Ist das nach Außen hin sichtbar?"

Der Pater: „Ja und Nein! Die Theologen Hans Küng und Herbert Haag, Frau Uta Ranke-Heinemann und Eugen Drewermann sind nur die medienwirksamen Aushängeschilder für eine Gruppe anderer Theologen und Professoren, die im Hintergrund mit ähnlichen Häresien arbeiten. Außerdem haben diese Herren alle ihre Fans; und da sich mit ihren Büchern viel Geld verdienen läßt, auch ihren nicht geringen Leserkreis. Wo immer diese Damen und Herren in der Öffentlichkeit auftreten, haben sie einen großen Zulauf und volle Säle."

Die Frau: „Manchmal ärgere ich mich darüber, wie arrogant und intolerant gerade diese Damen und Herren auftreten, die mit unnachahmlicher Unverfrorenheit in ihren Artikeln und Vorträgen gerade ihre Feinde dauernd der Intoleranz bezichtigen."

Der Pater: „Wer die Szenerie in den letzten zehn Jahren beobachtet hat, der spricht mit Recht von einer Antikirche.

Die Frau: „Was will die Antikirche?"

Der Pater: „Sie will die Herrschaft."

Die Frau: „Bitte genauer."

Der Pater: „Sie will die Umkehrung der Werte im Katholizismus, das heißt eine Kirche, die sich in ihrem Glauben letztlich weder zu Jesus Christus noch zum Glaubensbekenntnis noch zu den Gebote Gottes noch zum Petrusamt bekennt. In dieser neuen Kirche soll der katholische Glaube so umfunktioniert werden, daß er dann völlig von der Moderne verschluckt werden kann."

Die Frau: „Und Jesus Christus?"

Der Pater: „Er ist ein hübsches dekoratives innerweltliches Element, das Prachtexemplar religiös empfindender Menschen."

Die Frau: „Das ist zu wenig!"

Der Pater: „Natürlich ist das zu wenig!"

Die Frau: „Warum?"

Der Pater: „Weil er neben der menschlichen Natur, die ihm zu eigen ist, auch die Natur des transzendenten Gottes besitzt. Er, der herabgestiegen ist aus der Herrlichkeit, die er schon besaß, bevor die Welt war, ist der einzige und wahre Erlöser."

Die Frau: „Den Christus wollen die Modernen nicht."

Der Pater: „An IHM scheiden sich die Geister!"

Die Frau: „Aber nach außen hin funktioniert doch scheinbar alles: Die Gottesdienste, die Pfarreien, die Jugend- und Frauenarbeit, der Apparat, die Hochschulen und die Tagungen, Kurse und Feiern."

Der Pater: „So sieht es aus, aber untersuchen Sie einmal, was dort an den Schulen gelehrt wird, und was einzelne Professoren dort treiben, so erschrecken Sie darüber, daß es an manchen Orten von Unmoral und Irrlehren wimmelt, so daß man meint, unter Heiden geraten zu sein."

Die Frau: „Können Sie das beweisen?"

Der Pater: „Ich habe ein Buch geschrieben über die katholische Jugendarbeit: "Ganz sicher nicht katholisch" (SJM-Verlag, 67149 Meckenheim). Aber anstatt die Analysen dieses Buches zu untersuchen, hat man mir vorgeworfen, ich würde polemisieren, durch einige isolierte Aussagen ganze Jugendverbände und Gruppen innerhalb der Kirche etikettieren."

Die Frau: „Besteht dieser Vorwurf zurecht?"

Der Pater: „Nein! Diesem Vorwurf widerspreche ich heftig! Zum Thema der menschlichen Sexualität wurden die vier bedeutendsten Dokumente des BDKJ wortwörtlich abgeschrieben. Diese Papiere geisterten mindestens zwei bis drei Jahre in der öffentlichen Szenerie kirchlicher Jugendarbeit herum, von den Sexspielen der Diözese Rottenburg und Mainz ganz abgesehen. Mich packte der Ekel, als man diese Sex-Papiere abschreiben mußte. Dies wurde mir auch durch einen Kardinal bestätigt, der mir wörtlich schrieb: »So geballt habe ich selten Unmoral dargestellt gefunden.« Doch das genügt anscheinend nicht mehr. – Wo Ideologie die Augen verklebt, wird man blind."

Die Frau: „Was wirft man Ihnen vor?"

Der Pater: „Bischof Lehmann wirft mir vor, daß ich eine Kritik mit der Verurteilung des BDKJ in einer undifferenzierten und pauschalen Form betreibe und damit die Kirche spalte. Bischof Lehmann läßt mir durch seinen Bischofskaplan folgendes schreiben:

> »Sehr geehrter Herr Pater Maier,
>
> Bischof Lehmann hat Ihr Schreiben vom 01.05.1997 sowie Ihr Buch "Ganz sicher nicht katholisch" erhalten und zur Kenntnis genommen. Er hat mich beauftragt, den Eingang Ihres Schreibens und des Buches zu bestätigen.
>
> Bischof Lehmann teilt Ihre pauschale Kritik und Verurteilung des BDKJ und seiner Mitgliedsverbände in dieser undifferenzierten Form nicht. Er stützt sich dabei vor allem auf sehr viele positive Gespräche und Erfahrungen. Sie haben sicher in der Presse entnehmen können, daß Bischof Lehmann vor einigen Wochen mit dem BDKJ in Altenberg das 50jährige Jubiläum gefeiert hat. Ich erlaube mir, Ihnen in seinem Auftrag seine Predigt bei diesem Anlaß beizulegen.
>
> Auch Ihr Schreiben bez. von Ihnen verantwortete Flugblätter der "Aktion Leben" sind zur Kenntnis genommen worden. Es erübrigt sich wohl, Ihnen noch einmal die Position Bischof Lehmanns nahebringen zu wollen. Bedauerlich ist nur, daß offenbar von Ihrer Seite nicht zur Kenntnis genommen werden kann, wie sehr es uns - bei aller unterschiedlichen Meinung über die richtigen Wege dahin - letztlich um dasselbe Ziel geht: ungeborenes Leben zu retten. Den Keil, der durch Ihre Agitation in die Kirche und das gläubige Gottesvolk getrieben wurde, werden eines Tages wohl Sie zu verantworten haben.
>
> Bischof Lehmann bittet Sie gerade in diesen Tagen, da in Rom entscheidende Gespräche geführt werden müssen, um Ihr Gebet, daß Gottes Geist der Kirche den rechten Weg zeigen möge. Er läßt Sie grüßen und wünsche Ihnen den Segen des

allmächtigen Gottes. Seinen Grüßen möchte ich mich anschließen.

Ihr Tobias Schäfer, Bischofskaplan«

Außerdem hat der Bischof von Mainz an den Herrn Christoph Schäfer, Hirschhorn, geschrieben. In diesem Brief wird die Thematik der "Spaltung" weitergeführt und verhärtet. Aus diesem Brief möchte ich folgende Zeilen zitieren:

"Ich möchte allerdings auch nicht verschweigen, daß die Belege, die Sie anführen, für mich ein gutes Beispiel dafür sind, wie tatsächlich Gruppen innerhalb der Kirche sich gegenseitig an den Rand drängen, statt sich gemeinsam um Jesus Christus zu versammeln. Ich brauche sicher nicht zu sagen, daß die Texte, die Pater Otto Maier in seinem Buch anführt, tatsächlich vielfach nicht mehr im Rahmen dessen stehen, was katholisch ist. Ich bitte jedoch zu bedenken, daß es sich um Aussagen von Jugendgruppen handelt. Statt diese dann auszugrenzen, wo sie irren, ist es meiner Ansicht nach notwendig, mit den Jugendlichen das Gespräch über gerade diese Fragen zu suchen und so den Standpunkt der Kirche deutlich zu machen und die Jugendlichen auf den rechten Weg zu führen. Ich bin insgesamt sehr verärgert über das Buch von Pater Maier, weil er mit einzelnen Aussagen gegen die Jugendverbände, die im BDKJ zusammengeschlossen sind, bewußt und generell polemisiert. Ich weiß jedoch, daß viele dieser Jugendverbände in unseren Gemeinden eine hervorragende und sehr kirchliche Jugendarbeit betreiben. Es ist daher reichlich unfair, mit einigen isolierten Aussagen ganze Jugendverbände und Gruppen innerhalb der Kirche als "Ganz sicher nicht katholisch" zu etikettieren. Damit tut Pater Maier genau das, was Sie in Ihrem Schreien so verunsichert: Er betreibt - bewußt oder unbewußt - eine Spaltung. Ähnliches hat, das muß ich in aller Deutlichkeit sagen, auch die "SJM" im Bistum Augsburg getan, so daß Bischof Dammertz gerade um der Einheit der Kirche willen sich gezwungen sah, deren Betätigung innerhalb des Bistums zu untersagen.

Ich bin wirklich sehr betroffen, wie immer wieder einzelne Gruppen, ganz egal ob "rechts" oder "links", sich innerhalb der Kirche gegenseitig bekämpfen, statt daß wir gemeinsam fragen, was Gott von uns möchte und wohin er seine Kirche führen will. Wir haben doch einen Auftrag für die Welt! Ich bemühe mich unermüdlich darum, alle daran zu erinnern, daß uns eine gemeinsame Mitte verbindet: Jesus Christus. Ich möchte Sie herzlich bitten, alles in Ihrer Macht Stehende zu tun, daß wir innerhalb der Kirche miteinander unsere gemeinsame Sendung wahrnehmen und zur Heiligung der Welt beitragen."

Die Frau: „Sagen Sie mal, hat Bischof Dammertz der SJM (Servi Jesu et Mariae) die Betätigung innerhalb des Bistums Augsburg untersagt? – Hat Lehmann hier die Wahrheit gesagt?"

Der Pater: „Bischof Lehmann hat falsch zitiert. Der SJM wurde in der Diözese Augsburg nie die pastorale Betätigung untersagt. Das zeigt schon die Tatsache, daß der jetzige offiziell anerkannte Landeskurat der KPE in der Diözese Augsburg P. Paul Schindele SJM ist."

Die Frau: „Warum dann dieses Theater?"

Der Pater: „Weil die SJM das Kloster Mussenhausen verlassen mußte, das ihnen nicht gehörte. Die Eigentümer des Klosters wollten es so."

Die Frau: „Zurück zum Schreiben von Bischof Lehmann. Verzeihen Sie mir, aber ich kann die Worte wie "undifferenziert oder differenziert, qualifiziert oder nicht qualifiziert, pauschal, etc., ich kann dieses nichtssagende Zeugs nicht mehr hören!"

Der Pater: „Nun ja! – Mit solchen Worten schüttelt man sich eine sachliche Korrektur vom Hals."

Doppeltes Maß und Nachhilfeunterricht

Die Frau: „Aber sagen Sie doch, hier tut Bischof Lehmann gerade so, als ob er der Mann der Mitte wäre, der große Vermittler zwischen den verschiedenen Gruppen. Hat Bischof Lehmann einmal ein Gespräch mit Ihnen geführt?"

Der Pater: „Nein. Auch kann es in der Frage des Lebensrechts zwischen dem Gebot : »Du sollst nicht töten!« und der Position des Deutschen Gesetzgebers keine"Mitte" geben. Jeder Versuch hier auszugleichen, wie ihn das Bundesverfassungsgericht angestrebt hat, muß das Gebot Gottes unterlaufen."

Die Frau: „Und Sie persönlich?"

Der Pater: „Bischof Lehmann beantwortet nicht einmal Briefe und Faxe, die man ihm schickt. Herr Ramm hat ihm zweimal durch Fax gebeten, sich hinsichtlich seiner Äußerung "Lehmann ein Mörder" Stellung zu nehmen. Er bekam keine Antwort. Auch ich habe ihm in meiner Angelegenheit zweimal geschrieben und bekam ebenso wenig eine Antwort wie Herr Ramm. Auch wissen wir von anderen Organisationen, wie zum Beispiel "Die Birke" oder von Frau Heinel aus der "Rahel-Gruppe", daß er die Leute zwar beim Namen nannte, aber kein Gespräch mit ihnen geführt hat. Dafür prangt sein Bild auf den Werbeplakaten der "Lila-Stola" (einer theologisch-feministischen Gruppe, die sich für das Diakonat und das Priestertum der

Frau stark macht) und bei der Frühjahrskonferenz der Bischöfe in Mallersdorf 1997 hat der Sekretär der Bischofskonferenz, Langendörfer, diese Damen der "Lila-Stola" in der Kirche nach vorne manövriert, damit sie am Ende des Gottesdienstes ihre Rosen an die Bischöfe austeilen konnten. Uns kommt das recht zwiespältig vor, was hier inszeniert wird, - ja, uns kommt das wie eine Manipulation vor, als ob man die Bischöfe so für die "Lila-Stola" gewinnen wolle."

Die Frau: „Viele sagen, Bischof Lehmann besitze in der deutschen Katholischen Kirche eine große Lobby. Er gelte als der Vorreiter eines modernen liberalen Katholizismus. Seine Freunde erwarten von ihm, daß er selbst um seiner liberalen Ideen willen es auf sich nehmen solle, mit dem Papst im Clinch zu liegen. Und manche meinen, daß er durchaus nicht davor zurückschrecke, den Römern deshalb Nachhilfeunterricht zu erteilen. - Was ich hier sage, ist sicher nicht erfreulich, aber studiert man die Medienkampagnen, kann man sich des Eindrucks nicht erwehren, daß solche Aussagen durchaus berechtigt seien."

Der Pater: „Ich sehe das auch so. - Am Mittwoch den 29. Oktober 1997 veröffentlichte die "Südwestpresse" einen Artikel von Hans-Joachim Thron über Bischof Lehmann mit der Überschrift: "Bischof Karl Lehmann/Diplomat Gottes." Der Untertitel lautet: "Ein Mann, dem man Glauben schenken kann. - Der liberale Katholik überzeugt durch sein zähes Ringen mit dem Vatikan um ein zeitgemäßes Christentum." Die Einleitung zum Artikel lautet:

> „Viele gläubige Katholiken tun sich schwer mit dem Konservatismus des Vatikans. Von den Zweiflern und Grenzgängern zum Glauben ganz zu schweigen. Da gibt ein Kirchenmann wie Karl Lehmann Halt und Hoffnung. Der Vorsitzende der deutschen Bischofskonferenz ist ein Liberaler, der sich um ein lebendiges, zeitgemäßes Christentum bemüht."

Die Frau: „Und was bedeutet das im einzelnen für unsere Fragen? Was zeigt dieser Artikel auf?"

Der Pater: „Der Artikel zeigt sehr viel auf. Er sagt uns ziemlich genau, wo Bischof Lehmann sich zu sehen hat. Der Artikel sagt:

> Gegen Rom anrennen. - Bei der Gültigkeit von Grundwerten erweist sich Karl Lehmann als unbeirrbar. Umso leichter fällt es ihm, in Fragen der innerkirchlichen Demokratie, der Geschlechterrollen, den Problemen von Abtreibung, Priesteramt für Frauen und Zwangszölibat Rom die Stirne zu bieten.
>
> "Was der Papst zur Weihe von Frauen zu Priesterinnen sagt, empfinden wir als

besonders lückenhaft und schwierig", sagt Lehmann offen. Die Kirche habe in dieser Frage unglücklich operiert. Andererseits: Es sei falsch, die Rolle der Frau in der Kirche allein auf die Priesterweihe zu beschränken. Wichtiger sei es doch, daß Frauen Beruf und Familie besser vereinbaren können.

Gefragt nach der Haltung der Kirche zur Beratung von Schwangeren im Gewissenskonflikt, gibt sich Lehmann kompromißlos: "Es geht nicht darum, daß wir aus der Beratung aussteigen." Die meisten Frauen, etwa 80 %, wollten ihr Kind nicht abtreiben, sondern stünden unter Druck, - weil sie arbeitslos sind, die Wohnung zu klein ist oder der Mann nicht will. Hier, so ist der Kirchenmann zu verstehen, kommt ein Verzicht auf Beratung nicht in Frage. Und bei den übrigen Frauen, die eine Abtreibung durchaus ins Auge fassen, sei Beratung besonders wichtig. Wo also kann es da einen Rückzug geben?

"Der Beratungsschein ist keine Tötungslizenz", widerspricht Lehmann heftig seinem Fuldaer Amtskollegen Johannes Dyba. Aber: ***Die Frau hat die letzte Entscheidung, - "dies müssen wir bei Gott und in Demut anerkennen"***. Und, ganz deutlich und realistisch: Abtreibungen wird es immer geben; es könne nur darum gehen, so viele Leben wie möglich zu retten. 4.000 bis 12.000 habe die Kirche bisher verhindern können, schätzt der Geistliche. Die Argumente der deutschen Bischöfe für die Aufrechterhaltung kirchlicher Beratung hätten im Vatikan Wirkung gezeigt. "Ich jedenfalls kämpfe dafür, daß wir uns durchsetzen."

Die Frau hat die letzte Entscheidung
Dies müssen wir anerkennen

Die Frau: „Herr Pater, das Wort von Lehmann: ***Die Frau hat die letzte Entscheidung - "dies müssen wir bei Gott und in Demut anerkennen"***, ist doch ambivalent: Ich will damit sagen, daß er das niemals als Katholik und Mensch noch viel weniger als Bischof sagen dürfte."

Der Pater: „Ja, Sie haben recht. Das ist eindeutig eine Mißweisung, die sich sehr fatal auswirkt."

Die Frau: „Worin besteht die fatale Mißweisung?"

Der Pater: „Sie besteht in dem Wort "anerkennen"."

Die Frau: „Warum?"

Der Pater: „Weil, was Gott durch seine immer gültigen Gesetze verboten hat, ein Mensch niemals auflösen darf, geschweige denn anerkennen."

Die Frau: „Sind Sie mir nicht böse, daß ich weiterfrage: Was hat Gott in dieser Hinsicht verboten?"

Der Pater: „Gott hat unter Feuern auf dem Berg Sinai gesagt: "Du sollst nicht töten!" - Sagen Sie mir, liebe Frau, wie kann denn ein Bischof der römisch-katholischen Kirche sagen, daß die Frau die letzte Entscheidung habe und wir dies bei Gott und in Demut anerkennen müssen? Hat nicht der Papst in Rio Janeiro de Sul (wie wir das bereits gesagt haben) diese Tötungen als Hinrichtung gekennzeichnet, ja, als die Schande der Menschheit?"

Die Frau: „Lehmann hat zu diesen Papstworten nur die Bemerkung gemacht: "Das ist nicht meine Wortwahl"."

Der Pater: „Selbst wenn der Bischof meinte, daß das Staatsgesetz der Frau eine Letztentscheidung gegeben hätte, so wäre seine Formulierung dennoch falsch und durch nichts zu rechtfertigen. Sie muß eine unglaubliche Verwirrung auslösen. Der Artikel sagt nämlich:

> "Rainer Lang hält dem Gast des Ulmer Forums die Äußerung von Papst Johannes Paul vor, der die westliche Zivilisation wiederholt als Kultur des Todes und Abtreibung als Mord bezeichnet hat. "Das ist nicht meine Wortwahl", sagt der Bischofsvorsitzende kühl. Doch gleichzeitig wirbt er um Verständnis für den geschichtlichen und politischen Hintergrund des Papstes.
>
> Er selbst, so sagt uns Lehmann, habe mit Hilfe polnischer Freunde zu verstehen versucht, was Johannes Paul meine. Die Diktatur habe das (Schwarz-Weiß)-Denken des Papstes bestimmt. "Die westliche Welt kennt er nicht so wie wir." Im übrigen sei Johannes Paul, was Leben betrifft, besonders sensibel. In der Nähe von Auschwitz geboren, stelle sich ihm die Frage, wo der Vernichtungswille des Menschen angesichts von Auschwitz beginne, besonders scharf."

Die Frau: „Das klingt so ein bißchen, als ob der Papst nicht an die Einhaltung der Gebote Gottes oder an die Lehre der Kirche erinnert, wie er das überall tut, sondern ein "Schwarz-Weiß-Denken" besitzt, da er die westliche Welt nicht so kennt wie wir. Das klingt so ein bißchen als ob Johannes Paul II. (geboren in der Nähe von Auschwitz) mit falschen Denkkategorien den westlichen Mentalitäten gegenüber steht und die anstehende Problematik zu kurz einzuschätze .

Der Pater: „Man hat so den Eindruck, als ob Lehmann sagen wollte: Er wisse es besser!"

Die Frau: „Stimmt es, was der Artikel sagt, Lehmann sei ein Liberaler?"

Der Pater: „Die Frage, wie ein solcher Eindruck in der Öffentlichkeit entstanden ist, müssen Sie sich selbst beantworten."

Die Frau: „Der letzte Paukenschlag in der Presse war sein Wort über Luther, den er zum "gemeinsamen Lehrer" der Kirchen emporstilisieren möchte.

Er hat dies in der Berliner Kaiser-Wilhelm-Gedächtniskirche offen ausgesprochen. Mir dröhnen davon jetzt noch die Ohren."

Der Pater: „Mir auch! – Doch soll niemand sagen, es liege uns nicht am Herzen, daß die getrennten Brüder zur Einheit der Herde Christi zurückfinden. Dies ist ein jahrhundertealtes Anliegen, das viel Schmerz und Tränen gekostet hat. Doch das geht unter den getrennten Brüdern nicht mit "Faits accomplis", das heißt durch die Schaffung von vollendeten Tatsachen, sondern es geht nur durch die Rückkehr der Herde zu ihrem Meister Jesus Christus, der da ist der einzige wahre Hirte seiner Herde, – Weg, Wahrheit und Leben."

Die Frau: „Und Luther?"

Der Pater: „Luther ist nicht das, was Bischof Lehmann aus ihm machen möchte. Denn die moderne Geschichtsforschung zeigt ein Lutherbild, das den Reformator seines Glanzes und seiner Glaubwürdigkeit beraubt. Wir wollen nicht wieder in die alten Fehler fallen und diesem Reformator einen Glanz zuschreiben, der geschichtlich nicht mehr zu halten ist Das muß doch der Bischof wissen."

Die Frau: „Ist nun der Bischof Lehmann liberal oder nicht?"

Der Pater: „So sagen und empfinden viele. – Er hat die Unternehmungen der oberrheinischen Bischöfe mitgetragen. Er ist der Motor der Erhaltung der staatlich-kirchlichen Beratungsstellen, spricht den Frauen ein Entscheidungsrecht über ihr Ungeborenes zu und will Luther zum Kirchenlehrer machen. Wenn der Ereignisse nicht so viele wären, könnte man schweigen. – Mir scheint, daß er diese staatlich-kirchlichen Beratungsstellen durch seine bischöfliche Autorität, seine Beziehungen zu vielen staatlichen Gremien und durch seine vielfältigen Beziehungen zu den Medien aufrecht erhält. Er hat ja offen gesagt, daß er in diesem System drinnen bleiben will."

Der Streit um den Beratungsschein ist ein Streit mit liberal gesinnten Katholiken

Die Frau: „Pater! Dann ist der Streit um den Beratungsschein, der so viele unschuldige Kinder in den Tod schickt, nichts weiteres als ein Streit mit liberalen Katholiken?"

Der Pater: „Liebe Frau! So scheint es zu sein: Ein Streit mit liberalen Katholiken. – Wann wird sich der deutsche Episkopat dieser tödlichen und blutgetränkten Klammer entledigen und sich vor dem Angesichte Gottes und Jesu Christi bekehren? Ach wie sehr wünsche ich mir diese Stunde herbei und bete von ganzem Herzen, daß sie bald komme. Ja, ich wünsche, daß viele Katholiken beten, um diesen wahrhaft desolaten Zustand bald zu beenden."

Die Frau: „Am 20. Oktober 1997, bekam ich einen "Freundesbrief" von "Die Birke e.V.", auf dem konnte man folgenden Text lesen:

> ❖ »Liebe Freunde, wir möchten Ihnen nicht vorenthalten, daß Gegner der BIRKE-Beratung neuerlich den Versuch gemacht haben, Material gegen die Birke zu sammeln, indem "Schein-Schwangere" zur Beratung kamen. - Schon bei telefonischen Terminvereinbarung sind die ***echten*** Konflikte von den ***un-echten*** zu unterscheiden. In den Beratungsgesprächen lernen wir, wie weit die U-Boote (so nennen wir sie) gehen und in wieviel Lügen sie sich innerhalb einer solchen Beratung verstricken. Nun wurde uns zugetragen, daß solche U-Boot-Berichte in der katholischen Bischofskonferenz benutzt werden sollten, um einen Verbleib der Bischöfe im staatlichen Beratungssystem zu rechtfertigen.«

Der Pater: „Auch mir hat man davon berichtet."

Die Frau: „Ist das realistisch?"

Der Pater: „Wer weiß das? – Aber es ist sicherlich richtig, diese Geschehnisse allen zu berichten, damit man weiß, was in der Öffentlichkeit gesprochen wird. Denn wenn diese Angaben stimmen, ist es ein starkes Stück, was hier inszeniert wurde."

Die Frau: „Nun aber zurück zur vorausgehenden Frage. Der Bischof hat Sie doch in seinem Brief einen "Spalter" genannt?"

Der Pater: „Ja, so ist es. Doch es ist unglaublich interessant, daß es gerade die Südwestpresse war, die mir dieses Wort zum ersten Mal angehängt hat und zwar in einem Artikel von Egbert Manns unter dem Titel: "Die schwarzen Spalter."

Die Frau: „Also dieselbe Presse, die Bischof Lehmann aufbaut und lobt, hat Sie niedergemacht?"

Der Pater: „So ist es."

Die Frau: „Dann kennt der Liberalismus seine Gegner?"

Der Pater: „Man könnte so sagen. Herr Egbert Manns benützte in seinem Artikel die Sektenkeule und verstieg sich bis zum Vorwurf des Antisemitismus. Am 28. Mai 1997 habe ich ihm einen Brief geschrieben, in dem zu den Ereignissen Stellung nehme."

P. Otto Maier, Im Hassert 11, D-67146 Deidesheim **28.5.97**

Herrn Egbert Manns
Südwestpresse Ulm, Frauenstr. 77
89073 Ulm

Herr Manns!

Sie waren, genau wie ich es mir ausgerechnet habe, zu meinem Vortrag nach Augsburg gekommen. - Sie scheinen Ihr Wild zu jagen?!

Sie sprachen davon, daß Sie in Sachen Marienfried angelogen worden seien. Natürlich würde mich einmal interessieren, was da im Detail gemeint war.

Beim ersten Mal als ich Sie erlebte, da sagte mir ein mich begleitender Journalist: "Das ist der Manns, der ist böse." Als ich den Sprechenden dumm anschaute, meinte er, das sei in Hinblick auf Marienfried gesagt. Als ich dann den Artikel von Ihnen gegen Marienfried, in dem Sie mich vermarktet haben, gelesen hatte, wußte ich, was dieser Mann meinte.

Sie haben in Ihren Artikeln in jenem Journalistenstil geschrieben, der die vermeintlichen Fakten so geschickt zusammenmixt, daß daraus ein journalistischer Cocktail entstand, aus dem der Leser alles und nichts herauslesen konnte. Außer den mächtigen Keulenschlägen, die Sie gegen das Engelwerk oder gegen arme Frauen des Klosters in Brandenburg führten, war Ihr Artikel letztlich Trug. Sie schürten bei Ihren Lesern eine magische Angst, indem Sie ihnen eine Gefahr suggerierten, die da von den armen Ordensschwestern ausgehen könnte, die höchst bedrohlich für Gesellschaft und Kirche sei. Das hörte sich so an, daß schlimmer als Triebtäter oder Revoluzzer diese geheime Mafia sei, die da Schreckliches hinter dicken Klostermauern fabrizierte. Dabei waren diese geheimnisvolle Mafia ein paar arme alte Frauen, die ihr ganzes Leben im Dienst an ihren Mitmenschen standen, und die man nun an den Pranger stellte, um mit Fingern auf Sie zu zeigen. Eines ist sicher, daß diese Klosterfrauen niemanden bedroht oder beleidigt oder diskriminiert haben, aber Sie, Herr Manns, haben diese Frauen durch Ihre Attacken eines Teils ihres Lebensunterhaltes beraubt.

Sie nannten mich einen Spalter. In Augsburg habe ich Ihnen gegenüber betont, daß ich kein Spalter sei, sondern ein Zeitanalytiker, der auf schwere Mißstände innerhalb von Staat und Kirche aufmerksam macht. Wenn ich also auf Spaltungen und Spaltungstendenzen innerhalb der Kirche aufmerksam mache, dann spalte ich nicht, sondern stelle fest, daß Spaltungen unabhängig von mir vorhanden sind. Und wenn ich von Ihnen journalistische Fairneß fordere, dann muß ich auch bereit sein, selbst keine Lügen auszustreuen. Ihnen gegenüber wiederhole ich, daß ich kein Spalter bin, wie Sie das geschrieben haben in Ihrer (für Ihre Leser zugkräftigen) Überschrift, sondern ich bin ein Zeitanalytiker, der Vorhandenes aufzeigt. Allerdings will ich, daß diese Analysen auch bekannt werden. Dafür setze ich mich ein, wie es ein Recht jedes Bürgers unseres Staates ist. Insofern sind die Aussagen, die Sie gegen mich geschrieben haben, eine Unterstellung.

In den Schriften, die wir veröffentlichen, stellen wir vor allem Dokumente dar, so daß sich jeder selbst ein Urteil bilden kann. Damit vermeiden wir ideologische Manipulationen. Sie können in Ihren Aussagen, die Sie nach unserer Einschätzung zusammengemixt haben, mit solchen Dokumenten nicht aufwarten. ... ...

Das ist eben die Frage, ob Sie Meinungsbildung betreiben oder manipulieren oder gar diskriminieren, wie das einige gemeint und gesagt haben. Nicht wenige Leute sagten mir, daß sie massiv diskriminiert haben. In diesem Zusammenhang habe ich Ihnen gegenüber in Augsburg betont, daß ich nicht verstehen könne, was Sie an den armen Schwestern vom Kloster Brandenburg angetan haben.

Mit freundlichen Grüßen!

Die Frau: „Pater! Spalten Sie nun oder spalten Sie nicht?"

Der Pater: „Nicht wer Unmoral aufzeigt, spaltet, sondern der, der in der Kirche unmoralisch handelt. Bis zur Stunde habe ich das verkündet, was der "Katechismus der Katholischen Kirche" uns lehrt. Mit Hilfe der katholische Lehre habe ich versucht, den modernen Tollheiten zu begegnen. – Wenn ich solches tue, spalte ich dann?"

Die Frau: „Dann spalten Sie zwar nicht, sind aber ein ewig Gestriger, ein Vorkonziliarer und entsprechend einzustufen?"

Der Pater: „Ach dieses Rede von vorkonziliarer und konziliarer Kirche. Die Kirche ist "eine" Kirche. Sie wird in ihrer Einheit verharren seit sie von Christus gegründet wurde bis zu dem Tag, da der Herr wiederkommt. – So bleibt sie die eine Kirche, die Kirche Jesu Christi, die in ihrer inneren Struktur unwandelbar ist. Sie trägt den Hauch der Ewigkeit. Man kann sie nicht beliebig verändern. – Ich bin weder vorkonziliar, noch nachkonziliar. Ich bin Katholik und bitte meinen Herrn, mir diese Gnade bis in meine Sterbestunde zu erhalten."

Die Frau: „Aha, was aber will denn eigentlich Lehmann von Ihnen? Was fordert er von Ihnen ein?"

Der Pater: „Wahrscheinlich bin ich für seine große Kirchenpolitik nicht geeignet und damit ein Zeichen des Widerspruchs."

Die Frau: „Was meinen Sie damit?"

Der Pater: „Gut. – Es ist sicher wahr, daß ich in der Katholischen Kirche keine liberale Position vertrete. Aber Bischof Lehmann ist in seiner Kirchenpolitik während der letzten Jahre in seiner Liberalität immer bis ans Äußerste gegangen. So in den Fragen von "Humanae Vitae", der wiederverheirateten Geschiedenen, des Frauenpriestertums und auch in der Frage der Beratung. Zu "Humanae Vitae" habe ich ihn in Heidelberg persönlich gehört, als er vor Jahren dort betont sagte, »das letzte Wort zu "Humanae Vitae" ist noch nicht gesprochen.« Das Vorprellen der oberrheinischen Bischöfe ist so bekannt, daß man darüber nichts sagen muß. Auch in der Beratungsfrage halte ich ihn für den Motor, der die Angelegenheit der staatlich-kirchlichen Beratungsstellen vorantreibt. Die kirchliche Jugendarbeit bräuchte nach Erscheinen des Buches "Ganz sicher nicht katholisch" eine Revision. Man geht dem Kampf mit dem Apparat der Funktionäre in Düsseldorf aus dem Weg, indem man die ganze Frage dilettiert. Das ist die simple Art, sich Kritiker vom Hals zu halten."

Die Frau: „Eine letzte Frage: Wissen die Bischöfe eigentlich, wie schwerwiegend diese Fragen sind und hat sich jeder einzelne damit auseinandergesetzt?"

Der Pater: „Sie müßten es wissen und zwar jeder einzelne für sich. Denn wenn sie es vorwerfbar und schuldbar nicht wüßten, machten sie sich schuldig. Die Frage um das Jahrhundertverbrechen der Abtreibung ist wohl die schwerste Frage und zugleich Schuld und Sünde dieses Jahrhunderts. Die beiden großen Kriege dieses Jahrhunderts haben nicht so viele Menschenopfer gefordert wie die Abtreibung."

Die Frau: „Wie schwer ist diese Sünde?"

Der Pater: „Das ist eine moraltheologische Frage, bei der es sich um ein Wissen handelt, das geschuldeterweise vorhanden sein müßte."

Die Frau: „Was für eine Antwort gibt die Moraltheologie?"

Der Pater: „Wenn jemand in moralischen Fragen, die er von seiner Person oder von seinem Amt her wissen müßte, die Sachverhalte nicht kennt, sündigt er. Die Sünde ist um so größer, je größer der Gegenstand ist, der zu wissen gefordert wird. Liegt eine schwerwiegende Mißachtung gegenüber der Pflicht zu wissen vor, dann liegt auch eine entsprechend schwere Sünde vor. Wenn jemand sogar eine solche Unwissenheit anstrebt, um sich bewußt entschuldigen zu können, er habe es nicht gewußt, vergrößert das seine Sünde."

Die Frau: „Das sagt also die Moraltheologie? – Und das gilt auch den Bischöfen."

Der Pater: „Soweit mir bekannt ist, gilt das allen."

Die Frau: „Pater, sind Sie nicht ein Kritiker?"

Der Pater: „Ach was! – Unsere irdische Zeit ist zu klein, um sich als Kritiker hochspielen zu wollen. Es geht um die Braut Christi, die Kirche, deren Antlitz entstellt ist. Es geht um den Prozeß einer Neuevangelisierung, wie der Papst fordert. Es geht um die Rettung der unsterblichen Seelen und die Vernichtung dieser schrecklichen Sünden. Doch diese Worte darf man heute in Deutschlands Katholischer Kirche mit ihrem fast perfekten Horizontalismus anscheinend nicht mehr in den Mund nehmen. Oft scheint es, als ob man die Kirche zur Tröstungsfabrik umfunktioniert hat, die das Erdenreich vor Augen hat, aber schon lange nicht mehr das Himmelreich. Genau an diesem Punkt prallen heftig die Gegensätze aufeinander."

****

Weihbischof Voß:

„Es kommt auf den Wunsch der Mutter an."

Die Frau: „Wie Sie schon öfter gesagt haben, kulminiert die Auseinandersetzung zwischen den zerstrittenen Brüdern an jenem Schein, welcher mit dem Briefkopf der Beratungsstelle versehen ist und mit Datum, Unterschrift und Stempel die Beratung bestätigt. Man nennt ihn den Beratungsschein."

Der Pater: „Er ist zwar nicht der eigentliche Konflikt, aber in diesem Schein erreicht der Konflikt seinen Höhepunkt und erhält seine höchste Brisanz."

Die Frau: „Die Ausstellung des Beratungsscheins ist also Mitwirkung am Töten der Ungeborenen. Doch, wo liegt des Pudels Kern?"

Der Pater: „In der moraltheologischen Frage, die zu untersuchen hat, ob eine Handlung vor Gott und den Menschen gut und ehrbar, oder ob sie schlecht und verabscheuungswürdig ist."

Die Frau: „Aber der Schein fördert doch die Tötung."

Der Pater: „Ja, aber die Beraterinnen geben vor, daß sie durch ihre Beratung die Frauen davon abhalten wollen, ihre ungeborenen Kinder zu töten, beziehungsweise wollen sie schwangere Frauen dazu hinführen, ihre Kinder anzunehmen. Soweit ist das eine gute Tat. Oder meinen Sie nicht?"

Die Frau: „Aber deshalb brauchen die Beraterinnen doch nicht den Schein auszuhändigen."

Der Pater: „Es ist das staatliche Gesetz, das diesen Schein fordert. Dies gilt, sofern man nicht von seinem gesetzlich verbrieften Weigerungsrecht Gebrauch macht. Doch das hätte zur Folge, daß der Beratungsstelle die staatliche Anerkennung versagt würde."

Die Frau: „Das staatliche Gesetz! Ach so! Das Gesetz, das vorgibt, die Kinder retten zu wollen und sie massenweise straffrei zur Tötung ausliefert."

Dem Lebensschutz dienen durch ergebnisoffene Beratung

Der Pater: „Die Beratungsstellen geben vor, Schwangere, die in Konflikt geraten sind, nicht allein zu lassen, und damit dem Lebensschutz des Ungeborenen zu dienen. Sie bieten darum den Frauen eine "ergebnisoffene"

Beratung an, wie sie sagen."

Die Frau: „Ergebnisoffen? Was bedeutet das?"

Der Pater: „Diese Art der Beratung bespricht mit der Frau die Pro´s und Kontra´s im Hinblick auf die Abtreibung des Kindes unverbindlich und derart, daß die Frau am Schluß der Gespräche von Seiten der Beraterin keinem psychischen Zwang unterliegt, nicht abtreiben zu können."

Die Frau: „Vor Gott geht das doch gar nicht!!! Denn das Gebot Gottes heißt, du sollst nicht töten."

Der Pater: „Die Wortwahl und Sprache verrät, auf wessen Seite man bei dieser "ergebnisoffenen" Beratung steht.

Die Frau: „Da schau her! - Dem Lebensschutz durch eine ergebnisoffene Beratung zu dienen. Das widerspricht sich."

Der Pater: „Was wollen Sie mir damit sagen?"

Die Frau: „Dieses Wort »ergebnisoffen« dient der abtreibungswilligen Frau. Will man das ungeborenen Kind wirklich verteidigen, dann muß man auch kompromißlos für es kämpfen. - Mir scheint, die Doppelzüngigkeit des Staates wird hier offenbart. Denn "der Staat hängt sich das Mäntelchen um, dem Leben zu dienen" und zugleich gesteht er auf Druck und Wunsch Abtreibung zu. Die jetzige Gesetzgebung ist so weit gestaltet, daß Abtreibung für alle ohne Schwierigkeiten möglich wird."

Der Pater: „Die staatliche Vorschrift und Praxis ist in diesem Fall voll Heuchelei. In einem Dokument, das Herr Lenzen an Herrn Lichter schreibt, wird diese Heuchelei offen angesprochen. Dort heißt es:

> "In der Tat leidet die Glaubwürdigkeit der Kirche auch dann, wenn sie ohne Scheinerteilung am Vollzug des "Beratungskonzepts" durch Erfüllung der verfassungsgerichtlichen Vorgaben entscheidend mitwirkt. Denn es ist das System selbst, das niemals akzeptiert werden kann, weil es das ungeborene Kind nicht mehr wie ein geborenes schützt. Schon im Rahmen der früheren Indikationsregelung gab es eine Beratungspflicht. Die wurde seinerzeit als verkappte Fristenregelung kritisiert, weil die abtreibungswillige Frau stets aufgrund der bloßen Beratung straflos gestellt war, also ohne Scheinerteilung.

Ausgerechnet in einer Krise des moralischen Bewußtseins und des tödlichen Schweigens einer Politik, die nur noch in einem reinen Machtkalkül danach trachtet, die Begehrlichkeiten der Bürger zu erforschen und zu befriedigen, ausgerechnet also in einer Zeit der Entchristlichung unserer Gesellschaft, die den Freiheitsbegriff als uneingeschränkte Selbstverwirklichung mißversteht, hebt die Kirche die Schranke des natürlichen Sittengesetzes auf. Ausgerechnet in einer Zeit des dramatischen Vertrauensschwundes in der Kirche ist die Kirche nicht mehr bereit, das unverzichtbare Recht auf Leben mit der letzten Konsequenz zu verteidigen, verbeugt sich die Kirche vielmehr vor dem "Letztentscheidungsrecht" der zum Schutz, nicht zur Tötung aufgerufenen Schwangeren. Es ist ungeheuerlich, daß die Kirche nur noch der Frau, nicht mehr dem Kind "nahe sein", nur noch eine Minimalchance wahrnehmen will, nicht aber bereit ist, aus einem System auszusteigen, das den Lebensschutz auf raffinierteste Weise relativiert.

Die deutschen Bischöfe werden dereinst Rechenschaft ablegen müssen, weshalb sie sich trotz eines gesetzlich zugestandenen Weigerungsrechts willentlich in ein System einbinden, das inhuman ist, weil unschuldiges menschliches Leben nicht mehr unantastbar ist. Es ist ein System des Unrechts, über das zu entscheiden ist, ein System das partiell gesetzlich das Recht des Stärkeren eingeführt hat, und zwar durch einen Staat, der seine Schutzpflicht privatisiert und sich seiner Legitimität entkleidet, der partiell das Ende des Rechtsstaates herbeigeführt hat."

Die Frau: „Herr Lenzen hat scharf analysiert. Aber sagen Sie, dann ist das ganze gesetzliche Schutzkonzept kein Schutzkonzept für das Leben! Im Gegenteil, es schützt die Töter der ungeborenen Kleinen, aber nicht die ungeborenen Kleinen selbst, die man tötet."

Der Pater: „Also genau umgekehrt! Die geschützt werden sollen, werden ausgeliefert und die bestraft werden sollen, werden vor der Strafe geschützt! Also, kein wirklicher Lebensschutz für Ungeborene!"

Die Frau: „Im Gegenteil! - Der Staat will auf jeden Fall die Abtreibung garantiert haben."

Der Pater: „Aber der Staat behauptet doch das Gegenteil."

Die Frau: „Ja, er behauptet es in seinen grundsätzlichen Gesetzestexten etc., handelt dann aber völlig anders."

Der Pater: „Woran erkennen wir dies?"

Flächendeckendes Netz an Abtreibungskliniken
Das Dilemma der Frau Stamm in Bayern

Die Frau: „Das erkennt man an der Forderung, daß ein flächendeckendes Netz an Abtreibungskliniken bereitzustehen hat, das verpflichtend über das ganze Land hin aufgestellt werden muß."

Der Pater: „Dafür gibt es ein klassisches Beispiel."

Die Frau: „Welches?"

Der Pater: „Dieses Dilemma des pervertierten Lebensschutzes zeigte sich beim Streit um die Abtreibungsquoten in Bundesland Bayern. Der Freistaat selbst garantiert den Abtreibern ihr Auskommen, das sie sich durch Töten erwerben."

Die Frau: „Woran wird ein solches Tun sichtbar?"

Der Pater: „Das sehen wir an den Kapriolen, welche die Familienministerin Bayerns, Frau Barbara Stamm, im Juni 1997 nach der einstweiligen Anordnung des Bundesverfassungsgerichtes geschlagen hat. Sie schickte gemäß einer Meldung der "Aktion Leben" e.V. an 133 bayerische Frauenärzte einen Fax mit der Frage, wer von ihnen bereit wäre nach den neuen bayrischen Richtlinien Tötungen vorzunehmen. Das magere Ergebnis für Frau Stamm lautete: Nur 15 Töter haben sich bei ihr gemeldet."

Die Frau: „Das Wort vom "Töter", Herr Pater, welch abscheuliches Wort! Ich kann es nicht hören."

Der Pater: „Stimmt! Doch das Wort "Mörder" ist in unserer Gesellschaft für Abtreibung verpönt, und alle anderen Worte, die wir gebrauchen, wirken harmlos. Darum bleibt uns kein anderes Wort als das Wort "Töter". – Doch zurück zu Bayern. Wird hier die Öffentlichkeit nicht arglistig getäuscht? Im Zusammenhang vom "218" spricht man von einem "Schutzkonzept", in dessen Namen man vorgibt, die Ungeborenen zu schützen, aber (und das ist die Wahrheit!) in dessen Namen man letztlich Hunderttausende von

Ungeborenen jährlich dem Töter zur Tötung preisgibt. - Ach, wie widersinnig! Unter den Fittichen eines "Schutzkonzeptes" pocht man wie im Falle Bayerns auf ein "flächendeckendes Angebot" von Abtreibungseinrichtungen, da gemäß Meldungen von verschiedenen Zeitungen nach Auffassung des Bundesverfassungsgerichts eine Jahreskapazität von 6.000 bis 8.000 Tötungsangeboten für Ungeborene nicht ausreiche!"

Die Frau: „Und damit können die Töter, der Münchner Allgemeinarzt Friedrich Stapf und der Nürnberger Frauenarzt Andreas Freudemann, weiterhin durch ihr "blutiges Geschäft" ihren täglichen Lebensunterhalt verdienen."

Der Pater: „Wie schrecklich! Mit Menschentötungen Geld verdienen? Diese inhumanen Einrichtungen werden in die Geschichte der Menschheit eingehen wie andere brutale Inhumanitäten der Vergangenheit in sie eingegangen sind."

Die Frau: „Ja! Das erinnert mich an den Beruf des Scharfrichters, der auch durch Menschentöten sein Geld verdiente!"

Der Pater: „Also! Zusammenfassend frage ich Sie: Und wo liegt nun der Schwerpunkt des staatlichen Schutzkonzeptes?"

Die Frau voll Spott in der Stimme: „Abreibung zu gewähren und zu gleicher Zeit vorzugeben, man würde das Grundgesetz unseres Staates einhalten und habe rechtens gehandelt."

Der Pater: „Sie sind also überzeugt, daß das Grundgesetz gebrochen ist?"

Die Frau: „Davon bin ich zutiefst überzeugt. - Der Staat tötet. Und ist dies nicht das große Aushängeschild der modernen Staaten, die sich dieses Recht usurpiert haben und damit wie ein Gewalttätiger wirken, wie Tyrann und Diktator, obwohl nach außen hin eine Demokratie vorgegeben wird."

Der Pater: „Liebe Frau! Letztlich behaupten Sie, daß diese Art von Beratung halbherzig sei oder gar keine Beratung oder halt eine "Scheinberatung"?"

Die Frau: „Ja."

Der Pater: „Und das gilt auch den katholischen Beratungsstellen?"

Die Frau: „Ja, es gilt auch ihnen. Sie sind zwar in eine staatliche Beratung eingebunden, aber dennoch verpflichtet sie das göttliches Gebot, nicht zu töten und die unantastbare Würde des Menschen heilig zu halten."

Der Pater: „Dann wird wohl im gegenwärtigen Augenblick der göttliche Auftrag gegenstandslos?"

Die Frau: „Natürlich! Oder glauben Sie etwa, daß bei diesen katholischen Beratungen, von einigen wenigen Ausnahmen abgesehen, gar noch von den Geboten Gottes oder von den jedem Staat vorgegebenen Menschenrechten gesprochen wird?"

Der Pater: „Sicherlich nicht oft!"

"Zielorientiert auf das Leben" Und: "Auf den Wunsch der Mutter kommt es an."

Die Frau: „Wie mir bis zur Stunde von kompetenten Leuten berichtet worden ist, wird auch in den katholischen Beratungsstellen ergebnisoffen beraten. Diese Art von Beratung hat Weihbischof Voß geradezu klassisch und prägnant formuliert. Er sagt, daß die Beratung bei den katholischen Einrichtungen zwar "zielorientiert auf das Leben" stattfindet, "***aber selbstverständlich in dem Sinn offen ist, als es auf den Wunsch der Mutter ankommt***". Ob in jüngster Zeit, nachdem die Beratungsstellen unter Druck geraten sind, sie noch ergebnisoffen beraten, entzieht sich meiner Kenntnis. Doch ist mir nicht bekannt geworden, daß sich hierin etwas geändert hat. Davon habe ich in keinem Kirchenblatt etwas gelesen."

Der Pater: „Weihbischof Voß hat wie gesagt, präzise formuliert. Die innere Unehrlichkeit dieser katholischen Position wird klar und deutlich ausgedrückt. - "Ergebnisoffen" heißt hier: Es kommt auf den Wunsch der Mutter an. - Beachte: Der Weihbischof formuliert nicht. »Es kommt auf ***den Willen der Frau*** an.« Er nimmt die häuslich familiären Worte und formuliert: »Es kommt auf den ***Wunsch der Mutter*** an!« Die Sprache spricht für sich und zeigt an, was gemeint ist."

Die Frau: „Ich finde diesen Ausdruck ungeheuerlich"

Der Pater: „Dieser Ausdruck beleidigt durch seine Hinterhältigkeit geradezu das Evangelium Jesu Christi."

Die Frau: „Hier ist wirklich etwas faul."

Der Pater: „Zurück zu unserer Frage, ob gegen jemanden ein Vorwurf zu erheben ist, wenn er ungeborene Kinder im Schoß der Mutter retten will?"

Die Frau: „Aber sagen Sie mir doch offen, was hat denn die Rettungsaktion zugunsten derer, die tödlich bedroht sind, mit dem Beratungsschein, der unterschrieben wird, zu tun?"

Der Pater: „Das dürfte wohl die schwierigste Frage sein. Eigentlich darf die Rettungsaktion mit dem Schein nichts zu tun haben!"

Die Frau: „An dem Beratungsschein hat sich in den vergangenen Jahren die katholische Kirche Deutschlands die Lippen blutig gebissen."

Der Pater: „Eben! So ist es. Und damit sind wir wieder am Ausgangspunkt unserer Frage angelangt, welche moraltheologische Bedeutung hat der Schein?"

Die moraltheologische Frage
Ist der Schein gut oder böse?

Die Frau: „Die Moraltheologie hat also festzulegen, was richtig und was falsch, – was gut und was böse ist."

Der Pater: „Sie hat das "ewige Gesetz", das "Naturgesetz" und das "positive Gesetz Gottes" zu studieren und die gesicherten Ergebnisse einzubringen und dem Volk Gottes vorzulegen."

Die Frau: „Und das im Hinblick auf gut und bös."

Der Pater: „Ja, so ist es! Sie haben damit gesagt, was die Aufgabe der Moraltheologie ist."

Die Frau: „Und wie bewertet die Moraltheologie den Schein?

Der Pater: „Um ihn zu bewerten, muß die Moraltheologie an jene Prinzipien herantreten, die in den Fragen des Lebens angewendet werden, um sie zu lösen. Es geht um eine Mitwirkung am Bösen, das man zwar nicht will, das aber untrennbar mit der beabsichtigten guten Handlung verbunden ist. Man nennt das eine "Kooperation". Es geht um eine gute Tat, die in ihrem Gefolge die Zulassung einer bösen Tat indirekt mitverursacht. Es geht um Handlungen mit doppelter und mehrfacher Wirkung. Es geht darum, ob solche Handlungen erlaubt sein können oder nicht."

Die Frau: „Was sagen die Theologen im Hinblick zu unseren Schein?"

Der Pater: „Der Streit der Theologen wogt auf und ab. Er beginnt zwischen 1976 und 1980 bei den Professoren Hirschmann, Böckle, Gründel wie viele sagen, und endet mit der jetzigen Diskussion, vor allem mit dem Brief des Heiligen Vaters an die Bischöfe und mit der Mahnung Kardinals Ratzingers, sich zu beeilen."

Die Frau: „Dabei geht es um eine Mitwirkung an einer Tat, durch die man die ungerechte Tötung eines unschuldigen Menschen verantwortlich und direkt fördert. – Aber muß man nicht in Rechnung stellen, daß diese Tötungen, die das Gewissen tief verletzen, in überaus großer Zahl Tag für Tag in den Operationssälen von Tötungskliniken durchgeführt werden? Man spricht im Schnitt von etwa 1000 pro Tag.

Der Pater: „Also Mitwirkung bei der flächendeckenden Tötung unschuldiger Menschen?"

Die Frau: „Ja! Und das hat eine große Bedeutung. Denn was einem Richter im Gerichtssaal bei Schwerstverbrechern verboten ist, nämlich einen Menschen mit dem Tod zu bestrafen, das wird bei der Abtreibung mit sehr geringem Aufwand ungestraft ermöglicht, nämlich daß man unschuldige Menschen tötet."

Die Frau: „Untersuchen wir doch noch einmal diesen Schein."

Der Pater: „Also wie schon gesagt: ein Stück Papier, – der Briefkopf der Beratungsstelle, – ein Text, versehen mit dem Namen der Frau, – Unterschrift der Beraterin, Stempel und Datum."

Die Frau: „Welche Bedeutung hat das Papier?"

Der Pater: „Die einen sagen "Beratungsbestätigung", die anderen sagen "Mitwirkung bei der Tötung", wieder andere sagen "Straflosstellung des Abtreibers". Es geht um die Straffreiheit und somit Förderung einer Tötungshandlung."

Die Frau: „Darf denn eine solche Mitwirkung überhaupt sein?"

Der Pater: „Das ist die Frage. – Die Moraltheologie muß sie beantworten und die sagt uns:

> ***"Es ist erlaubt, eine in sich gute oder wenigstens in sich indifferente Handlung zu setzen, die eine doppelte oder sogar mehrfache Wirkung mit sich zieht, wenn:***
>
> ***1. die gute Wirkung die unmittelbare,***
> ***2. das Ziel des Handelns ehrenvoll ist,***
> ***3. ein entsprechend schwerer Grund vorliegt."***

Die Frau: „Gibt es solche Handlungen?"

Der Pater: „Ja! Die gibt es. Zum Beispiel ein Arzt gibt einem schwer leidenden Menschen ein schmerzstillendes Mittel, das zugleich auch eine lebensverkürzende Wirkung aufweist. Darf er dieses Mittel geben oder nicht? Er darf es bei entsprechenden schweren Gründen geben, da er ja nicht die Absicht hat, den Kranken zu töten, sondern seine sehr schweren Schmerzen zu lindern. Dies ist sowohl Lehre der ärztlichen Ethik als auch Lehre der katholischen Moraltheologie."

Die Frau: „Sagen Sie das Prinzip noch einmal!"

Der Pater: „Gut! Man könnte auch formulieren:

> ***"Vier Bedingungen werden gefordert, damit beim Setzen einer guten Tat, die auch eine böse Wirkung mit sich bringt, diese indirekt in Kauf genommen oder zugelassen werden kann:***
>
> ***1. Die Handlung muß in sich gut oder wenigstens indifferent sein.***
> ***2. Die unmittelbare Wirkung muß gut sein.***
> ***3. Das Ziel des Handelns muß ehrbar sein.***
> ***4. Es braucht einen entsprechend schweren Grund.""***

Die Frau: „Welche schweren Gründe braucht es da?"

Der Pater: „Welche?"

Die Frau: „Ja, welche?"

Der Pater: „Allgemein kann man formulieren:

"Um eine Handlung mit doppelter oder mehrfacher Wirkung zu setzen, braucht man umso schwerere Gründe:

1. *Je größer das Übel ist, das durch die Handlung in Kauf genommen werden muß.*
2. *Je näher die Wirkung ist, die dieses Übel hervorbringt.*
3. *Je sicherer es ist, daß dieses Übel tatsächlich eintritt.*
4. *Je größer die Amtsverpflichtung ist, das Übel, das eintritt, verhindern zu müssen."*

Die Frau: „Das sind die moralisch-theologischen Grundsätze."

Der Pater: „So ist es."

Die Frau: „Aber den Schein zu unterschreiben, ist ja nicht einmal eine "gute" Tat. – Denn die Beraterin ist ausgebildet. Sie muß deshalb die gesetzlichen Bestimmungen des "Schwangeren- und Familienhilfeänderungsgesetz 1995" kennen und wissen, wozu der Schein dient. Sie ist dazu von ihrem Schutzauftrag her verpflichtet, sich jeder Mitwirkung an der Ermöglichung straflos zu töten, zu verweigern, – und das Gesetz gibt ihr sogar ein Verweigerungsrecht."

Die Unterschrift unter den Schein moraltheologisch keine verantwortbare Handlung

Der Pater: „Also keine gute Tat!?"

Die Frau: „Nein! Keine gute Tat! – Bitte, wenn Sie an dieser meiner Aussage zweifeln, dann sagen Sie mir, worin die moraltheologische "gute Tat" liegt, wenn eine Beraterin den Schein aushändigt. Sie unterschreibt ihn doch."

Der Pater: „Auch ich sehe in diesen Tatsachen moraltheologisch keine menschlich verantwortete Handlung, die man als "gute Tat" bezeichnen könnte.

Die Frau: „Können Sie noch mehr sagen?"

Der Pater: „Ja! – Mir kommt ein seltener Gedanke, den ich bisher noch nicht erwogen habe."

Die Frau: „Was meinen Sie?"

Der Pater: „Bischof Lehmann hat, bevor der Papstbrief den Bischöfen zugesandt worden ist, öffentlich in Statements immer darauf gepocht, daß der Schein ein "Beratungsnachweis", also blank gesagt, nur eine Bestätigung sei. - Seine Gegner dagegen haben gefragt, was diese Rede vom Nachweis bedeuten solle, denn diese sei im Hinblick auf die Intention, die das Gesetz der Pflicht zur Erteilung des Scheines beilegt, kein Argument. Keine Frau wird diesen Beratungsnachweis verlangen oder als Familienereignis in das Familienalbum einkleben, sondern vernichten, sofern sie nicht abtreiben will. Also welches Ziel hat der Schein als Beratungsnachweis oder als Bestätigung? - Oft habe ich darüber nachgedacht und es scheint mir klar geworden zu sein, was Bischof Lehmann damit gemeint haben könne."

Die Frau: „Was?"

Der Pater: „Um den Beratungsschein moraltheologisch rechtfertigen zu können, mußte der Schein als Erstwirkung eine in sich gute oder wenigstens indifferente Tat aufweisen, durch welche die Zweitwirkung, nämlich die Straflosstellung des Abtreibers, dann in Kauf genommen werden konnte. Als Erstwirkung könnte darum hier der Beratungsnachweis angesehen werden, - und als Zweitwirkung die Straflosstellung des Abtreibers."

Die Frau: „Angenommen, es sei so, so sind doch aber beide Wirkungen untrennbar miteinander verbunden."

Der Pater: „Ja! So ist es, aber es würde die Hartnäckigkeit, mit welcher der Bischof diesen "Beratungsnachweis" als Argument benützt und verteidigt, erklären."

Die Frau: „Dann war diese Argumentation Ausdruck einer Argumentationsschwäche. Habe ich mich deutlich ausgedrückt?"

Der Pater: „Ja! Man wollte im staatlichen System bleiben, welches den Schein forderte, und es schien, als wollte man auf diese Art den Verbleib im System rechtfertigen und das Dilemma des Scheins gar nicht ernsthaft lösen."

Die Frau: „Aber hier geht es doch um Tötung unschuldigen Lebens!"

Der Pater: „Ja!"

Die Frau: „Hören Sie! Wenn wir den Gedanken weiterverfolgen, wird es noch verrückter! - Deshalb auch das Geschrei des Rettens, das durch die

Medien überstark und grell in die Öffentlichkeit hineingeschleudert wird. – Dauernd schreien sie vom Retten-Sollen und daß man die Frauen nicht im Stich lassen dürfe. Diese Propaganda der Medien hat Frau Süßmuth in ihrem Kampf gegen den Papst wieder am 08.07.98 aufgelegt:

> »Bundespräsidentin Rita Süßmuth betonte: Sich nicht aus der Schwangerschaftkonfliktberatung zurückziehen! Sie sagte in der Bildzeitung, wer sich aus der gesetzlichen Beratung verabschiede, lasse Frauen alleine. Die katholische Kirche solle alles tun, um Frauen bei einer eigenverantwortlichen Entscheidung zu helfen.«"

Retten! Nicht im Stich lassen! Und das staatliche Tötungssystem

Der Pater: „Ja, das sind die Argumente! Die Stichworte ***"RETTEN"*** und ***"NICHT-IM-STICH-LASSEN"*** sollen es moraltheologisch rechtfertigen, im staatlichen Tötungssystem bleiben zu können."

Die Frau: „Das staatliche System ist also ein Tötungssystem."

Der Pater: „Ja, weil das Wort "Nicht-im-Stich-Lassen" eindeutig den Vorrang der Interessen der Frau unterstreicht."

Die Frau: „Ach! Um an einem solchen System mitzuarbeiten, das schon Millionen Kinder in den Tod geschickt hat, was bräuchte man da für schwere Gründe, um mitarbeiten zu dürfen?

Der Pater: „Ich sehe nicht, daß man in einem solchen System verbleiben darf, zumal Erzbischof Dyba, ohne ins staatliche Beratungssystem eingebunden zu sein, das Ziel ebenso erreicht."

Die Frau: „Aber dann kommen doch die Frauen mit den scharfen Konflikten, wo alles auf des Messers Schneide liegt, nicht mehr zu kirchlichen Beratungsstellen. – Dann kommen nur noch jene braven, die Geld und materielle Hilfe wollen.

Der Pater: „So sagen sie."

Die Frau: „Sind davon nicht überzeugt?"

Der Pater: „Nein, davon bin ich nicht überzeugt. – Diejenigen, die fest entschlossen sind abzutreiben, wer wird sie umstimmen können? Und jene, die wahrhaftig ambivalent sind, das heißt noch unentschlossen, die gehen durchaus auch zu einer Beratungsstelle, die keine Scheine vergibt. – Außerdem verlangt der Staat eine "ergebnisoffene" Beratung. Eine wahrhaft katholische Beratung jedoch kann nicht ergebnisoffen sein."

Die Frau: „Also kann niemand die Moraltheologie ins Feld führen, um den Verbleib in einem derartigen staatlichen System zu rechtfertigen?"

Der Pater: „Man kann ihn nicht rechtfertigen! – Das ***"RETTEN-WOLLEN"*** und auch das ***"NICHT-IM-STICH-LASSEN"*** soll die gute Erstwirkung des Handelns ausmachen, welche den Verbleib im staatlichen Tötungssystem in Kauf nehmen soll."

Die Frau: „Sind die Gründe schwer genug, um ein solches Handeln vor Gott und den Menschen rechtfertigen zu können?"

Der Pater: „Niemals! – Die Gründe sind nicht schwer genug. Abtreibung ist das abscheuliche Jahrhundertverbrechen. Das staatliche Tötungssystem partizipiert an diesem Verbrechen. Wer sich an einem solchen System des Tötens beteiligt, kann sich des Vorwurfs nicht erwehren, am Verbrechen teilzunehmen, auch wenn er vorgibt, retten zu wollen. Und der Satz von Bayerlein, daß wir so oder so "blutige Hände" hätten, ist eine infame Unterstellung, die ich eindeutig und mit Entrüstung zurückweise. Die Euthanasieärzte, die in der NS-Zeit mitmachten, um zu retten, was ihnen möglich war, hat die Rettungsabsicht nicht vor der Verurteilung bewahrt. Die Richter haben diesen Einwand nicht anerkannt."

Die Frau: „Was würden Sie vorschlagen?"

Der Pater: „Auf Dyba zu schauen."

Die Frau: „Und das heißt"

Der Pater: „Ich würde vorschlagen, auszusteigen, und zwar sofort! – Doch lassen wir dies für einen Augenblick. Darf ich Sie nun als Frau zunächst einmal fragen, wie die Frauen im Alltag des Lebens die Scheinabgabe auffassen? Da geschieht doch etwas, wenn sie den Schein bekommen. Das kann doch nicht ohne innere Erregungen abgehen? Was machen die Frauen mit dem Schein?"

Der Schein und die Frau
Die Praxis des Alltags

Die Frau: „Nun ja, die Frauen stecken ihn ins Handtäschchen und wissen, daß sie nun abtreiben können."

Der Pater: „Und dann?"

Die Frau: „Die einen, die zur Abtreibung fest entschlossen sind und direkt darauf gewartet haben, den Schein in die Hand zu bekommen, gehen später zum Abtreibungsarzt und lassen unter Einhaltung der gesetzlich vorgesehenen Frist abtreiben."

Der Pater: „Und die anderen?"

Die Frau: „Sie sind vielleicht noch unentschlossen, aber wenn sie den Schein in der Hand haben, wissen sie, daß sie jetzt abtreiben gehen können, – und die meisten von ihnen, das weist die Statistik aus, werden es auch tun. Für sie wird der Schein, den sie nun in der Hand haben, zur Versuchung, der sie dann zum Opfer fallen."

Der Pater: „Der Schein als Versuchung?"

Die Frau: „Natürlich. – Ohne Schein könnte man nicht straffrei abtreiben. Jetzt, nachdem man den Schein in der Hand hat, kann man es. Warum sollte man es dann nicht tun, wenn man unter dem Druck der Familie, des Arbeitsgebers und der Nachbarschaft steht?"

Der Pater: „Und das Kind auch."

Die Frau: „Was meinen Sie mit diesem Wort?"

Der Pater: „Das Kind wird dann das Opfer des Scheines, genauso wie die Frau das Opfer des Scheines geworden ist. Es wird getötet, weil die Frau der Versuchung nicht standgehalten hat. Dr. med. Georg Götz, der ehemalige 2. Vorsitzende der Europäischen Ärzte-Aktion, hat den Schein immer mit einer geladenen Pistole verglichen, die auf dem Nachttischchen der Frau liegt. Jedermann weiß, wer die Pistole besitzt, kann auch damit schießen. Die Frau befindet sich aber in einer Konfliktsituation, in der sie wenig innere Festigkeit besitzt. – Den Schein als Versuchung zu bezeichnen, ist also nicht aus der Luft gegriffen. Denn wenn man einmal ein solches Instrumentarium in Besitz hat, dann heißt es: Wer schießen kann, schießt."

Die Frau: „Das Verrückteste aber, das ich vernommen habe, ist, daß die Beraterinnen auch dann den Schein ausstellen, wenn sie wissen, daß die Frau gar nicht abtreiben will, aber von ihrer Umwelt dazu gezwungen wird."

Der Pater: „Was meinen Sie?"

Die Frau: „Es ist eine Binsenweisheit, daß die Abtreibungsgesetzgebung viele Frauen rechtlos macht. Denn die Frauen müssen oft tun, was vom Gesetz her straffrei ist, ***dafür sorgen die anderen***: der, der das Kind gezeugt hat, oder der Mann, oder die Familie, die Nachbarschaft, die Arbeitsstätte und andere.

Der Pater: „Und was wollen Sie damit zum Ausdruck bringen?

Die Frau: „Was? - Obwohl die Beraterin erspürt und weiß, daß die schwangere Frau unter dem Druck von anderen steht und eigentlich gar nicht abtreiben will, muß sie ihr dennoch den Schein aushändigen, den diese nach erfolgtem Gespräch auf Druck des Umfeldes hin nun verlangt."

Der Pater: „Lassen Sie mich das einmal drastisch ausdrücken: Dann wird die Beraterin ja neben vielen anderen Verlegenheiten auch noch zur Komplizin für Playboys. Diese hatten ihr sexuelles Vergnügen und hernach zwingen sie die Frau mit dem Wort: "Das Kind muß weg." Die Frau aber ist dem Druck dieser Männer nicht gewachsen. Sie wird erpreßt und treibt gegen ihr eigenes Herz ab. Die Beraterin aber stellt den Schein aus, obwohl sie die Zusammenhänge sieht. Auch sie ist erpreßt durch die Funktionalität des Ablaufs der Beratung."

Die Frau: „In der Praxis wird das wohl so gehandhabt. Es ist etwas anderes, theoretisch in Gesetzen, Vorschriften und Papieren für Beratungsstellen Grundsätze und Leitlinien festzulegen, und dann in der Praxis einer Beratungsstelle diese Leitlinien auch anzuwenden und durchzuhalten."

Verpflichtet zur Untat
oder wie der Schein auch die Beraterin zermalmt

Der Pater: „Das ganze ist teuflisch. Und je mehr man in diese Torheiten hineinschaut, um so mehr befällt einen ein tödliches Grauen über das, was hier geschieht. – Übrigens darüber hat Prof. Dr. Herbert Tröndle (Waldshut) geschrieben. Er sagt:

"Man stelle sich vor, die Beraterin erfährt von einer jungen Schwangeren, daß sie, von Partner und Umfeld völlig abhängig und bedrängt, ihr Kind nicht austragen soll und ihr Übles droht, wenn sie ohne Beratungsschein nach Hause kommt. Kann sich in einem solchen Fall eine Beraterin dabei beruhigen, daß sie schließlich ***"lediglich pflichtgemäß"*** die "Beratung" bestätigt hat? Und gibt es einen Zweifel, daß hier der ***Beratungsschein*** als instrumentum sceleris für eindeutig kriminelle Pressionen dienstbar gemacht wird?

Die Beraterin kann dann auch nicht im eigentlichen Sinne "beraten", wenn sich mit Händen greifen läßt, daß der Schein, den auszustellen sie verpflichtet ist, nur dem verantwortungslosen Partner der Schwangeren zu strafwürdigem Tun dient.

Hier gibt die "Beratungsbescheinigung" nicht nur das ungeborene Kind zur Tötung frei; ***sie nötigt auch die austragungsbereite Mutter***, ihr ungeborenes Kind töten zu lassen.

Allein die Aushändigung des Beratungsscheins setzt dieses Unheil für Mutter und Kind in Gang; allein die Beraterin kennt die näheren Umstände eines solchen Geschehens, sie muß "konzeptbedingt" unter Strafandrohung über ihre Gehilfenschaft schweigen (§ 203 Abs.1 Nr. 4a StGB) und die Schwangere in Gewissensnöten allein lassen.

Daß solche und ähnliche Fälle nicht gerade zu den Seltenheiten gehören, hat sogar das Bundesverfassungsgericht gesehen und aus diesem Grunde Strafnormen für das Umfeld "um des Konzepts willen" ***für unerläßlich*** erklärt. Der Gesetzgeber in seiner Beratungseuphorie hat dieses verfassungsgerichtliche Gebot mißachtet und damit ***etwa in einem Viertel aller Konfliktsfälle auch noch die Schwangere schutzlos gelassen***. Die Beraterin sollte in solchen Fällen von dem allgemeinen Weigerungsrecht nach § 12 Abs.1 SchKG Gebrauch machen und die nach § 7 Abs.1 SchKG gebotene Ausstellung des Beratungsscheins verweigern, denn selbst wenn die Beraterin – irregeführt – in der Ausstellung des Beratungsscheins keine "Mitwirkung" am Schwangerschaftsabbruch sähe, so kann sie eine Mitwirkung in den Fällen massiv bedrängter

Schwangeren schwerlich übersehen. Sie müßte reagieren.

Für die ***kirchlichen Beratungsstellen*** sind solche Fälle ja noch ungleich problematischer: **zunächst ist es ohnehin eine Ungeheuerlichkeit, sich vorzustellen, daß ein von der Kirche ausgestellter Beratungsschein einem verantwortungslosen Partner dazu dienen kann, die von ihm geschwängerte Frau zu zwingen, ihr Kind abzutreiben.**

In solchen Fällen sind Beraterinnen der Katholischen Kirche noch schutzloser als Beraterinnen weltlicher Institutionen, weil in den vorläufigen bischöflichen Richtlinien ein dem § 12 Abs.1 SchKG entsprechendes Weigerungsrecht fehlt. Umgekehrt aber werden Mitarbeiterinnen und Mitarbeiter der katholischen Beratungsstellen unter ausdrücklicher und schriftlich zu bestätigender Androhung von "arbeitsrechtlichen Konsequenzen" (Paragraph 16 Absatz 2 der vorläufigen bischöflichen Richtlinien) ***verpflichtet*** nach Maßgabe des § 5 dieser Richtlinien Beratungsbescheinigungen auszustellen.

Es soll hier einmal dahingestellt bleiben, ob die erwähnten bischöflichen Richtlinien überhaupt das sich aus § 12 SchKG ergebende Weigerungsrecht, das ***jedermann*** zusteht, in sein Gegenteil verkehren können.

Immerhin ist selbst nach Darstellung von Bischof Lehmann die Erteilung einer Beratungsbescheinigung im Sinne des § 219 Abs.2 StGB eine "entfernte sachliche Mitwirkung" (cooperatio materialis remota), so daß § 12 SchKG, wonach niemand verpflichtet ist, "an einem Schwangerschaftsabbruch mitzuwirken", seinem Wortlaut nach stets eingreifen müßte, gleichgültig, ob man die Ausstellung des Beratungsscheins als eine cooperatio materialis oder - sachgemäß - als eine cooperatio formalis ansieht.

Da ein Weigerungsrecht in den bischöflichen Richtlinien fehlt, andererseits aber in § 11 Abs.2 dieser Richtlinien nachdrücklich auf die strafbewehrte Verschwiegenheitspflicht hingewiesen wird und den Beraterinnen für die Nichtbefolgung der Richtlinien "arbeitsrechtliche Konsequenzen" angedroht werden, wird der Eindruck vermittelt, als ob die kirchlichen Beraterinnen unausweichlich in die Pflicht genommen werden, den Beratungsschein zu erteilen." (CUZ, Nr. 70, Seite 1768)."

Die Frau: „Die Fassade des Rechts auf Lebensschutz scheint unseren

Zeitgenossen auch von Seite der Kirche glänzend aufgerichtet zu sein, aber hinter diesen Rechtfertigungen beginnen das Gestrüpp und der Dschungel eines ungerechten Gesetzespakets und moraltheologische Erwägungen, dem die einzelne Beraterin schwerlich ausweichen konnte. Wer wollte daran zweifeln, daß viele dieser Frauen den anderen helfen wollen, aber das System, das sie zu Handlungen gegen ihr Gewissen nötigt, zermalmt sie."

Der Pater mit trauriger Stimme: „Ach käme doch dieser Wahnwitz einmal zu Ende! Wie tief trifft es doch, wenn ich daran denke, was in unserem Land moraltheologisch seit 1977 alles in die Welt gesetzt und behauptet worden ist. Hinter diesen Dokumenten wird man wohl den Zeitgeist, das Prestigedenken, den Druck der Auftraggeber oder auch Prinzipienreiterei einer liberalen Welt leicht erspüren können."

Der Zeitgeist und die Beraterin Gewissen, Wahrheit, Gott

Die Frau: „Ein Letztes zur Scheinerteilung! Wie stellen Sie sich das vor? Glauben Sie, Herr Pater, daß sich die Beraterinnen angesichts sehr komplexer und unendlich tragischer Schwangerenkonfliktsfällen manchmal nicht selbst erweichen lassen, um dann zu dem Schluß zu kommen, daß es in diesem konkreten so tragischen Fall für die Frau wirklich besser wäre, sich ihres Kindes zu entledigen?"

Der Pater: „Realistisch gedacht, muß man zugestehen, daß in der Praxis diese Versuchung sehr groß ist, und die Kapitulation vor derartigen Versuchungen nicht wenig anzutreffen sein wird."

Die Frau: „Ertragen die Beraterinnen überhaupt solche schwere Belastungen?"

Der Pater: „Es braucht für eine Beraterin eine enorme Festigkeit, zu erkennen, daß das jedem Rechtsstaat vorgegebene Ewige Gesetz, das Naturrecht und das göttliche positive Gesetz eine mächtigere Lebenswirklichkeit besitzen als die vor ihr aufscheinende sehr brennende menschliche Existenznot der schwangeren Frau. – Es braucht eine tiefe Erfahrung, zu wissen, daß für eine Frau das Austragen eines Kindes samt seiner Erziehung zu allerletzt leichter zu ertragen ist als eine Abtreibung.

– Man muß wieder erkennen, daß die Konsequenzen einer schweren Sünde für die Existenz und für das ganze Leben fataler sind als ein Leben, das sich eines existenten Kindes durch Abtreibung nicht entledigt hat. Die Seele atmet auf, wenn der kommende Mensch, der seine Existenz schon im Mutterschoß begonnen hat, nun auf die Welt gekommen ist. So ist es in unsere Seele hineingeschrieben. – Christus sagt: "Was nützt es dir, wenn du die ganze Welt gewinnst, an deiner Seele aber Schaden leidest." Doch wer wollte in unseren Tagen noch einen solchen Satz hören?"

Die Frau: „Sie geben zu, daß die Beraterin angesichts der individuellen Not einer schwangeren Frau selbst ins Schleudern geraten kann, zumal die heutige Welt ihre Abtreibungsmentalität in die Gehirne der Zeitgenossen so eingemeißelt hat, daß die jetzige Generation der Frau in ihrem Vorhaben der Abtreibung zumeist zustimmt."

Der Pater: „Ja, das meine ich."

Die Frau: „Ja, darf man dann überhaupt noch beraten?"

Der Pater: „Dazu braucht es sehr gefestigte und tiefgläubige Personen, die ein untadeliges Rechtsbewußtsein besitzen und fähig sind, nicht nur den oberflächlichen Vordergrund zu sehen, sondern vor allem den Hintergrund mit seinen langandauernden körperlichen und vor allen seelischen Schäden. Eine solche Frau muß mit aller Feinfühligkeit und Geduld auf das Gewissen, die Wahrheit und auf Gott hinführen. – Doch die gegenwärtige Stunde verleugnet das Gewissen, die Wahrheit und Gott, – meist auch in der Kirche."

Die Frau: „Ich muß Ihnen, Herr Pater, gestehen, daß mir von katholischen Beratungsstellen bekannt ist, daß die Beraterinnen in entsprechend schweren Fällen der Frau ihr Vorhaben der Abtreibung zugestanden haben."

Der Pater: „Ja, ich nehme an, daß es so ist. – Und dann kommt die Kette der Verflechtungen. Denn ist man ein einziges Mal durch die Tür der Zugeständnisse hindurchgetreten, wird die Kette der kommenden Zugeständnisse nicht mehr abzubrechen sein, dann liegt man auf jener schiefen Ebene, die immer weitere und größere Zugeständnisse wie von selbst öffnen wird."

Die Frau: „Wollen wir es nun für dieses Thema dabei lassen und erlauben

Sie mir eine andere Frage, die auf einem völlig anderen Gebiet liegt."

Der Pater: „Bitte!"

Deutsche Beratungssituation eine Singularität? "Um Schlimmeres zu verhüten ..."

Die Frau: „Pater, bei einer Diskussion wurde behauptet, daß generell diese deutsche Beratungssituation und der Beratungsschein gar nicht mehr mit den normalen moraltheologischen Kriterien der Mitwirkung an einer bösen Handlung zu messen sei, sondern eine Singularität der Beurteilung besitze.

Der Pater: „Was meinen Sie damit? Meinen Sie die Kasuistik?"

Die Frau: „Ich meine damit, daß die Situation dieser auseinanderklaffenden Beratungskonzepte "Kirche und Staat" so einmalig ist, daß sie nur aus ihrer Einmaligkeit heraus gemessen werden können."

Der Pater: „Es wurde schon immer betont, daß die katholischen Beratungsstellen nur im staatlichen System aufrechterhalten werden können, um "Schlimmeres zu verhüten" oder mit der Absicht, "zu retten, was zu retten ist". Andererseits wurde offen zugestanden, daß der Staat die Tötung ungeborener Kinder vorsieht und regelt. Hinter dem Paket des "Schwangeren- und Familienhilfeänderungsgesetz von 1995" liegt ganz klar eine staatliche Absicht, die letztlich das sogenannte "Schutzkonzept für das Leben" Lügen straft. Der Staat nimmt die Abtreibung hin, weil eine Weltlobby der Bevölkerungskontrolle sie will, die mit ihren Frauenverbänden agiert und den Staat unter Druck setzt. Diesem unausweichlichen Dilemma sieht sich also das System der kirchlich-staatlichen Beratung gegenüber."

Die Frau: „Also besitzt diese Art von staatlich-kirchlicher Beratung doch eine Singularität?"

Der Pater: „Welche? – Ich sehe die Singularität moraltheologisch nicht. Denn letztlich kann auch eine Beraterin nichts Böses durch den Beratungsschein zugestehen, damit das "Schlimmere verhütet" und "gerettet werde, was zu retten ist". Es gilt der über allem stehende Grundsatz: "Man darf nichts Böses tun, damit daraus Gutes werde." Dieser Satz gilt mit metaphysischer Sicherheit. Niemand kann ihn ändern.

Die Frau: „Also meinen Sie, daß diese Beratung, die auf das Letztentscheidungsrecht der Frau abzielt, und den Schein ausgibt, etwas "Böses in sich" ist. Darum dürfe man sich niemals daran beteiligen.

Der Pater: „Sie haben es genau gesagt. Das ist meine Meinung! – Davon bin ich überzeugt und zwar nicht nur im Hinsicht auf die einzelne Beraterin, die einem staatlichen System, das dem kirchlichen übergeordnet ist, unterliegt, sondern im Hinblick auf das System selbst. Auch das katholische Beratungssystem ist hinsichtlich der Vielfalt weltlicher Träger mit staatlichem Auftrag eben nur eines unter anderen. Staat und das Selbstverständnis der Kirche aber widersprechen sich hier grundsätzlich. Und welche Person könnte dann in der Praxis des Alltags und der Praxis einer Beratung eine solche Spannung aushalten, zumal es sich um nichts weniger handelt als um die ungerechte Tötung unschuldiger Menschen. Mehr noch, es handelt sich dabei (wie immer wieder betont) um das eigentliche Menschheitsverbrechen des zwanzigsten Jahrhunderts.

Die Frau: „Ja! Ihre Aussage bestätige ich! Auf die Papiere staatlicher Paragraphen und kirchlicher Verordnungen läßt sich vieles leicht schreiben, entscheidend aber ist die Praxis des Alltags."

Der Pater: „Beim Zustand einer so komplexen Verwirrung wird der einzelne hilflos und es scheint, als ob die Grundsätze des Glaubens und das Zeugnis für Gott und Jesus Christus in einer sogenannten Sozialberatung sich wie selbst verflüchtigen und gar nicht mehr vorhanden sind."

Die Frau: „Dann würden Sie also in diesem Punkt um der Ordnung und dem Gebot des Lebendigen Gottes willen ein Trennung zwischen Staat und Kirche vornehmen?"

Der Pater: „In diesem Punkt: Ja!"

Die Frau: „Aber ist nicht die Kirche als Körperschaft öffentlichen Rechtes dem Gesetz gegenüber zum Gehorsam verpflichtet? Und ist sie nicht verpflichtet zur Beratung und damit zur Ausgabe des Scheines?

Der Pater: „Im kirchlichen Raum und im christlichen Denken gibt es kein Selbstbestimmungsrecht, wie es der Staat im Falle der Abtreibung vorsieht. Wenn der Gesetzgeber innerhalb des Staates es dem Bürger freistellt, ob er sich in den Gesetzesvollzug im Hinblick auf Abtreibung einbinden läßt oder nicht, muß die Kirche widersprechen. Denn die Kirche kann sich von ihrem Wesen her nicht in Abtreibungen einbinden lassen. Sie muß sich der Abtreibung verweigern. Dies hat Bischof Dyba getan, als er das staatlicher Weigerungsrecht für seine Beratungsstellen in Anspruch nahm und seither keine Scheine mehr ausgibt."

Die Frau: „Die Kirche muß sich also nach ihrem Selbstverständnis verhalten und in der Öffentlichkeit Zeugnis geben?"

Der Pater: „Die Kirche muß die Beratung in einer Form vollziehen, die mit dem Gesetz Gottes und der Botschaft Jesu Christi übereinstimmt. Tut sie das nicht, verrät sie Jesus Christus, ihren Herrn."

Die Frau: „Wie groß die Verirrung in dieser Frage zwischen Staat und Kirche werden kann, zeigt uns Weihbischof Voß mit jenem verderblichen Wort: »Es kommt auf den Wunsch der Mutter an.«"

Der Pater: „Es ist ein furchtbares Wort."

Die Frau: „Weil hinter diesem Wort die Mentalität vom "Wunsch zur Tötung" liegt, die man dann blutig realisiert."

Der Pater: „Das entsetzliche Gesicht der Kultur des Todes!"

Die Frau: „Ja! Die Kultur des Todes aus bischöflichem Mund."

****

Das Wort von den blutigen Händen des Juristen Bayerlein

Die Frau: „Sie behaupten also, daß die Ausstellung eines Beratungsscheines moraltheologisch eine böse Tat sei?"

Der Pater: „So ist es!"

Die Frau: „Nennen Sie Roß und Reiter."

Der Pater: „Der Streit darüber dauert schon viele Jahre. Die eine Gruppe der Moraltheologen, die Berater der Bischöfe oder Bischofskonferenz, waren im Vorteil wie Böckle, Hirschmann, Johannes Gründel, Reiter und andere, – während die andere Gruppe meist totgeschwiegen oder in den Hintergrund gedrängt wurde wie Bökmann, Günthör, Sala."

Die Frau: „Die Ausstellung des Beratungsscheines wird also von den Professoren der Moraltheologie verschieden eingestuft?"

Die Qualität der Tat in moraltheologischer Hinsicht Formelle Mitwirkung oder nicht?

Der Pater: „Ja! – Natürlich können wir in diesem Gespräch die Positionen nicht ausführlich zur Darstellung bringen, aber vor allem Professor Günthör und Professor Sala sprechen von einer formellen Mitwirkung am Bösen. Das bedeutet, daß Beraterinnen, die den Schein ausstellen und sich der Tragweite ihres Tuns bewußt sind, sich schwer schuldig machen würden. Nach dem Tod des Kindes hätten sie sich gemäß dem CIC (Kirchengesetzbuch) die Exkommunikation automatisch zugezogen."

Die Frau: „Was ist dann mit denen, die den Beraterinnen dazu den Auftrag erteilt haben?"

Der Pater: „Ich wüßte nicht, daß hier nicht die gleichen Moralgesetze gelten würden, denn Gesetze haben eine allgemeine Gültigkeit."

Die Frau: „Ach ja! – Dem Schein vorgelagert ist doch die sogenannte "eigenverantwortliche Entscheidung" der Frau, die ja auch von der katholischen Kirche anerkannt wird."

Der Pater: „Nein, das stimmt nicht. – Vor Gott gibt es keine "eigenverantwortliche Entscheidung" zur Kindstötung, also zu einer bösen Tat. Es mögen solche Aussagen in den Schriften der Caritas und des SkF vorhanden sein. Doch die Lehre der katholischen Kirche ist dies nicht und wird es nie sein."

Die Frau: „Diese "Entscheidungsfreiheit" ist doch aber praktisch in der katholischen Schwangerenkonfliktberatung Deutschlands immer toleriert worden, und zwar ziemlich von Anfang an?"

Der Pater: „Ja! - Niemals aber vom Lehramt! Wir leiden an dieser Praxis zwanzig Jahre lang, weil die katholische Kirche Deutschlands, ihre Moraltheologen und die Laiengremien die Lehre der Kirche nicht mehr beachtet haben. - Vor wenigen Tagen erst hat Frau Süßmuth noch davon gesprochen, daß es Aufgabe der katholischen Schwangerenberatung sei, der Frau zu einem solchen Entscheid zu verhelfen."

Die Frau: „Eine Frau kann doch nicht über Leben und Tod eines Menschen entscheiden!"

Der Pater: „Gegen diese Begriffsbestimmung "Entscheidungsfreiheit" sind die "Aktion Leben" und die "Bewegung für das Leben" von Anfang an innerhalb der katholischen Kirche Sturm gelaufen. Wir haben dagegen bereits am Ende des Jahres 1985 ein ganzes Heft von "Christ und Zukunft" geschrieben. Darin stehen die Sätze wie:

> **"Der Totentanz der Nation",** *Französische Bischofskonferenz:* **Die respektierte Entscheidungsfreiheit der Frau.**
>
> **"Mord in Massen",** *Kardinal Höffner:* **Die respektierte Entscheidungsfreiheit der Frau.**
>
> **"Ein abscheuliches Verbrechen",** *II. Vatikanisches Konzil:* **Die respektierte Entscheidungsfreiheit der Frau.**
>
> **"Abtreibung, die den Fluch Gottes auf sich zieht",** *Erzbischof Dyba:* **Die respektierte Entscheidungsfreiheit der Frau.**
>
> **"Abtreibung, ein Skandal für die Wohlstandsgesellschaft",** *Bischof Hengsbach:* **Die respektierte Entscheidungsfreiheit der Frau.**
>
> **"Abtreibung Terrorismus",** *Hirtenbrief der polnischen Bischofskonferenz:* **Die respektierte Entscheidungsfreiheit der Frau.**
>
> **"Abtreibung, der größte Zerstörer des Friedens",** *Mutter Teresa:* **Die respektierte Entscheidungsfreiheit der Frau.**

Die Frau: „Das war aber sehr massiv, was sie damals geschrieben haben."

Der Pater: „Ja! Aber es war auch ein schwerer Skandal, im Zusammenhang von Abtreibung von einer Entscheidungsfreiheit der Frau zu sprechen, wo es sich nach kirchlichem Denken und Dokumenten um ein Verbrechen handelt."

Die Frau: „Wann beginnt das?"

Der Pater: „Schon seit 1980 gibt es dazu folgende Aussagen, die wir hier zitieren wollen:

- Die Richtlinien der Katholischen Beratungsstellen von Regensburg, Dezember 1981 schreiben: ***"§3 Die Beratung erfordert, daß ein fachlich qualifizierter Berater der ratsuchenden Schwangeren hilft, eine persönlich verantwortete Entscheidung zu treffen, die ihrer Verpflichtung gegenüber dem ungeborenen Kind gerecht wird."***

- Frau Buschmann, ehemalige Leiterin für Familienhilfe des Deutschen Caritasverband schreibt in der Herderkorrespondenz (Dezember 1980 / Seite 610): ***"Ich glaube es geht zunächst einmal darum, die Frau ganz ernst zu nehmen in ihrer Verfaßtheit, ... ihr das Bewußtsein zu vermitteln, eine freie Entscheidung zu treffen." – "Und ich muß ihr diesen FREIRAUM für eine freie Entscheidung ermöglichen. Ich werde ihr deshalb als Beraterin meine Entscheidung nicht aufdrängen, sie nicht zu einer Entscheidung drängen, die sie nicht will." – "Viele glauben, katholische Beraterinnen stürzten sich sozusagen auf die Frau, die zu ihr kommt, oder stülpten ihr eine Käseglocke über." – "So ist es in der Praxis nicht. Die Beraterin ist gehalten, alles zu tun, um der Frau eine Entscheidung zu ermöglichen, mit der sie auch später Leben kann." – "Es kann sein, daß sie sich für den Schwangerschaftsabbruch entscheidet. Dann aber hat sie sich diese Entscheidung überlegt, und ist nicht bei einem panikartigen Entschluß geblieben, den sie ja gar nicht reflektiert hat."***

- Professor Gründel aus München (Moraltheologe) spricht damals davon: ***zu einem eigenverantwortlichen Entscheid zu verhelfen.***

- Verbale Anweisung einer Vorgesetzten an eine Beraterin: ***"Nicht zureden! Nicht ausreden! Nicht mit Gewalt überzeugen! Nicht überreden! Und dies auf der Grundlage, daß die Frau das Selbstbestimmungsrecht hat, das wir ihr nicht nehmen dürfen."***

- Frau Dr. Monika Pankoke-Schenk spricht 1985 bei einem Kongreß in Köln vor rund 450 katholischen Teilnehmern aus dem Bereichen

Erziehungsberatung, Ehe-, Familien- und Lebensberatung, Telefon-Seelsorge und Schwangerenkonfliktberatung den Satz aus, *„daß in den katholischen Beratungsstellen die Entscheidungsfreiheit der Frau respektiert wird, auch wenn sie nicht in jedem Fall gutgeheißen werden könne."*"

Die Frau: „Sagen Sie mal, hat seit 1980 diese Tolerierung der sogenannten Entscheidungsfreiheit der Frau all die Jahre in den Beratungsstellen angehalten und wurde sie so ausgeübt, wie Sie es eben vorgestellt haben?"

Der Pater: „Mir ist nicht bekannt, daß in Beratungsstellen von dieser Haltung abgewichen worden wäre."

Die Frau: „Aber das ist doch furchtbar!"

Der Pater: „Wer die Entscheidungsfreiheit toleriert, kann nicht mehr retten!"

Die Frau: „Dann ist aber doch die Behauptung der katholischen Institutionen, sie würden ungeborene Kinder retten, letztlich Lug und Trug! Es entspricht nicht den Realitäten. Denn was bei der Beratung zählt, ist die Frau und ihre Entscheidung. Das Leben des Kindes rückt von selbst in den Hintergrund, auch wenn man nach außen vorgibt, es retten zu wollen"

Der Pater: „Eigentlich ist es so."

Die Frau: „Hat das nicht die ganze Arbeit zur Rettung der Ungeborenen gelähmt?"

Der Pater: „Bitte, sagen Sie es klarer!"

Die Frau: „Diese Art der Beratung hat die Dringlichkeit der Verteidigung des ungeborenen Kindes verraten, weil sie zwangsläufig zu einer Lähmung führt und den Willen der Frau und sogar den Willen des sie bedrängenden Umfeldes toleriert. Eine solche Beratung respektiert (ob man will oder nicht) das Leben des Ungeborenen nicht mehr, da man es der Willkür der Mutter oder ihres Umfeldes widerspruchslos opfert."

Der Pater: „Vor der inneren Instanz des Gewissens und vor Gottes Angesicht, dem Richter über Lebende und Tote, gibt es keine ***verantwortete Freiheit*** zum Töten von Unschuldigen, denn dieses Töten ist immer ein Verbrechen. – Auch die dem Rechtsstaat vorgegebenen Menschenrechte sagen dies aus.

Die Frau: „Genau darum geht es."

Der Pater: „Was jetzt weltweit an den Ungeborenen geschieht, ist das absolute Grauen unseres Jahrhunderts."

Die Frau: „Dann offenbart Ihr Streit mit Theologen wie Bischof Lehmann ganz neue Dimensionen! Dann handelt es sich nicht mehr um ein »normales Gegenüber bei unterschiedlichen Auffassungen und mit gegenseitigem Respekt.«, wie es Bischof Lehmann ausdrückte. Hier geht es um einen tiefen Bruch. – Ein Zusammenkommen ist nicht möglich, solange Bischof Lehmann die Einbindung der Beratungsstelle in die staatlichen Vorgaben ständig festigt und vertieft. Und das nun schon über Jahre hinweg. Die Wahrheit liegt doch nun auf dem Tisch, warum handelt man nicht?"

Der Pater: „Das ist der Punkt, der viele Herzen schmerzlich berührt. Wie weh tut es, daß durch diese Einbindung die Kirche schuldig wird. Der Jurist Bayerlein sprach im November 1996 bei einer Auseinandersetzung mit Erzbischof Dyba in Bezug auf die Bemühungen der Lebensrechtsgruppen von **"blutigen Händen"."**

Die Frau: „Blutige Hände?"

Der Pater: „Ja, blutige Hände!"

Die Frau: „Das bedeutet "unschuldiges Menschenblut"!"

Der Pater: „Ja!"

Die Frau: „Wer ist Bayerlein?"

Der Pater: „Bayerlein ist Jurist und der ehemaliger Vorsitzende des Zentralrates der deutschen Katholiken (ZdK). Er steht Bischof Lehmann, wie viele sagen, nahe. – Wenn Bayerlein einen solch scharfen Ausspruch tat, dann scheint es auch der Gegenseite klar zu sein, daß es um Menschenblut geht."

Die Frau: „Sie sprechen von Menschenblut, das unschuldig vergossen wird."

Der Pater: „Davon spreche ich."

Die Frau: „Wenn Sie von Menschenblut sprechen, dann werden dabei Erinnerungen an die Archipel Gulags und die Gefängnisse des Ostens sowie an die blutige Tyrannei des Dritten Reiches beschworen. – War es denn nicht der Papst, der in Brasilien von der Abtreibung als einer "Hinrichtung" und einem "abscheulichen Verbrechen" sprach."

Der Pater: „So ist es. Viele meiner Freunde schätzen die Abtreibung als das abscheuliche Jahrhundertverbrechen ein, in dem mehr Menschenblut vergossen und mehr Menschenseelen tyrannisiert wurden als bei allen anderen Greueltaten des 20. Jahrhunderts zusammen. Denn auch eine Demokratie hat kein Recht durch Mehrheitsbeschluß über das Leben von unschuldigen Menschen zu entscheiden. Der Wahn dieser gegenwärtigen Generation liegt darin, über jenes, worüber der einzelne und der Staat nicht verfügen dürfen, zu bestimmen und nicht zu merken, daß sie Menschen töten."

Die Frau: „Bestimmt nicht bei der Demokratie der Souverän, das Volk, was zu geschehen hat?"

Der Pater: „Ja und Nein. – Das Volk kann in den Parlamenten und Regierungen über Verwaltung und Ordnungen bestimmen, niemals aber kann das Volk über jene Gesetze bestimmen, die uns vorgegeben sind. Dazu gehören die Menschenrechte, das Naturgesetz und das ewige Gesetz, in denen sich der göttliche Wille offenbart."

Die Frau: „Dann gibt es Gesetze, die der Verfügungsmacht des Staates und der Menschen entzogen sind?"

Der Pater: „Ja, die gibt es. – Denn wenn es keine Gesetze gibt, die über dem Menschen und seinen Instituten liegen, dann ist der Mensch der Willkür und den Ideen des jeweils Mächtigeren ausgeliefert. Darum ist diese Gesetzgebung der möglichen Kindstötung im Mutterschoß ein Unrecht, und widerspricht unserem Grundgesetz und der Menschheits-Charta. Denn der einzelne und der Staat darf sich nicht über andere erheben, indem er die allen zugesprochene Grundordnung mißbraucht."

Die Frau: „Ist das der Grund, warum Herr Ramm und seine Mitstreiter vor dem bischöflichen Palais in Mainz viele Stunden gebetet haben?"

Der Pater: „Soweit ich Herrn Ramm und seine Mitstreiter kenne, ist es dieses Problem, das sie bewegte. Auch Herr Ramm sieht bei der Mitwirkung der katholischen Beratungsstellen eine für viele Ungeborene tödliche Verquikkung mit dem Staat. Für ihn ist der Beratungsschein, die Voraussetzung, ohne die die Frau und der Arzt nicht straflos abtreiben können. – Herr Ramm kennt sicherlich keine Rachegelüste und möchte die Bischöfe nicht demütigen, sondern ihn schmerzt die gegenwärtige Haltung der deutschen

Katholischen Kirche zur Beratungsfrage. Ihn schmerzt die Inkonsequenz, die überall sichtbar wird. Er kämpft unter Einsatz seiner Person darum, daß die Mißstände sich ändern. Aber er hat niemals die Parole ausgegeben: "Lehmann sei ein Mörder". Wer solches immer behauptet, verleumdet böswillig. Ramm ist konsequent, schließlich hat er zur Verteidigung der Ungeborenen mehr als einmal vor Gericht gestanden. – Als Bischof Lehmann Herrn Ramm vor seinem Bischofshaus gegenüberstand sagte ihm dieser: »Wir beten für Sie und die Bischofskonferenz, daß Gottes Wille geschehe.« Und was kann man anderes tun in der gegenwärtigen Stunde als beten?"

Die Frau: „Also macht das Wort von den "blutigen Händen" die Schärfe der Auseinandersetzung sichtbar."

Es geht nicht zuerst um Brutalitäten
Es geht um Sein oder Nichtsein eines Menschenlebens

Der Pater: „Das Dilemma, von dem die deutschen Bischöfe reden, ist die Tatsache, daß der Schein überhaupt ausgegeben werden muß, wobei es um Sein oder Nichtsein geht. Bayerlein spricht von Blut."

Die Frau: „Aber die Brutalität ist doch nicht die gleiche wie bei den Nazis oder den Roten Rußlands?"

Der Pater: „Das ist die Frage. Doch es geht nicht um Brutalität sondern um Töten. – Das Töten Unschuldiger war auch das Verbrechen der Nazis und der Roten."

Die Frau: „Der Unterschied bitte."

Der Pater: „Zum einen wird nicht nur gedankenlos das Blut der Ungeborenen vergossen, sondern dieses Tun wirkt sich in den Menschenherzen und in den Familien aus. Das hat zur Folge: zerschlagene Menschen, – zerschlagenes Menschenglück, – zerschlagene Familien, – zerschlagene Seelen, welche die Abtreibung psychisch nicht verkraften und daran innerlich ein Leben lang leiden, – körperliche und psychische Schäden, bis hin zu Selbstmorden, – und so weiter. Die Liste der Folgewirkungen ist lang und sehr bitter. Auch sind darüber sehr viele Bücher geschrieben worden. Ganz generell gesagt: Was bei der Abtreibung geschieht, ist brutal für Mutter und Kind."

Die Frau: „Mehr noch, Herr Pater! Die bitterste Frucht ist jene Geisteshaltung, die sich berechtigt glaubt, töten zu dürfen. Dieses Denken hat sich in die Gehirne und Herzen der Menschen unserer Generation tief eingebrannt. Unsere Zeitgenossen haben Augen und sehen nicht."

Der Pater: „Die Dekadenz des Denkens hat seelische Wüsteneien geschaffen, Zerstörungen unerhörter Art."

Die Frau: „Haben solche erschreckenden Phänomene nicht die Rachelgruppe aus Frankfurt, Frau Heinel, Frau Karin Struck, Frau Dr. Wanda Poltawska und Frau Dr. Simon aus Würzburg und viele andere sehr genau beschrieben? Oder war es nicht Frau Susan Stanfort aus den Vereinigten Staaten, die ihr Herz offenbarte und damit auf die schwere Not der Frauen aufmerksam machte?"

Der Pater: „Ja, alle diese Frauen haben davon geschrieben. Ihre Bücher zu lesen, geht nicht ohne im Herzen eine tiefe innere und menschliche Anteilnahme zu verspüren."

Die Frau: „Sie kennen also solche Texte, die von tief getroffenen Frauen aus Not geschrieben sind?"

Der Pater: „Ja. Wir haben solche Texte in "Christ und Zukunft", Nr. 46, 1. Quartal 1992 veröffentlicht. Dieses Heft fand große Zustimmung. Ich zitiere einige aus der Rachel-Gruppe, Frankfurt ohne die Namen der betreffenden Frauen zu nennen:

❆ "Wer weiß schon die Wahrheit. Das wird alles vorher geheim gehalten! Die halten uns Frauen extra dumm."

❆ "Seit dem Abbruch ist es, als wäre ich in Ketten gelegt! Ich habe schreckliche Angstzustände. Alles wird eng, krampft sich zusammen, als müßte ich ersticken. – Die Ärzte finden nichts."

❆ "Nach viele Fehlgeburten und Frühabgängen mußte ich dann in jeder Schwangerschaft flach liegen, sonst wäre keines meiner drei Kinder zur Welt gekommen. – Aber nie hätte ich das mit der Abtreibung in Zusammenhang gebracht. – Das habe ich erst später erfahren."

❆ "Wäre es nach meinem Freund gegangen, hätte ich auch das zweite Kind abgetrieben. Aber das konnte ich nicht noch einmal ertragen. – Er hat mich verlassen;

aber mein Kind lebt. Gott sei Dank!"

❆ "Wer hätte das vorher gedacht! – Es war schlimm! Seitdem träume ich jede Nacht von Babies! Jede Nacht!"

❆ "Fünfmal habe ich abgetrieben. Es war wie ein Zwang: Schwanger und Abbruch. Als wollte ich beweisen, Abtreibung sei harmlos. Beim sechsten Kind konnte ich es nicht noch einmal tun, obwohl meine Lage unverändert schlecht war. Ich mußte dieses Kind bekommen. Heute bin ich ein Ruine von 33 Jahren."

Die Frau: „Das sind schreckliche Texte. Wer kann sie hören? Ja, das Abtreibungssystem ist ein furchtbares System, ein System der Menschenvernichtung?"

Der Pater: „Ja! – Es wird erst, nachdem wir diesen Wahnsinn hinter uns gebracht haben, aller Welt in seiner ganzen Entsetzlichkeit sichtbar werden."

Gott und sein Gesetz
Die autonome Moral macht sich ihre Gebote selbst

Die Frau: „Was sagen die Moraltheologen, die auf Ihrer Seite stehen, zu diesen Fragen?"

Der Pater: „Die Moraltheologie ist seit vielen Jahren in unserem Land gespalten. Da ist es zunächst einmal ***die autonome Moral***, die behauptet, daß die Normen des sittlichen Lebens des Christen in erster Linie, ja sogar ausschließlich, mit der bloßen Vernunft aus der natürlich erkennbaren Wirklichkeit zu erheben sind."

Die Frau: „Dann sind die Gebote nicht mehr von Gott gegeben, der sie offenbart? Dann gibt es keine Autorität Gottes, der belohnt und bestraft."

Der Pater: „Das sind die Konsequenzen. Die autonome Moral wird fast nur als innerweltliche Ethik angesehen, und damit ist der Akzent verschoben."

Die Frau: Gott kann nicht strafen. Einen solch grausamen Gott kann man zwischen Großraumflugzeugen und Computern nicht mehr ertragen."

Der Pater: „Das bedeutet Abfall!"

Die Frau: „Sagen wir besser, Gottvergessenheit!"

Der Pater: „Ja, sagen wir so. Denn was da noch in den Köpfen unserer Zeitgenossen übrig geblieben ist, ist ein Gottesbild von des Menschen Gnaden. Der Mensch schafft sich seinen Gott, der ausschließlich ihm zu dienen hat. Und der Mensch merkt nicht, daß diese "intelligente" Neuerschaffung seines selbstgemachten Gottes nur ein nichtiger Götze ist."

Die Frau: „Hat das für unsere Frage der Abtreibung eine Bedeutung?"

Der Pater: „Natürlich!"

Die Frau: „Und worin?"

Der Pater: „Der Bezug zu Gott, der das Leben gibt, ist dünn, ja hauchdünn geworden. Weder fürchtet die Welt Gottes Gerechtigkeit noch seine Macht. Auch hat die Welt trotz der großen Kriegskatastrophen und blutrünstigen Ideologien dieses Jahrhunderts vergessen, daß man den HERRN nicht herausfordern darf. Die Abtreibung aber ist die übelste Art der Herausforderungen, zu welchen sich der moderne Mensch in diesem Jahrhundert erkühnt."

Die Frau: „Gilt das auch in der Theologie?"

Der Pater: „In gewisser Hinsicht ja. – Die innerweltlichen Argumentation, bei der Gott ausgeklammert wird, läßt den Menschen in die Hand des Menschen fallen. Wer kann ihm da noch helfen?"

Die Frau: „Die Furcht des Herrn ist der Anfang der Weisheit."

Der Pater: „Das gilt heute nicht mehr, sondern wer die Macht hat, regiert und ist Herr über Leben und Tod. Der moderne Staat bestimmt nun schon 30 Jahre über das Leben der Ungeborenen, jetzt bestimmt er bereits über das Leben der Alten und Kranken. Wie lange wird es noch dauern, bis auch über das Leben derer bestimmt, die im Reigen des Zeitgeistes und der Ideologie nicht mitmachen?"

Die Frau: „Übertreiben Sie nicht?"

Der Pater: „Ich übertreibe nicht."

Die Frau: „Wieso nicht?"

Der Pater: „Sehen Sie, es sind vor allem die sogenannten ethischen

Anforderungen der heutigen Gesellschaft, die zur großen Versuchung für Moraltheologen werden. Es besteht reell die Gefahr, daß die deutsche Moraltheologie sich vom Gesetz Christi abnabelt, um Dienerin der Moderne zu sein. – Denn die Welt von heute sucht eine neue Ethik nach modernem Schnitt, um ihre Probleme zeitgeistgerecht zu bewältigen. Das Gebot Gottes läßt sie fallen, weil es zu hart ist. Viele Moraltheologen wollen im Zug des Zeitgeistes mitreden können, verraten aber die grundlegende Ordnung, die Gott gegeben hat. – Am 29. Juli 1997 hat die Glaubenskongregation eine neue Ordnung der Lehrüberprüfung erlassen. Dagegen schreibt der Bochumer Moraltheologe Hans Kramer einen Artikel, aus dem wir hier ein paar Sätze zitieren, die das eben Gesagte bestätigen:

> ❖ Vor allem aber fühlen sich die Moraltheologen oder theologischen Ethiker ins Visier genommen. Es gibt in unserer Gesellschaft einen Ethikboom, einen riesigen Ethikbedarf vor allem zum ganzen Fragekomplex der Bioethik, der Familien-, Partnerschafts- und Sexualethik. Die Moraltheologen werden nach ihren Argumenten gefragt. Aber römische Schreiben und päpstliche Enzykliken haben bekanntlich sehr enge Grenzen vorgegeben: Zur Ethik der Ehe, zur Empfängnisverhütung und Scheidung, zur gesamten Fortpflanzungsmedizin, zur Biotechnologie, einschließlich Gentechnik und ´Embryonenforschung bei Tier und Mensch´, bei Problemen um Abtreibung und mögliche Lebensverkürzung. – ❖ Theologen, die mit Verantwortung als Christen und Ethiker im Gespräch mit der Öffentlichkeit: also mit Forschern, Anthropologen, Medizinern und Juristen die vielen römischen Neins selbst befragen, gefährden ihre Position in der Kirche nach Lage der Dinge. Da wundert es sich nicht, wenn Moraltheologen im Kontext der Wissenschaften so wenig gefragt werden oder sich selbst zu Wort melden. Und wenn sie schreiben, schreiben sie mit Lücken. Wer die Restriktionen im Hintergrund sieht, versteht das, billigt es aber nicht. [Die WELT, Montag den 13.10.97]"

Die Frau: „Das hier Ausgesagte ist eine Verneigung vor dem Zeitgeist."

Der Pater: „Was hier Kramer vorgeschlagen hat, realisiert er im folgenden Text:

> Die Süddeutsche Zeitung vom 11. August 1998 schreibt: Moraltheologe befürwortet die Abtreibungspille. – Bochum (dpa) – »Der Sprecher der katholischen Moraltheologen in Deutschland, Hans Kramer, hat eine Zulassung der umstrittenen Abtreibungspille RU 486 befürwortet. „Wenn medizinisch verantwortlich eine Abtreibung indiziert ist, muß nach dem schonendsten Mittel gegriffen werden", sagt

der Bochumer Theologieprofessor zur Begründung. Ein medikamentöser Eingriff sei in der Regel schonender als ein chirurgischer. – Nach Meinung Kramers kann die Einnahme von RU 486 moralisch verantwortet werden, wenn die Schwangerschaft das Leben der Mutter gefährde oder Folge einer Vergewaltigung sei. „Ein Vergewaltigung kann existentielle Ängste und Selbsttötungs-Phantasien hervorrufen, so daß das psychische Leben in Lebensgefahr ist", sagt Kramer. Der 61jährige räumte ein, daß die Zulassung des Hormonpräparats bei einigen Paaren zu weniger Sorgfalt bei der Verhütung und somit zu einem Anstiegt der Abtreibungszahl führen könnte. Doch diese Gefahr rechtfertige kein Verbot des Medikaments.«

Die Frau: „Das ist Verrat. Eine Tötungschemikalie ist kein Medikament."

Der Pater: „So empfinde ich es. – Die Moraltheologie kennt zwar das Prinzip der doppelten Wirkung, aber das Prinzip "retten durch töten" kennt sie nicht."

Die Frau: „Sagen Sie mir bitte, sind die Aussagen dieses Theologen nicht eine Service-Leistung an den Staat und die Gesellschaft? Das Gewissen wird hier an die Anforderungen von Staat und Gesellschaft angepaßt. Der moderne Bürger geht an dieser Ethik zwar kaputt, merkt es aber nicht. Er merkt auch nicht, daß im Namen dieser Ethik die größten Verbrechen begangen werden."

Der Pater: Man nennt diese Art von Theologen mit Recht "Service"-Theologen, so wie man manche Bioethiker ebenfalls mit Recht "Service"-Philosophen nennt."

Die Frau: „Wäre es nicht ehrlicher, wenn diese Herren ihren moraltheologischen Lehrstuhl aufgeben würden, um sich in das Lager der weltlichen Ethik zu begeben?"

Der Pater: „Doch! Wenn ich den Text recht verstanden habe, glaube ich, daß dies ehrlicher wäre. Denn die Richtung ihres Denkens scheint nicht mehr von Jesus Christus, der "Weg, Wahrheit und Leben" ist, auszugehen, sondern wohl von der modernen Bastelstube der Ethiker, in der Moralgesetze geplant, entworfen und formuliert werden. Diese Denkrichtung hat mit katholisch-christlichem Denken nichts mehr zu tun, sondern ist Service-Leistung."

Die Frau: „Also haben wir ein neues Geschlecht von Moraltheologen vor uns, die durch ihre Gutachten auch die vordergründige Beratungsschein-Argumentation stützen. Das Argument, das bei diesen Leuten dominiert, heißt "retten" oder "präsent sein". Dieses Wort "Retten" wird in ihren Plädoyers oder ihren Schriften übergrell beleuchtet, so daß übersehen wird, was für dieses Retten an physischen, psychischen, moralischen und auch religiösen Werten bezahlt werden muß."

Der Pater: „Das sehe ich genau so. Der Beratungsschein wird seiner eigentlichen Funktion, die ihm das Gesetz zuweist, beraubt. Es wird gesagt, er sei nur eine Bestätigung, wobei niemand recht weiß, was eine solche soll. Dazu schreibt ein Herr Sigismund Beckmann, 47623 Kevelaer, in der Deutschen Tagespost vom 4. Oktober 97 einen Leserbrief. Von ihm auszugsweise einige Sätze:

> ❖ Diese Problematik ist doch immer mitzudenken, wenn für den Ausstieg aus der gesetzlichen Schwangerschaftsberatung plädiert wird. Es muß doch für alle eine ganz schlimme Vorstellung sein, wenn der Ausstieg und Umstieg gleichzeitig eine weitere Zunahme an Schwangerschaftsabbrüchen bedeuten würde, weil unsere Hilfe ausbleibt. – ❖ Für uns Christen sollte es klar sein, daß die Gesetzgebung über den Schwangerschaftsabbruch und auch das vorherige Urteil des Bundesverfassungsgerichtes für uns unannehmbar und schizophren sind. Und doch sollten wir bedenken, daß es kaum ein Land gibt, in dem es vor einer zugelassenen Abtreibung eine Beratungspflicht gibt. Mit ihrer Hilfe soll der Versuch gemacht werden, das bedrohte Leben des ungeborenen Kindes zu retten. Der Sinn des nach der Beratung ausgehändigten Beratungsscheines ist also nicht, die straffreie Abtreibung zu ermöglichen. Sein innerer Sinn ist, durch die Notwendigkeit die Beratung zu erreichen, daß das ungeborene Leben geschützt wird."

Die Frau: „Nach den Worten des Herrn Beckmann würden Sie, Herr Pater, wohl zu denen gehören, die eine Hilfeleistung im Zusammenhang mit dem § 218/219, wo es um Leben oder Tod geht, unterlassen?"

Der Pater: „Ich glaube ja. – Doch Ihre Bemerkung und die Sätze von Herrn Beckmann stellen dar, daß es bei der Abtreibung um die vorsätzliche Liquidierung eines Menschen geht. Diesen Umstand machen sich jene zugute, die höchste und aktuellste Hilfeleistung einklagen. Sie beschuldigen jeden, der ihre Argumentation nicht übernimmt, eine Hilfeleistung zu unterlassen. Weil aber so argumentiert wird, bekommt das Argument "Retten" seine volle Schärfe."

Die Frau: „Haben Sie eine solche Hilfeleistung unterlassen?"

Der Pater: „Nein! Denn ich kann doch nicht Menschen retten wollen und dann zu gleicher Zeit andere Menschen dem Tode preisgeben."

Die Frau: "Sie haben wohl recht! Denn der Beratungsschein gibt die Abtreibung frei, indem er den ***"Töter"*** straflos setzt?""

Diese Mitwirkung kann niemals gerechtfertigt werden Zitate von Professor Günthör und Professor Sala

Der Pater: „Erzbischof Dyba nannte den Beratungsschein "Tötungslizenz", was den Unwillen auf Seiten seiner Kollegen hervorgerufen hat und noch hervorruft. - Professor Dr. Günthör OSB, der Herausgeber einer dreibändigen Moraltheologie, sagt zum Problem der Mitwirkung mit Hilfe des Beratungsscheines folgendes:

> ❖ »Diese Mitwirkung kann niemals gerechtfertigt werden, weder durch Berufung auf die Achtung der Freiheit des anderen noch dadurch, daß man sich auf die Tatsache stützt, daß der Staat diese Mitwirkung vorsehe und fordere.« ❖ »Die Bescheinigung ist notwendige und ausreichende Bedingung für die straflose und vielfach mit öffentlichen Mitteln finanzierte Tötung des Kindes. Die Einstellung der Beraterin ist in der Hinsicht belanglos.« - ❖ »Die Bescheinigung weist nicht allein auf die vergangene Beratung zurück, wie behauptet wird, sondern ist der Schlüssel für die zukünftige Tötung des Kindes.« - ❖ »Die Bescheinigung ist auch nicht eine akzidentelle Begleiterscheinung. Sie ist vielmehr eine selbstständige Handlung.« - ❖ »Wenn gesagt wird, es sei nicht gewiß, daß die Schwangere tatsächlich zur Tötung des Kindes schreite, so ist dies grundlos optimistisch. Denn ebenso ungewiß ist, ob nicht viele oder gar sämtliche Frauen den Schein benutzen.« - ❖ »Wenn gesagt wird, durch die Bescheinigung würde zwar die Möglichkeit der straflosen Tötung mancher Kinder geschaffen, jedoch würde eine größere Zahl von Kindern gerettet, die bei Beratung anderer Stellen sterben müßten, ist dagegen festzustellen: Güterabwägung, zahlenmäßige Aufrechnung im Bereich des Lebensrechts sind hinsichtlich unserer Verfassung und unseres Glaubens unzulässig. Jeder einzelne Mensch hat ein Recht auf den individuellen Schutz.« ❖ »Das Ausstellen des Beratungsscheines ist nicht eine gute oder wenigstens indifferente Handlung, die lediglich mißbraucht wird. Der Beratungsschein und damit die Ausstellung des Beratungsscheines haben unleugbar die ihnen "eigene Sinndeutung und das Sinnziel", die straffreie Kindtötung zu ermöglichen, und dies ist der Beraterin bekannt.« - ❖ »Die Kirche selbst verunsichert die Gewissen der Gläubigen, weil

sie sich nicht entschieden gegen die Tötung des unschuldigen Kindes wendet.« -

❖ »Es ist schwer verständlich, wie die Kirche in Deutschland Verhältnisse stützen kann, die dem Glauben zuwiderlaufen. Schlechthin unverständlich ist aber, daß unsere Bischöfe jahrelang mit der notwendigen Klärung zögern (statt ihr höchste Priorität einzuräumen) und folglich die Entscheidung über das Vorgehen der katholischen Beratungsstellen aufschieben und aufschieben.« " [Aus dem Gutachten von Prof. Dr. Anselm Günthör OSB, Weingarten, Ostern 1997]

Die Frau: „Prof. Günthör ist besorgt um die Kirche in Deutschland."

Der Pater: „Er spricht nur aus, was so viele unter uns in ihrem Herzen erfahren und darunter leiden, nämlich daß die Bischöfe in diesem System der Mißachtung des individuellen Lebensrechtes verharren.

Fünf preisgegeben, drei gerettet
Saldierungen gelten nicht

Die Frau: „Er stellt daher fest, daß man im Bereich des Lebensrechts keine Zahlenspiele machen kann: "Drei gerettet, fünf preisgegeben."

Der Pater: „Die Saldierung, wie die Fachsprache sagt, ist vom menschenrechtlichen Standpunkt her und von der Moraltheologie völlig unzulässig. Man kann nicht Menschen gegen Menschen aufwiegen."

Die Frau: „Warum nicht?"

Der Pater: „Man kann ein Menschenleben nicht in eine Güterabwägung einbeziehen, wie dies bei Sachwerten getan wird. Das Lebensrecht ist nicht von einer parlamentarischen Mehrheit abhängig, sondern dem Staat absolut vorgegeben. Wenn es um Leben und Tod Unschuldiger geht, muß man kompromißlos alle verteidigen, denn jeder Mensch, auch der allerjüngste im Mutterschoß, ist von Gott geschaffen und besitzt ein unveräußerliches Lebensrecht. Erst in neuerer Zeit sind die Überlegungen zur Güterabwägung auch auf den Bereich des Lebensschutzes ausgedehnt worden."

Die Frau: „Ich danke Prof. Günthör von Herzen, daß er den Mut hatte, uns dieses Gutachten zu schenken.

Der Pater: „Ja! Doch nicht nur er, auch andere sagten das, so zum Beispiel Professor Sala SJ, indem er die Aussagen des Prälaten Schätzler, der für den

Verbleib in den staatlichen Beratungsstellen votiert, klar und deutlich widerlegt. Er sagt folgendes:

❖ »Ich (und viele anderen Christen) unterstelle, daß die Entscheidung von "26" Bischöfen gegen "1", am geltenden Recht mitzuwirken, »sei moraltheologisch nicht vertretbar«. – Eigentlich habe ich dies nicht unterstellt, sondern ausdrücklich, mit äquivalenten Worten, gesagt, indem ich mit Argumenten versucht habe zu zeigen, daß die formale Mitwirkung an einer in sich schlechten Handlung ebenfalls schlecht ist. – Ist der Hinweis Schätzlers auf "26" gegen "1" ein gültiges Gegenargument? Wenn man meint, ja, dann behauptet man damit, daß Wahrheit und Moralität eine Sache der Statistik ist, beziehungsweise der jeweiligen Mehrheit. – Der Leser möge sich selbst ausdenken, welche Konsequenzen dieses Prinzip für die natürliche Ethik sowie für die Moraltheologie hat.« – ❖ »Die Aushändigung des Scheines mache die Mitwirkung der Kirche nicht zu einer "cooperatio formalis" am Bösen, weil, so schreibt Schätzler: »Die Beratung erfolgt mit dem Ziel, das Leben des Kindes zu retten und ist damit also diametral gegen eine Abtreibung gerichtet.« – Daß die Kirche mit diesem Ziel berät, wird von keinem "Gegner" bestritten oder auch nur unterschätzt. Diese Tatsache aber ändert nichts an der objektiven Sinnbedeutung und am objektiven Sinnziel, das dem Schein innerhalb des geltenden Gesetzes zukommt. Dieses Ziel ist nun die Ermöglichung einer straffreien und vielfach öffentlich finanzierten Abtreibung und dies ist wie Bünefeld (DT vom 08. April 97) formuliert hat, "kein Mißbrauch (der Bescheinigung), sondern der einzig mögliche Gebrauch".« – ❖ »Die Kirche wirkt an der Durchführung des Gesetzes mit, wie es nun einmal ist. Dies wird auch von den Frauen genau verstanden, die am Ende des Gesprächs den ihnen zustehenden Schein verlangen. Dazu schreibt der Heilige Vater in "Evangelium Vitae", 74, wo er erläutert, wann eine formale Mitwirkung vorliegt: "Solcher Art ist die Mitwirkung dann, wenn die durchgeführte Handlung ... wegen der Form, die sie in einem konkreten Rahmen annimmt, als direkte Beteiligung an einer gegen das unschuldige Menschenleben gerichteten Tat ... bezeichnet werden muß." Auf die Aussage Schätzlers: "Die bescheinigte Beratung richtet sich eindeutig gegen die Abtreibung" möchte ich nach scholastischer Manier antworten: ***distinguo*** [ich unterscheide]. Die Beratung, ***concedo*** [ich stimme zu]; die Bescheinigung der Beratung, ***nego*** [dies verneine ich].« – ❖ Ein letztes Argument wird am Ende erwähnt: »Eine Bedeutung hat dieser Schein allenfalls für die Straffreiheit des rechtswidrigen Tuns einer Abtreibung.« Damit spielt der Verfasser auf die Distinktion an: ***Die Abtreibung ist und bleibt rechtswidrig, der Beratungsschein macht sie nur straffrei.*** – Es ist hier nicht der Ort, auf den Sinn oder Unsinn dieser Distinktion im Kontext des Schutzes ungeborener Personen einzugehen und damit auf die klassische Diskussion über die Frage, in wie weit die Erzwingbarkeit zum Wesen des Rechtes gehört. Ich kann nur auf die zersetzende Wirkung hinweisen, die die faktische Freigabe auf das Rechts- und Sittlichkeitsbewußtsein einer Gesellschaft hat (man denke etwa an die sich eingebürgerte Bezeichnung der Entscheidung zum Mord, die der via Gespräch erworbene Schein ermöglicht: sie sei eine verantwortungsbewußte), und auf das Wort von Erzbischof Dyba: »Dem Kind darf zwar das "Recht auf Leben" nicht genommen werden, wohl aber das Leben selbst«. [Professor Dr. Giovanni B. Sala, SJ, DT vom 29. April 1997]

❖ »Die Gegner der Aushändigung des Beratungsscheines haben ihre Ablehnung durch sachliche Gründe gerechtfertigt, nämlich durch die Analyse der doppelten Funktion, die eine solche Handlung im Rahmen des Gesetzes erfüllt. Die Prinzipien ihres Werturteils sind bekannte Grundprinzipien der Ethik. Insbesondere, daß es "nicht erlaubt ist, nicht einmal aus sehr schwerwiegenden Gründen das sittlich Schlechte zu tun, damit daraus das Gute hervorgehe" (Veritatis Splendor, 80), wobei eigens bewiesen wird, daß die Ausstellung des Scheins ein Tun des Bösen ist; und daß "für die Handlungen, die ein jeder persönlich vornimmt, es eine sittliche Verantwortung gibt, der sich niemand entziehen kann" (Evangelium vitae, 74), wobei die Verantwortung für die Handlung innerhalb eines Gesetzes genauso gilt wie für jede andere Handlung auch.« [Prof. Dr. Giovanni B. Sala, SJ, DT vom 26. Juli 1997]

Die Frau: „Pater, wenn Sie die Argumentationen dieser Moraltheologen auf einen einzigen Satz bringen, wie würden Sie formulieren?"

Der Pater: „Auf einen einzigen Satz?"

Die Frau: „Ja!"

Der Pater: „Ich formuliere wie immer: Man darf nichts in sich Böses tun, damit daraus Gutes werde. – Man sollte jede Mitwirkung am Jahrhundertverbrechen wie den Anhauch der Pest meiden. –Man darf keine unlauteren Beweisführungen vortragen, die der zwingenden Logik menschlichen Denkens widersprechen."

Der zwingenden Logik widersprechen – Vom Irrgarten des Denkens

Die Frau: „Der zwingenden Logik widersprechen? Was heißt das?"
Der Pater: „Das sind heute nicht wenige, die dem gesunden Menschenver-

stand widerstreiten und zu Aussagen kommen, die dem Zeitgeist entsprechen. Sie verwickeln sich geradezu in Widersprüche."

Die Frau: „Wie meinen Sie das?"

Der Pater: „Als vor 25 Jahren die Abtreibungsdiskussion das Land erschütterte, ahnte man noch nicht, was für Kapriolen an Unausdenkbarem folgen würden."

Die Frau: „Aber das ist doch logisch, daß eine Untat immer neue Auswüchse eines Rechtfertigungsdenken mit sich bringt."

Der Pater: „Ja! Rechtfertigungen, wo es keine Rechtfertigungen gibt."

Die Frau: „Noch einmal: Wie meinen Sie das?

Der Pater: „Lesen Sie folgende Briefe und Sie werden erfahren, was ich mit meiner Aussage meine.

Kardinal - von - Galen - Kreis
44 Münster in Westfalen ***18. Januar 1998***
Seppenradeweg 11

An Herrn Weihbischof Friedrich Ostermann
Überwasser Kirchplatz 6
48143 Münster

Betr.: Erklärung des Papstes zur Schwangerschaftsberatung

Lieber Friedel!

Bei unserem letzten Gespräch sagtest Du mir, daß Ihr Euch wieder mehr an Kardinal von Galen orientieren wolltet. Der Zeitpunkt heute wäre dazu hervorragend geeignet.

Die Medien erwarten eine Kontroverse zwischen romtreuen und progressiven Bischöfen. Wie Du es aus der Anlage ersehen kannst, gelten Bischof Lettmann und das Diözesanforum als Gegner des Papstes.

Zu einer Kontroverse darf es nicht kommen. Daher wollte ich folgenden Vorschlag machen: Die kirchlichen Beratungsstellen erreichen nur einen Teil der Frauen, die eine

Abtreibung erwägen. Keine Frau treibt aber gerne ab. Wenn die katholischen Krankenhäuser öffentlich erklären, daß bei ihnen unerwünschte Kinder nach der Geburt anonym abgegeben werden können, wäre jede weitere Beratung überflüssig. Taten bewirken mehr als Worte. Außer unserer Hilfe bekämen die Kinder Sozialunterstützung.

Christus hat sich mit den Geringsten identifiziert. In unserer Gesellschaft sind das die unerwünschten Kinder. Wollen wir ihnen unsere Solidarität verweigern? Ich hoffe auf Deine Unterstützung.

Dein Heribert (Börger)

Friedrich Ostermann
Weihbischof

48135 Münster, 26. 02. 98
Überwasserkirchplatz 6
Tel: 0251.4956003, Fax: 495285

Kardinal-von-Galen-Kreis Herrn Heribert Börger
Seppenradeweg 11
48163 Münster

Lieber Heribert,

leider komme ich erst heute dazu, Deinen Brief vom 18.01.98 zu beantworten. Bei all den Gesprächen, die nun anstehen werden bis Ende dieses Jahres, werde ich auch Deinen Vorschlag einbringen.

Ob die Krankenhäuser oder nicht eher unsere Kinderheime die Ansprechpartner sein könnten, kann ich nicht entscheiden. Über Deine Anregung kann man auch insofern weiter nachdenken, weil dann ja die Trennung von dem Kind nicht unbedingt eine endgültige sein muß.

Meine Schwierigkeit ist es, daß man in einer Dilemma-Situation niemals eine saubere Lösung findet. Da man auf jeden Fall Tötungen ungeborenen Lebens ermöglicht, kann man nicht leichtfertig von Schuld sprechen, da ich mich trotz besten Willens der Schuld nie ganz entziehen kann. Wenn wir dem dringlichen Wunsch des Papstes entsprechen, der gleichzeitig die Beratung noch verbessert wissen möchte, dann werden Kinder getötet, von denen wir einige bisher haben retten können. Wenn wir seinem Wunsch nicht entsprechen, dann können wir am weiteren Verfall sittlichen Bewußtseins schuldig werden und so vielleicht auch am Tod einer noch größeren Zahl ungeborener Kinder.

Möge uns Gott einen Weg zeigen, wie wir dieses Dilemma, in dem wir alle stehen, meistern. Vielleicht können wir uns auch nur der größeren Barmherzigkeit Gottes überlassen.

Mit freundlichen Grüßen Dein *✠Friedrich*

Zum Töten verdammt: So oder so Die Zwickmühle des Zählens

Der Pater: „Diesen Brief zu akzeptieren würde nach dem Bischof bedeuten, daß wir zum Töten-Müssen verdammt seien: So oder so. Diese Gedankengänge aber sind unfaßbar."

Die Frau: „Das ist ein ungeheueres Wort des Weihbischofs und widerspricht von den Wurzeln her der christlichen Moral."

Der Pater: „So denke ich auch. Dem Weihbischof ist zu widersprechen, und zwar kategorisch."

Die Frau: „Ich stimme zu."

Der Pater: „Der Bischof spricht, wie gesagt, von einer Dilemma-Situation, in der man niemals eine saubere Lösung findet. Er spricht weiterhin: ***„Da man "auf jeden Fall" Tötungen ungeborenen Lebens ermöglicht, kann man nicht leichtfertig von Schuld sprechen, da ich mich trotz besten Willens der Schuld nie ganz entziehen kann."***

Die Frau: „Aber das gibt doch keinen Sinn, was der Mann hier zum Ausdruck bringt. Das klingt wie ein "Zwickmühle". Das klingt, als ob man dem nicht entkommen könnte. Sagen Sie, hat der Bischof das tatsächlich so gemeint? "Berate ich mit Schein: töte ich" – "Berate ich ohne Schein: töte ich ebenfalls." Kann man das so sagen?"

Der Pater: „Ich glaube, daß er es meint, wie er es gesagt hat. Denn er fährt im Text seines Brief wie folgend fort:

> ***a) „Wenn wir dem dringlichen Wunsch des Papstes entsprechen, der gleichzeitig die Beratung noch verbessert wissen möchte, dann werden Kinder getötet, von denen wir einige bisher haben retten können."***

b) „Wenn wir seinem Wunsch nicht entsprechen, dann können wir am weiteren Verfall sittlichen Bewußtseins schuldig werden und so vielleicht auch am Tod einer noch größeren Zahl ungeborener Kinder."

Die Frau: „Wieder dieses Abzählen, als ob das ein erlaubtes menschenrechtliches Prinzip wäre, das Gültigkeit besitzt! Es ist schlimm, eine solche Verirrung zu ertragen.

Der Pater: „Aus der NS-Zeit sind solche Fälle bekannt, die später angeklagt und verurteilt wurden. Man denke an den Frankfurter Euthanasie-Prozeß über das Personal der Heil- und Pflegeanstalt von Hadamar / Hessen im Jahr 1947. Der Prozeß ist für viele Details in unseren Frage äußerst bedeutsam."

Die Frau: „Darf ich eine schwere Frage stellen?"

Der Pater: „Bitte!"

Die Frau: „Was würden Sie tun, wenn Sie als Leiter eines Exekutionskommandos zehn unschuldige Männer als Racheakt für Partisanentätigkeit anderer erschießen müßten.

Der Pater: „Ich würde mich weigern, es zu tun."

Die Frau: „Wenn Sie den Befehl verweigern, werden Sie selbst erschossen."

Der Pater: „Dann müßte ich mich erschießen lassen aus dem Bewußtsein heraus, daß es Werte gibt, die höher sind als mein Leben. Gott würde mich für meine Treue belohnen."

Die Frau: „Und wenn sie von den zehn sieben retten könnten, indem sie nur die restlichen drei erschießen, was würden Sie dann tun?"

Der Pater: „Ich werde mich weigern, weil jedes konkrete Leben und das in sich Böse jeder einzelnen Tötung gesehen werden muß."

Die Frau: „Ist das nicht unsinnig? – Die heutige Generation denkt nicht mehr wie Sie."

Der Pater: „Ich darf nicht drei unschuldige Menschen töten! – Nein, das tue ich nicht, – und nach 1945 haben die damaligen Gerichte alle so gedacht wie ich!"

Die Frau: „Dann sind sie mitschuldig am Tod von sieben Männern."

Der Pater: „Nein!"

Die Frau: „Warum nicht!"

Der Pater: „Ich habe die zehn Männer weder aussortiert noch grundlos zum

Tode verurteilt. Ganz im Gegensatz! Ich verurteile diese brutale Ungerechtigkeit und stelle mich dagegen und gebe, sofern es notwendig wäre, sogar mein eigenes Leben dafür hin. – Schuld sind diejenigen, die sich das System einer solchen Ungerechtigkeit ausgedacht haben und es nun durchführen. Wenn man sich von den "moralischen" Prinzipien des Zählens oder der Saldierung, die auch verfassungswidrig sind, erpressen läßt, ist man ein Schurke und Charakterlump und reißt die Gebote und das ganze Wertesystem in die Tiefe, wo das Chaos hockt."

Die Frau: „Also geben sie sich und die anderen preis!"

Der Pater: „Was gebe ich preis, wenn sogar ich bereit bin, mein zeitliches Leben hinzugeben? – Nein! Niemals! Ich gebe gar nichts preis! – Diesen modernen Verdrehungskünsten des Zeitgeistes, man gebe jemanden preis, wenn man in einem Tötungssystem nicht mittanzt, setze ich den äußersten Widerstand entgegen. Ja, ich müßte zum Zeugnis gegen derartige Erpressungen mein eigenes Leben hingeben. Das Gebot: "Du sollst nicht töten", ist ein ehernes Gesetz."

Die Frau: „Ein ehernes Gesetz?"

Der Pater: „Ja! – Erinnern sie sich noch an den Verbindungsoffizier in dem Film Holocaust? Dieser forderte den Leiter eines Exekutionskommandos in Rußland auf, noch schneller und noch mehr Menschen zu erschießen, damit das Soll erfüllt wird. Doch der Leiter erwiderte dem Verbindungsoffizier, daß er als Etappenhengst ja noch gar keinen erschossen habe. Er solle nun die Pistole nehmen und dort unten im Graben die Frau vollends erschießen, die noch nicht ganz tot sei. Widerwillig erschoß der Verbindungsoffizier sie im Graben. Als er zurückkam, sagte ihm der Chef der Exekution: »Wer einen erschossen hat, hat zehn erschossen, – wer zehn erschossen hat, hat hundert erschossen, – wer hundert erschossen hat, hat tausend erschossen.«"

Die Frau: „Ja, ich erinnere mich sehr deutlich an diesen Rassenwahn. Aber was hat das mit unserem Problem zu tun?"

Der Pater: „Wenn man dem Druck dieser Phrasen nachgibt, wird man eines Tages auch uns anklagen."

Die Frau: „Und dann?"

Der Pater: „Nein! Ich lasse mich nicht erpressen durch das Schlagwort "Retten durch Töten-Lassen". Ich bin völlig überzeugt, daß es keinen Moraltheologen und keinen Juristen gibt, der mich deshalb anklagen könnte."

Die Frau: „Also: Einerseits würde eine gewisse Zahl von Kindern getötet, wenn man in der Beratung intensiv und aktiv berät, aber dann den Schein ausstellen muß. - Andererseits würde auch eine gewisse Zahl von Kindern getötet, wenn man unentschiedenen Frauen den Schein nicht ausstellt."

Der Pater: „Wer einmal einwilligt, auf dieser Straße des Blutes zu gehen, der muß eines Tages darin ertrinken. - Schon Kain konnte dem unschuldigen Blut seines Bruders nicht entrinnen. Die Bluttat des Herodes an den unschuldigen Knäblein ist auch heute noch in aller Mund."

Die Frau: „Religiöse Argumente angesichts der modernen Toleranz und des heutigen Pluralismus ziehen doch nicht mehr?"

Der Pater: „Wenn Sie schon nichts Religiöses bei Kain, Abel und Herodes sehen können, so sind diese doch mindestens Weltliteratur, hinter denen eine Menschheitserfahrung und ein Urwissen steht, das man nicht einfach vom Tisch wischen kann.

Die Frau: „Also darf man nicht töten?"

Der Pater: „Nein! - Was ist das für eine pervertierte Welt, die - um angeblich Gutes zu ermöglichen - am Bösen bewußt mitwirkt."

Die Frau: „Wie meinen Sie das?"

Der Pater: Ich meine das so, daß man die Erteilung des Scheines dazu benützt, um "Frauen vor die Flinte zu bekommen", wie sich der Theologe Böckle auszudrücken beliebte. Der Schein wird plötzlich zum Anlockmittel, ohne den die Frauen nicht kämen. Er ist eine Art Werbung. Das intendiert man zwar nicht, aber so muß die Diskussion in der Öffentlichkeit wirken."

Die Frau: „Das heißt, seitdem Erzbischof Dyba den Schein nicht mehr ausstellt, heißt es: "Kommt zu uns, Frauen, bei uns bekommt ihr den Schein, den Bischof Dyba nicht ausstellt." Wenigstens so wirkt diese Haltung nach außen und so muß sie interpretiert werden."

Die Schuld liegt bei denen, die ein Tötungssystem errichteten, und bei denen, die im Tötungssystem mitarbeiten

Der Pater: „Wie unsinnig! Frauen dürfen abtreiben und, wenn sie abtreiben, darf nicht von Schuld gesprochen werden. - Da man aber für die noch unentschiedenen Frauen alles tun sollte, um ihre Kindlein zu retten, müsse man notgedrungen den Beratungsscheine aushändigen,."

Die Frau: „Und die Schuldfrage?"

Der Pater: „Die Schuldfrage aber wird groteskerweise nicht zuerst bei der Frau oder dem abtreibenden Arzt oder letztlich beim Staat, der tötet, gesehen sondern bei der Bischofskonferenz, die sich nun in einem Dilemma befindet. – Denn man macht sich auch durch die Nicht-Ausstellung des Beratungsscheines leider schmutzige Hände, so heißt es."

Die Frau: „Und Erzbischof Dyba?"

Der Pater: „Er steht außerhalb dieser Ideologie. Unter den Bischöfen ist er ein "Solotrompeter", wie ihn die Medien bezeichnet haben."

Die Frau: „Nach Ansicht von Bischöfen wäre auch der Papst in die Abtreibung verstrickt, sofern es nach seinem Wunsch geht, und man den Schein nicht mehr ausstellt. Nach Bischof Ostermann hätte man durch die Ausstellung des Scheines Kinder retten können. – Diese Gedankenakrobatik entbehrt jeglicher Logik. Man hat die Argumentation verdreht, so daß man auch dem Papst eine Schuld zuweisen könnte."

Der Pater: „Was Bischof Ostermann schreibt, stimmt nicht."

Die Frau: „Warum nicht?"

Der Pater: „Die Schuldigen sind doch Staat, Abtreiber, die Frau und wer sich auch immer einschaltet, um diese Abtreibung formell mitzutragen. Schuldig ist, wer tötet oder Beihilfe dazu leistet. Dem Papst dürfte doch in diesem sogenannten Dilemma-Fall keine Schuld zugewiesen werden."

Die Frau: „Und das Dilemma?"

Der Pater: „Ja! – Der Papst sieht das Dilemma darin, daß die Bischöfe sich schwer tun, dem Papstbrief und seiner Bitte Gehorsam zu leisten."

Die Frau: „So sehe ich das auch. Der Verfall sittlichen Bewußtseins tritt nicht ein, wenn keine Beratungsscheine ausgehändigt werden, sondern umgekehrt. Man darf sich nicht in einen Tötungsprozeß einschalten, um retten zu können."

Der Pater: „Genau so sehe ich es. Der Verfall des Rechtsbewußtseins und der Sittlichkeit wurde durch die Mitwirkung gefördert. – Wer sich in den Tötungsprozeß einschaltet, ist schuldig und dazu zu schweigen, ist ein Verbrechen."

Die Frau: „Wer beim Töten nicht mitmacht und sich verweigert, hat also keine schmutzigen Hände."

Der Pater: „Und zur Frage der unterlassenen Hilfeleistung?"

Die Frau: „Erzbischof Dyba tut alles, was er kann, aber er macht beim Töten nicht mit. – Das kann ihm niemand als unterlassene Hilfeleistung vorwerfen."

Der Pater: „Die Bischofsworte von Ostermann bringen eine Verdrehung sittlichen Bewußtseins hervor. Würden solche Moralprinzipien gelten, ergäbe sich daraus ein "Dilemma-Denken" und eine Totalverwirrung des Geistes. Hinter dem aber steht Willkür, die in Egoismus übergeht."

Die verschobene Schuldfrage oder: "Haltet den Dieb"

Die Frau: „Bischof Ostermann redet von anrechenbarer Schuld, aber die Beraterinnen reden vor den Frauen höchst selten von der Schuld und der Sünde der Kindstötung. Denn es ist geradezu das Zeichen der ergebnisoffenen Beratung, daß bei den abtreibungswilligen Frauen kein Schuldbewußtsein geweckt werden darf. Außerdem handelt es sich hier um eine Sozialberatung in dem gesetzlich vorgegebenen Rahmen."

Der Pater: „Also eine Sozialberatung oder eine katholische Beratung?"

Die Frau: „Die Kirche sagt, es sei eine katholische Beratung und der Staat, es sei ein Sozialberatung."

Der Pater: „Eine katholische Beratung, wie der Papst es wünscht, wäre es, wenn man sich von den gesetzlichen Zwängen lösen würde.

Die Frau: „Der Frau, die abtreiben will, müßte man doch am Ende eines Beratungsgesprächs das Unrecht ihres Tuns vor Augen stellen und die Gebote Gottes erklären, was die staatliche Beratung nicht tut."

Der Pater: „Von Schuld oder Sünde wird nicht gesprochen, auch nicht vom Gebot Gottes oder den Aussagen des Konzils. Wer in diesem Beratungssystem war kompromißlose Anwältin des ungeborenen Kindes im Sinne der Botschaft Jesu Christi?"

Die Frau: „Was soll man nun Bischof Ostermann antworten?

Der Pater: „Ihm gilt, wie es allen gilt. »Man darf nicht in sich Böses tun, damit daraus Gutes werde.«"

Die Frau: „Drücken Sie sich deutlicher aus."

Der Pater: „Wenn ich an die Tötung auch nur eines konkreten Unschuldigen beteiligt bin, und dies aus dem Motiv, andere retten zu können, akzeptiere, ist mein Handeln unrecht. Blutschuld bleibt Blutschuld."

Die Frau: „Also wollen Sie nicht retten?"

Der Pater: „Aber nein! Natürlich will ich, und zwar mit allen Kräften, die mir zur Verfügung stehen! Aber ich bin nicht bereit, deshalb mit einem Schein am Töten mitzuarbeiten. Habe ich mich deutlich genug ausgedrückt?"

Die Frau: „Dann werden Sie also nicht mit dem Staat zusammenarbeiten?"

Der Pater: „Hier muß ich unterscheiden."

Die Frau: „Was?"

Der Pater: „Grundsätzlich bin ich immer bereit, eine Mitarbeit zu leisten, außer wenn man mich zwingt, dabei Böses zu tun."

Die Frau: „Und?"

Der Pater: „Bei der gegenwärtigen Gesetzeslage zum § 218/19 in Deutschland sehe ich soviel wie keine Möglichkeit, am staatlichen Konzept mitzuwirken, schon deshalb, weil ein Christ da nicht mitmachen kann. Letztlich ist dieses Konzept auch ein Konzept gegen das Grundgesetz, ein Konzept gegen das Leben."

Die Frau: „Was halten Sie von dem Wort des Bischofs, daß man sich der Schuld nie ganz entziehen kann?"

Der Pater: „Eine Kollektivschuld ist schon nach dem zweiten Weltkrieg zurückgewiesen worden."

Die Frau: „Und was sagen andere heutige Moralauffassungen dazu?"

Der Pater: „Heutige Moralauffassungen? – Selbst die weltliche Justiz hat nach dem "Nürnberger Prozeß", oder dem Euthanasieprozeß in Frankfurt und Dresden 1947 oder dem Nürnberger Ärzteprozeß, ebenfalls 1947 und ähnlichen Prozessen in unserem Sinne geurteilt. Wenn der heutige Gesetzgeber andere Systeme anbietet, in denen der Mensch in die Verfügung des Menschen gestellt wird und legal oder quasi-legal getötet werden kann, so sind diese Systeme brutal und inhuman. Sie sind wider das sittliche Bewußtsein und die jedem Rechtsstaat vorgegebenen Grundrechte sowie gegen die Gebote Gottes."

Die Frau: „Noch einmal zu Erzbischof Dyba."

Der Pater: „Sehen Sie, Erzbischof Dyba gibt keinen Beratungsschein aus, und die Frauen kommen in großer Zahl zu seinen Beratungsstellen. Das ist allerdings ein Ärgernis für die jetzige Bischofskonferenz und deshalb darf es nicht wahr sein, daß er mehr Erfolg hat als andere Bistümer.

Die Frau: „So werden halt seine Erfolge verleugnet, und seine Aussagen ignoriert. Sicher keine beneidenswerte Position."

Der Pater: „Vor einem Jahr etwa habe ich mit ihm einmal in dieser Frage telefoniert, weil ich wissen wollte, ob das, was man über seine Beratung verbreitet, auch stimmt. Und ich habe am Telefon gespürt, wie aufgebracht und betroffen er über diese Art von Vergiftung im innerkirchlichen Raum war, da es nicht mehr um Wahrheit ging, sondern um die Durchsetzung einer Anpassung, die vom Zeitgeist diktiert wird."

Die Frau: „Ich bewundere den Mut dieses Mannes und sein Durchhaltevermögen. Doch mancher Christ wird durch dieses Zeugnis erschüttert und kommt zur Einsicht."

Der Pater: „Das ist richtig."

****

„Abtreibung kann auch eine Erlösung sein. Abtreibung ist nicht nur immer negativ."

Die staatliche Beratung trifft die Beraterinnen
Sie können der psychischen Belastung nicht ausweichen

Die Frau: „Noch ein Wort zu den Beratungsstellen: Halten die Beraterinnen eine solche Prozedur aus? Denn sie sind in Zwänge eingepreßt: Einerseits verlangt man von ihnen, das Leben von ungeborenen Kindlein kompromißlos dem Tode zu entreißen, andererseits werden sie von den Schicksalen der Frauen zutiefst belastet und sollen dabei noch "Papiere" zu unterschreiben, die laut Gesetz zur Szenerie des Todes gehören. Diese Spannung hält niemand aus."

Der Pater: „Meine persönliche Erfahrung ist niederdrückend. Jedesmal, wenn ich mit Beraterinnen zusammengetroffen bin und offen meinen Standpunkt vertreten habe, fand ich ein Potential an Aggression vor, das mich tief betroffen gemacht hat und tagelang beschäftigte."

Die Frau: „Also muß die Realisierung des Gesetzes in den Beratungsgesprächen auch die Seele der Beraterinnen schwer treffen? Was sich bei diesen Gesprächen ereignet, bleibt nicht ohne Widerhall in den Seelen dieser Frauen?"

Der Pater: „Das ist logisch!"

Die Frau: „Und die gruppendynamischen Supervisionen?"

Der Pater: „Die bestätigen, daß ein Mensch in diesem Beruf an den Rand seiner psychischen Existenz gerät, ob er will oder nicht. Denn um Sein oder Nicht-Sein von Menschen zu verhandeln, geht an die Substanz eines jeden Menschen."

Die Frau: „Dann ist die staatliche Schwangerenberatung selbst wie ein Lebensschicksal, das verkraftet werden muß?"

Der Pater: „Ja! Denn entweder muß sich die Beraterin von einer solchen Beratungsmethode lösen, oder sie heult mit den Wölfen. Auch die gruppendynamischen Supervisionen, die Konflikte ertragbar machen sollen, helfen hier nicht, abgesehen davon, daß Supervisionen nur mit dem Wort "Gehirnwäsche" markiert werden können. Nur eine "Vision", welche die Größe des einzelnen erkennt, könnte wirklich helfen."

Die Frau: „Bricht ein solches staatliches Gesetz einem Menschen, der es handhaben muß, nicht das moralische Rückgrat?"

Der Pater: „Doch!"

Die Frau: „Wie zeigt sich das?"

Der Pater: „Während 15 Jahren konnte ich die Szenerie der katholischen Beratungsstellen beobachten. Bereits im Spätjahr 1982 haben wir in "Christ und Zukunft", dem Organ der "Bewegung für das Leben", unsere Stimme erhoben."

Die Frau: „Ohne jede weitere Vorbereitung dazu?"

Der Pater: „O nein. Der Auseinandersetzung mit den kirchlichen Stellen ging eine lange Geschichte voraus. Zuerst hatten wir an die Bischöfe geschrieben, - und jene Bischöfe, die antworteten, verwiesen uns an die Zentralstelle Pastoral nach Bonn. Wir sprachen damals mit Prälat Vinzenz Platz und Prälat Anton Schütz. Doch obwohl wir alle unsere Gespräche und Briefe unter "top-secret", also unter strenger Vertraulichkeit laufen ließen, weil wir der Kirche nicht schaden wollten, fanden wir kein Gehör. Uns berührte das so seltsam, daß wir deshalb überlegten, nun eine begrenzte Öffentlichkeit einzuschalten. Danach schrieben wir unser erstes Heft über die Beratungsfrage."

Die Frau: „Wie lautete der Titel?"

Der Pater: „Der Titel unseres damaligen Heftes lautete: "Ein stumpfes Schwert? - Die Katholischen Beratungsstellen und der Paragraph 218". Damals, also vor 16 Jahren, haben wir uns intensiv mit dieser Frage auseinandergesetzt und erhoben einen Vorwurf gegen die katholischen Beratungsstellen. Wir schrieben in "Christ und Zukunft" unter anderem:

> ❖ Drei Personen finden sich als Gast in den Büroräumen einer deutschen Diözese. Sie weisen darauf hin, daß Beraterinnen daran seelisch zerbrechen, den Beratungsschein ausstellen zu müssen. Der Direktor gab zu, daß dies durchaus möglich sein könnte. Er meinte darum, man müsse sich mit diesen Frauen auseinandersetzen. Wenn sie dann die Ausstellung des Scheines seelisch nicht verkraften könnten, müsse man sie von diesem Dienst befreien und eine andere mit dieser Aufgabe betrauen. Daraufhin sagte einer der drei Gesprächspartner zum Caritas-Direktor: "Dann wird die Nächste verheizt."

Die Frau: „Dies also war vor 16 Jahren!?"

Der Pater: „Ja!

Die Frau: „Und heute?"

Der Pater: „16 Jahre später wird Weihbischof Andreas Laun in der Zeitschrift "Kirche heute" Nr. 11 vom November 1997 über die "ergebnisoffene" Schwangerenberatung klar stellen, welche Motive dahinter stehen."

Die Frau: „Sie meinen Weihbischof Laun aus Salzburg?"

Der Pater: „Den meine ich. – Er sagt folgendes:

> »Neulich hatte ich eine Diskussion mit Leuten, die in der Schwangerenberatung stehen. Ihre Vereinigung steht mit Nachdruck auf dem Standpunkt, Beratung müsse "ergebnisoffen" sein. Herauskommen müsse eine "Entscheidung der Frau", und anderes wäre Manipulation. Auch "überreden" dürfe man niemanden: "Es hat mit der Würde der Frau zu tun, daß die Beratung zwar nicht wertfrei, aber doch ergebnisoffen sei." Auf meine kritische Anfrage hin, was dies bedeuten solle, erklärte man mir: Es hieße nur, daß man eben nicht wissen könne, was die Frauen nachher wirklich machen.«"

Was Gott verboten hat, kann der Mensch nicht zugestehen

Die Frau: „Das ist doch unser ewiges Thema, das die katholischen Beratungsstellen zum "stumpfen Schwert" werden ließ! Denn einer "ergebnisoffenen Beratung" steht das Gebot Gottes gegenüber, "Du sollst nicht töten." Wir können einer Frau oder einem Richter von Seiten der Kirche her niemals zugestehen, was uns Gott verboten hat. Eine Frau hat vor Gott und dem Evangelium niemals das Recht, ihr eigenes Kindlein im Mutterschoß zu töten. – Darum interessiert mich, was Weihbischof Laun dazu sagt."

Der Pater: Er fragt sich zunächst, ob das eben Ausgesagte auch sinngemäß richtig sei. Er betont:

> "Gegenstand der Pflicht kann nur sein, was vom Verpflichteten abhängt und in seiner Macht liegt. Man sagt ja auch dem Arzt nicht, er müsse unbedingt "ergebnisoffen behandeln", weil der Patient vielleicht doch stirbt. Nein, der Arzt behandelt unbedingt im Hinblick auf die Gesundung, nicht "ergebnisoffen", – obwohl das Endergebnis vielleicht wirklich offen ist, – aber eben unabhängig von ihm und gegen seinen Willen! Wer daher sagt, der Berater soll ergebnisoffen beraten, setzt sich allein dadurch dem dringenden, eigentlich unabweisbaren Verdacht aus, eben doch etwas anderes zu meinen, vielleicht ohne daß ihm das selbst ganz bewußt ist. Man muß also sagen, die Beratung einer Schwangeren soll wirklich ganz und gar auf das eine Ergebnis, nämlich die "Erhaltung des Kindes" ausgerichtet und nicht

"offen" sein. - Offen ist und bleibt nur, was die Schwangere dann wirklich tun will.""

Die Frau: „Mir gefällt der Vergleich mit dem Arzt, der seine Diagnose und seine Behandlung vom Zustand des Kranken und seiner Krankheit abhängig machen muß, und darin niemals "ergebnisoffen" vorgehen kann. - Was sagt Weihbischof Laun noch?"

Der Pater: „Hören Sie:

"Gute "ergebnisoffene" Beratung stellt man der schlechten "überredenden" Beratung gegenüber. Warum? Wenn ein Polizist den Geiselnehmer überredet, seine Geiseln doch freizugeben, hat er dann die Würde des Geiselnehmers angetastet? Soll man ihm einen Vorwurf machen? - Ich gebe zu: "Überreden" hat einen kleinen Beigeschmack des Bedrängens. Nur - wieso soll das nicht legitim sein, wenn es um die Verhinderung eines Mordes geht? Besser wäre die volle Überzeugung - für den Täter, ja, aber für das Opfer ist es zunächst gleichgültig, ob der Mörder überzeugt, überredet oder einfach gehindert wurde.

Eine weitere Überlegung spricht gegen die Rede von der "ergebnisoffenen" Beratung. Der Normalbürger (ich habe es getestet) denkt dabei an eine Beratung, nach der er sich in aller Freiheit so oder so entscheiden kann. Etwa bei der Frage, wie er sein Geld anlegen oder welches Auto er kaufen soll. Da kann und soll man natürlich "ergebnisoffen" beraten. Aber so kann man nicht ohne suggestives Mißverständnis reden, wenn eine der beiden Alternativen ein schweres Verbrechen ist, - im Fall der Abtreibung, die ungerechteste aller Hinrichtungen, wie der Papst zu Recht sagt."

Die Frau: „Auch diese Vergleiche sind sehr gut. Noch einmal! Ich stimme dem Weihbischof zu."

Der Pater: „Nachdem der Bischof dies so ausgedrückt hat, betont er auch, was "ergebnisoffen" heute bedeutet, nämlich über das Leben eines "Ungeborenen" entscheiden zu wollen. Er sagt:

»In der lebensfeindlichen Welt weiß man genau, was man mit "ergebnisoffen" sagen will: Jede Frau kann "frei" entscheiden über das Leben ihres Kindes, und wehe dem, der dieses Recht antasten will.«"

Die Frau: „Auch das trifft den Nagel auf den Kopf. - Leider tanzen die staatlich-katholischen Beratungsstellen diesen schrecklichen Tanz mit, anstatt auszusteigen."

Der Pater: „Abschließend sagt Laun:

»Das sind die Gründe, warum ich diese Sprechweise kategorisch ablehne. Und um die volle Wahrheit zu sagen: Ich glaube auch im "katholischen" Raum nicht mehr, daß alle Berater wirklich ohne Zugeständnisse richtig beraten, nämlich ohne Wenn und Aber für das Leben des Kindes. Denn erstens weiß ich um falsche diesbezügliche Lehren mancher Moraltheologen, und zweitens finde ich aus den Berater-Kreisen mehr als verdächtige Zitate wie etwa dieses im Rahmen einer Abtreibungsdiskussion (Sommer 1997): *Die Frage nach der Schuld taucht immer wieder auf, deshalb ist das Thema so emotionalisiert. Es gibt keine gute und böse Entscheidung in diesem Fall. Es gibt eine Entscheidung: Ja, ich krieg´s, oder nein, ich krieg´s nicht. Wenn es so ist, dann freilich kann die Beratung nur "ergebnisoffen" sein. – Wenn Abtreibung aber Mord ist, dann kann sie nur ein einziges Ergebnis wollen: die Rettung des kindlichen Lebens und die Rettung der Seele der Frau vor der Sünde.«"*

Die Frau: „Warum klang ein solcher Ton in der katholischen Kirche nicht schon früher auf?"

Sie haben das Leben kompromißlos verteidigt Sie waren Anwältinnen für das Leben

Der Pater: „Also, meine Freunde und ich habe damals schon erkennen müssen, wie es in der "Christ und Zukunft" vor 15 Jahren geschrieben steht, daß so manche Beraterin scheiterte oder aber aggressiv wurde. Außerdem haben mich zwei sehr verdienstvolle Beraterinnen, Frau Lebert, ehemals in Köln, und Frau Geesmann, ehemals in Osnabrück, neben anderen in diesen Fragen beraten. Frau Lebert hat vielen hundert Kindern das Leben gerettet. Diese beiden, die kompromißlos das Leben als "Anwältinnen für das Leben" verteidigten, hat man innerhalb der Kirche und ihren Dienststellen praktisch verfolgt und sie an den Rand der Kirche verwiesen, weil sie keine Beratungsscheine ausgaben.

Von Frau Geesmann weiß ich, daß sie keine Beratungsscheine ausstellte, aber hinter ihrem Rücken hat ihre Dienststelle, die SkF (Sozialdienst katholischer Frauen) in Osnabrück, ohne Wissen von Frau Geesmann Scheine ausgestellt. Als Frau Geesmann nach ihrer Pensionierung diese Vorgehensweise ihrer Dienststelle erfuhr, kündigte sie der SkF (Sozialdienst katholischer Frauen) nach langjähriger Mitgliedschaft aus Protest gegen ein derartiges Vorgehen und trat aus dem Verband aus. – Dies zeigt, wie tiefgehend die Mentalitäten auseinanderklaffen, und welcher Zorn und Haß sich anstaut. Es geht dabei immer um das Leben eines unschuldigen Kindes."

Die Frau: „Aber hier wurde nicht nur Frau Geesmann heimtückisch hintergangen, sondern diese Leute aus der Leitung des SkF in Osnabrück haben im Namen der Kirche genau das getan, was die Bischöfe immer so vehement abstreiten. Sie haben Tötungen im Namen der Kirche ermöglichten, wo Frau Geesmann und Frau Lebert und andere sie verweigert hatten. – Denn die übrigen Beraterinnen haben den Schein unterschrieben. Nach dem Buchstaben des staatlichen Gesetzes konnte damit der Abtreiber zusammen mit der Indikationsfeststellung des Arztes straflos abtreiben. Die Beraterinnen haben also eine "persönliche" Mitwirkung geleistet. Wer wollte das ableugnen?"

Der Pater: „Nach dem Buchstaben des Gesetzes: Ja. – Nach der Taxierung einiger Moraltheologen war der Schein allerdings nur eine "entferntere materielle Mitwirkung bei der Tötung", die um der Rettung anderer Ungeborener in Kauf genommen werden durfte."

Die Frau: „Also müssen die Beraterinnen eine unheimlich Spannung hier aushalten?"

Der Pater: „Dem möchte ich zustimmen. Die Spannung ist groß!"

Die Frau: „Und ist dies heute auch noch so?"

Der Pater: „Ich muß es schon deshalb annehmen, weil die Beraterinnen auch dann zur Scheinaushändigung gezwungen werden, wenn sie erkennen, daß die Frau den Schein nur auf Drängen des Umfeldes verlangt. – Auch Weihbischof Laun hat diesen Zweifel offen ausgesprochen. Denn auch er glaubt nicht daran, daß alle Berater im katholischen Raum wirklich ohne Zugeständnisse richtig beraten. Es bleibt im Wesentlichen bei der "ergebnisoffenen" Beratung. Viele meiner Freunde, die seit Jahr und Tag gut über die Beratungssituation in der deutschen katholischen Kirche informiert sind, stimmen dem Weihbischof zu. Auch sie haben vielfältige Erfahrungen gemacht, die aufzeigen, daß da im Hintergrund anders gehandelt wurde, als man nach Außen vorgab. Es liegt zu viel im Argen!"

Die Frau: „Welche Erfahrungen gab es noch?"

Der Pater: „Das letzte was mir in diesem Zusammenhang begegnet ist, war eine Unterredung mit Frau Christa Heinel (Rahel-Gruppe, Frankfurt), die von einem Gespräch mit der Caritas Limburg am 15. Juli 1997 berichtete. Bei diesem Gespräch waren der amerikanische Pater Patrick Mac Ateer, SJ und Frau Heinel zugegen. Das Gespräch ging über das Post-Abortion-Syndrom

(PAS). Frau Heinel berichtet, daß in dieser Gesprächsrunde die Sätze gefallen sind:

> »***Abtreibung kann auch Erlösung sein. Abtreibung ist nicht nur immer negativ.***«

Frau Heinel sagte, daß auf ihre erstaunte Frage, ob man das auch so meine, ihr dies mehrfach in der Runde bestätigt wurde, auch durch Herrn Emmerling."

Die Frau: „Aber das würde doch bedeuten, daß diese Beraterinnen letztlich bei einem schweren Konflikt der Frau auch Abtreibung als Lösung des Konflikts ansehen. Das würde auch bedeuten, daß die immer wieder betonte kompromißlose Haltung der Katholischen Kirche Deutschlands in der Beratungspraxis gar nicht kompromißlos ist. – Klaffen damit die Leitsätze der Kirche und die Praxis der Beratungsstellen nicht weit auseinander?"

Die Meinung der anderen über katholische Beratungsstellen Tolerieren, Respektieren, nicht Akzeptieren

Der Pater: „Auf den Katholikentag in Mainz 1998 wurde eine Schrift verteilt unter dem Titel: "Wähle die Menschen". Die Schrift wurde herausgegeben von einer Gruppe, die sich "CHRISTENRECHTE in der Kirche" nennt. In dieser Schrift steht auf Seite 20 folgende Beurteilung der katholischen Beratungsstellen:

> Entgegen einem weitverbreiteten Vorurteilen haben wir den Eindruck gewonnen, daß die katholischen Beraterinnen schwangere Frauen nicht unter Druck setzen. Natürlich sind Sie, wie es der Zielsetzung der Beratungsstellen entspricht, bemüht, alle zur Verfügung stehenden Hilfen anzubieten, die die Lage der Frau erleichtern und sie ermutigen, das Kind anzunehmen und die Verantwortung für seine Zukunft zu tragen. Die Beraterinnen, die wir kennen lernten, versuchen dabei, den Frauen zu einer persönlich verantworteten Entscheidung zu verhelfen. Auch wenn sie selbst den Schwangerschaftsabbruch nicht bejahen, respektieren sie, die ganz persönliche Entscheidung und Verantwortung der Frau. – Dies entspricht den Leitlinien des Caritasverbandes, in denen es heißt: ***»Die Konfliktsituation einer ratsuchenden Frau kann sehr komplex sein; ihre vorausgehenden Erfahrungen und ihre psychische Verfassung können so sein, daß sie sich unfähig fühlt, ihre Verpflichtung gegenüber dem ungeborenen Kind zu erfüllen; das heißt, es kann sein, daß sie sich in ihrer***

konkreten Situation und aus ihrer ganzen Lebensgeschichte heraus nicht zum Austragen des Kindes durchringen kann. Auch wenn die Beraterin den Schwangerschaftsabbruch nicht billigt oder bejaht, wird sie jedoch das ehrliche Bemühen der Ratsuchenden anerkennen und ihr das Bewußtsein vermitteln, daß sie auch in Zukunft angenommen wird.«

Uns hat es überrascht, diesen Unterschied zwischen den kirchenamtlichen Verlautbarungen und der konkreten Praxis an der Basis festzustellen. Es hat uns erleichtert zu wissen, daß den Frauen in der konkreten Notsituation viel Hilfe und Verständnis entgegengebracht wird. Die katholischen Beraterinnen versicherten uns, daß sie sich in ihrer Arbeit, die auf gesetzlichen und kirchlichen Richtlinien beruht, von den deutschen Bischöfen getragen und gestützt wissen. Eine Behinderung ihrer Arbeit sehen die Beraterinnen in konservativen Kampagnen sogenannter Aktionsgruppen aus kirchlichem und nichtkirchlichem Raum. Dort werden Frauen moralisch unter Druck gesetzt - oft mittels seelischer Manipulation -, damit sie ihr Kind austragen; möglicherweise macht eine solche Organisation danach mit der Adoption der Kinder ein großes Geschäft. Durch solche Praktiken geraten die katholischen Beratungsstellen in Mißkredit.

Die Praxis einiger Beratungsstellen ist also der Theorie voraus: Hier wird Menschen menschlich und christlich geholfen, ihren Lebenskonflikt zu bewältigen und ihre freie Entscheidung wird respektierte Wie lange wird es dauern, bis auch die offizielle Lehre von der Not ungewollter Schwangerer Kenntnis nimmt und echte moralische Hilfe anbietet statt zu verurteilen und zu verdammen?"

Die Frau: „Auch dieser Text bestätigt, was von so vielen Kritikern (denken Sie an Frau Heinel oder den Weihbischof und viele anderen) immer wieder ins Feld geführt wurde, daß in der katholischen Schwangerenberatung nicht zuerst das ungeborenen Kind und sein Lebensrecht verteidigt wird, sondern man sehe die Beratung eher im Sinne einer Konfliktsituation, wo es etwas abzuwägen gäbe."

Der Pater: „Sie meinen, daß man zwar die Rettung des ungeborenen Kindes als Zielvorstellung vor Augen hat, daß aber in der praktischen Beratung dann die Konfliktsituation ganz von selbst in den Vordergrund rückt."

Die Frau: „Das wird auf die Formel gebracht, daß man in der katholischen Beratung die Tötung des Kindes nicht bejaht, aber die Entscheidung der Frau toleriert und respektiert."

Der Pater: „Eine tolle Formel! Man drückt mit aller Konsequenz aus, daß man Toleranz gegenüber einem "abscheulichen Verbrechen" besitzt und ihm

Respekt erweist der niemals gegeben werden dürfte."

Die Frau: „Nicht dem Verbrechen sondern der bedrängten Frau gegenüber."

Der Pater: „Nein, nicht gegenüber der bedrängten Frau, sondern gegenüber dem Gewissensentscheid einer Person zu einem "abscheulichen Verbrechen". Auch wenn der Staat nicht bestraft, der Straftatbestand ist Tötung."

Die Frau: „Also haftet dieser Art von Beratungstätigkeit im Zwischenfeld zwischen dem Staat und der Kirche etwas Heuchlerisches an."

Wo Akzeptanz verweigert wird, erschlägt man mit der Medienkeule "militant"

Der Pater: „Wir haben in den letzten 15 Jahren in unserer Zeitschrift "Christ und Zukunft" in vielen Artikeln heftig auf diesen heuchlerischen Mißstand hingewiesen. Doch gegen uns wurde die Taktik des völligen Überhörens angewandt. Man hat die größte Lebensrechtsbewegung im Raum der deutschen Kirche bewußt totgeschwiegen, weil sie nicht mittanzte. Es ging um Akzeptanz der Königsteiner Erklärung und Würzburger Synode im Hinblick auf empfängnisverhütende Mittel und Akzeptanz der staatlich-kirchlichen Beratung mit dem Beratungsschein. – Doch entscheidend ist nicht der Zeitgeist, sondern die Wahrheit vor Gott und den Menschen."

Die Frau: „Sind sie militant?"

Der Pater: „Nein, auf keinen Fall! – Wohl aber sind wir kompromißlos in der Verteidigung der Allerkleinsten, was uns bei dieser Gesellschaft, die tötet, diesen Titel "militant" einbringt."

Die Frau: „Herr Pater, darf ich noch einmal auf den Satz: "Abtreibung kann auch Erlösung sein" zurückkommen? – Ich bitte Sie, ihn zu kommentieren."

Der Pater: „Bei diesem Satz wird bestätigt, was wir aus vielen anderen Dokumenten wissen, daß nicht wenige Beraterinnen von SkF und Caritas in der Praxis gar nicht kompromißlos gegen Abtreibungen sind. Bei diesen Beraterinnen wird Abtreibung auch als Lösung des Problems der Frau und ihres ungeborenen Kindes stillschweigend einkalkuliert, obwohl man das nach außen leugnet oder dafür sorgt, daß nicht darüber gesprochen wird."

Die Frau: „Ist das so?"

Der Pater: „Interessant ist, daß das Max-Planck-Institut für deutsches und internationales Strafrecht auf Grund von Befragungen im Rahmen einer größeren Untersuchung zur Feststellung kam, daß sich die katholischen Beratungspraxen kaum von den anderen Einrichtungen unterscheiden."

Die Frau: „Also ist dies eine Grundeinstellung bei den Beraterinnen?"

Der Pater: „Wenn dies die Grundhaltung von katholischen Beratungsstellen wäre (und so scheint es oft zu sein), dann versteht man auch, warum der Beratungsschein für eine solche Art der Beratung kein Problem mehr beinhaltet. Man gesteht ja Abtreibung als das geringere Übel zu und händigt dafür den Beratungsschein aus. – Daraus resultiert eine Doppelbödigkeit, die man mit dem Wort "Heuchelei" (bewußte oder unbewußte) umschreiben müßte. Die Doppelbödigkeit besteht darin, daß Bischöfe nach außen die Beratungspraxis der katholischen Beratungsstellen anders darstellen als viele Beraterinnen letztlich intern handeln, – und daß nach außen vorgegeben wird, man würde die Gebote Gottes und die Gesetze der Kirche halten, was in Wirklichkeit in nicht wenigen Fällen gar nicht stimmt."

Die Frau: „Die Kirche ist aber doch sehr streng. Sie spricht sogar die Exkommunikation aus."

Der Pater: „Nach dem Gesetzbuch der Kirche wären wohl viele dieser Beraterinnen, sofern sie sich ihres Handelns voll bewußt sind, "ipso facto" (durch ihr Tun) exkommuniziert. – Das sind die Personen, die im Namen der Kirche "qualifiziert", wie sie sagen, die Ungeborenen verteidigen."

Die Frau: „Und was geschieht mit ihren Auftraggebern?"

Der Pater: „Das müssen die Herren selbst wissen, sie haben ja studiert."

Die Frau: „Soweit ich orientiert bin, steht es direkt in vielen Schriften des SkF und der Caritas geschrieben, daß sie das Selbstbestimmungsrecht oft mit Vehemenz verteidigt haben. Das Stichwort heißt über Jahre hinweg: "Entscheidungsfreiheit der Frau" und eine Zeit lang auch "irriges Gewissen", das indirekt aber sehr heftig verteidigt wurde."

Die Affäre Gummersbach oder was ein Beratungsschein wert ist

Der Pater: „Es gab 1987 in der Diözese Köln den Fall, daß die Konfliktberaterin Frau Meerkamp von dem SKFM in Gummersbach keine Beratungsscheine mehr ausstellte, da sie das in ihrem Gewissen nicht mehr verantworten konnte. Ihr zur Seite standen die Herren Kivelitz und Braun. Das sorgte für große Aufregung im Ordinariat der Erzdiözese Köln. Die Herren, die der Gummersbacher Beratungsstelle entgegenstanden waren die Herren Domkapitular Prälat Norbert Feldhoff, Dr. Karl Panzer, Rechtsanwalt, und Caritasdirektor Dr. Ulrich Brisch. – Das Ende des Streites war, daß die Gummersbacher SKFM-Schwangernkonfliktberatung von der Diözese aus aufgelöst wurde, Frau Meerkamp in die Wüste geschickt und an ihrer Stelle eine Caritas-Schwangerenkonfliktberatung eingesetzt wurde, welche die Beratungsscheine wieder unterschrieb. – Und damit sind von den kirchlichen Stellen die staatlichen Forderungen wieder hergestellt worden, da auch damals laut dem Buchstaben des Gesetzes Abtreibung nicht nur die Indikation des Arztes verlangte, sondern auch eine Beratung, die in jedem Fall die Frau auch ohne Indikationsfeststellung straflos stellte."

Die Frau: „Aber die Kirche der damaligen Zeit und ihre Moraltheologen haben das nicht so gesehen."

Der Pater: „Auch die Kirche kann die saubere und zwingende Logik menschlichen Denkens nicht erschlagen, weil das Gesetz der Wahrheit von Gott in unsere Herzen eingeschrieben worden ist. Zwei mal zwei ist nun mal nicht fünf sondern vier. Die "erschlagene Logik" und die vielen unterschwelligen Unwahrheiten waren es, die so viel Erbitterung in diesen Kampf um die Ungeborenen in den Raum der Kirche hineingetragen haben. Die katholische Kirche Deutschlands verteidigt ihre staatliche Schwangerenberatung. Ihre Beratungspraxis unterscheidet sich kaum von der der weltlichen Beratungsstellen. Von einem kompromißlosen oder bedingungslosen Kampf für die ungeborenen Kindlein keine Rede."

Die Frau: „Das ist doch komisch! Einerseits betonte die Kirche, daß der Beratungsschein nur eine "entferntere sachliche Mitwirkung" sei, und für das Abtreibungsgeschehen keine Rolle spiele. Andererseits aber wurde ihm eine dermaßen hohe Bedeutung zugemessen, daß man trotz öffentlicher und heftiger Proteste die Beratungsstelle des SkFM Gummersbach auflöste, um die Ausstellung des Beratungsscheines zu garantieren. Warum diese doppelte Argumentation?"

Der Pater: „Das ist eben die Doppelbödigkeit, von der wir dauernd reden."

Die Frau: „Pater, erzählen Sie mir nochmals, wie das damals in Gummersbach war. Warum hat das damalige Ordinariat in Köln die Gummersbacher Stelle aufgelöst? Das war doch eine Ungeheuerlichkeit! Man redete vom

Schutz des Lebens und die Gummersbacher SKFM-Stelle, welche die Kindlein unbedingt verteidigte, löst man auf, um den Schein zu garantieren, und das im Namen der Erzdiözese Köln, im Namen der Kirche, im Namen Christi."

Der Pater: „Man wollte die staatliche Anerkennung und die finanzielle Unterstützung nicht gefährden. Und da die Diözese Köln staatliche Beratungsstellen unterhielt, mußte man die Bedingungen erfüllen, obwohl der Schein vom Strafgesetzbuch nicht unbedingt gefordert war."

Die Frau: „Um so schlimmer!"

Der Pater: „Diese Unterscheidungen drangen nie in das Bewußtsein der Öffentlichkeit. Die Öffentlichkeit sprach vom Beratungsschein."

Die Frau: „Das ist doch unmöglich! Durch ihren Verwaltungsakt haben die Herren der Diözese ja offen bestätigt, daß die Frauen den Beratungsschein brauchen. Außerdem haben sie bestätigt, daß sie bereit sind, eine Beratungsstelle aufzulösen, um den Frauen den Schein zu garantieren."

Der Pater: „Aber die Herren haben sich doch in der Öffentlichkeit bei vielen guten Katholiken blamiert?"

Die Frau: „Ja, schon! – Aber sie garantierten den Schein trotz der Blamage, die sie einstecken mußten."

Der Pater: „Damals hat die "Bewegung für das Leben" den entsprechenden Herren der Diözese Köln einen Brief zugesandt. Aus diesem Brief vom Januar 1988 veröffentlichen wir hier einige Auszüge:

> Wenn bis zur Stunde die Frage der Mitwirkung der Katholischen Kirche am § 218 StGB, insbesondere § 218b, zu heftigen Kontroversen zwischen Lebensrechtlern und der Katholischen Bischofs-Konferenz geführt haben, so ist die Entscheidung der Diözese Köln zur Auflösung der Stelle des SKFM Gummersbach und die Neu-Errichtung der Caritas-Stelle in Gummersbach in Sachen Beratung von konfliktbeladenen Frauen ***die letzte Deutlichkeit*** dafür, daß hier ***bewußt*** ein Verbrechen toleriert wird. Dieser Tatbestand ist selbst ein Verbrechen (auch wenn dies subjektiv nicht erkannt wird). Es wird von einer kommenden Generation ähnlich wie nach dem Dritten Reich abgeurteilt werden. Die Katholische Bischofskonferenz der Bundesrepublik Deutschland (auch wenn sie sich noch so heftig dagegen wehrt) kann sich nach den Ereignissen von Gummersbach nicht mehr exkulpieren. ...
>
> Eine logische Analyse der Diözesanbeschlüsse zur Auflösung der SKFM-Stelle in Gummersbach ergibt folgendes: Die Verwaltung der Diözese Köln toleriert die

Entscheidung einer abtreibungswilligen Frau gegen ihr Ungeborenes so sehr, daß sie die Abtreibung eines Kindes in Kauf nimmt und es mit der Unterschrift einer Beraterin seinem Mörder gemäß § 218b zur Tötungspreisgabe ausliefert. Daß bei diesem Tun Motive des Helfens und der Rettung einbezogen werden, ändert an der Handlung nichts. Andere katholische Beraterinnen, die diesen Schein verweigerten und damit vielen Kindern das Leben retteten, sind durch diese kirchliche Haltung in Mißkredit geraten. Man muß nur einmal auflisten, was sich Prälat Feldhoff gegenüber Frau Lebert geleistet hat. ...

Bei diesem Konflikt geht es eindeutig und allein um die ***Beratungsbestätigung*** und sonst um nichts. Auch der Jurist wird anerkennen müssen, daß diese Beratungsbestätigung gemäß § 218b und entsprechend der Bestimmung der Länder dazu dient, den Arzt, der das Kind tötet, straffrei zu belassen. Außerdem ist dadurch zugleich auch die Schwangere 22 Wochen straffrei. Paragraph 218b sagt wörtlich: "Wer eine Schwangerschaft abbricht, ohne daß die Schwangere sich mindestens drei Tage vor dem Eingriff mit der Frage des Abbruchs ihrer Schwangerschaft an den Berater gewandt hat, ... wird mit einer Freiheitsstrafe bis zu einem Jahr oder mit Geldstrafe bestraft " - Zwischen der Beratung nach § 218b StGB und der Tötung eines Kindes im Mutterschoß besteht eindeutig ein ***kausaler Zusammenhang***, so daß die Beratung und insbesondere der Beratungsschein eine ***condicio sine qua non*** zur Tötung des Kindes darstellen.

Durch die Auflösung der Beratungsstelle Gummersbach wurde demonstriert, daß man den Beratungsschein will, ja, daß seine Ausstellung sichergestellt werden muß. - Man hat demonstriert, bereit zu sein, die Bestimmungen des § 218b auszuführen und (offen vor aller Welt ***durch einen Verwaltungsakt***) Kinder dem Tode preiszugeben. Das ist ein Verbrechen! Doch nicht nur das: Es wurde darüber hinaus einer unschuldigen Frau, die für das Lebensrecht Ungeborener gekämpft hat, ihre Stelle gekündigt, – sie dadurch in Mißkredit gebracht und sehr geschädigt, und das alles darum, daß die Möglichkeit zur Abtreibung hilfloser Kinder, die dem blutigen Tode ausgeliefert werden, ***durch ihren Verwaltungsakt*** gemäß § 218b gesichert bleiben muß. - Welch eine unfaßbare Tat im Schoße der Heiligen Mutter Kirche!

Die Frau: „Wozu nun den Schein garantieren."

Der Pater: „Der Schein war die Bestätigung der Beratung und zugleich die Möglichkeit und damit auch die Erlaubnis zur straflosen Abtreibung. Was dann Moraltheologen daraus gemacht haben, steht auf einem anderen Blatt geschrieben."

Die Frau: „Was machten denn die Moraltheologen daraus?"

Der Pater: „Eine ***"cooperatio materialis remota"***."

Die Frau: „Was heißt dieser Ausdruck auf deutsch?"

Der Pater: „Das heißt, daß es sich hier um eine "entfernte nur sachliche Mitwirkung" handelt."

Die Frau: „Können sie mir das erklären? Gibt es dafür ein Beispiel, mit dem man etwas anfangen kann?"

Der Pater: „Lassen Sie mich das versuchen. - Der Hausmeister eines großen Krankenhauses weiß, daß jeden Montag um 9 Uhr im Operationssaal Abtreibungen vorgenommen werden. Er könnte nun die elektrischen Sicherungen herausdrehen, damit einige Augenblicke lang die Apparate nicht funktionieren. Er tut dies aber nicht, weil er weiß, daß er letztlich machtlos ist, nichts erreicht und nur seine Stellung verlieren würde. - Ein solches Handeln des Hausmeisters könnte man als eine "entferntere nur sachliche Mitwirkung" ansehen"."

Die Frau: „Aber der Hausmeister ist doch gar nicht verpflichtet, die Sicherungen herauszudrehen."

Der Pater: „Deshalb ist die Haltung des Hausmeisters eben eine "entferntere nur sachliche Mitwirkung"."

Die Frau: „Und der Beratungsschein soll so aufgefaßt werden?"

Der Pater: „ Einflußreiche Moraltheologen vertraten diese Auffassung und setzten sich durch."

Die Frau: „Hat denn da keiner widersprochen?"

Der Pater: „Doch der jüngst verstorbene Moraltheologe Johannes Bökmann. Er sprach von Anfang an von einer "cooperatio materialis proxima et directa."

Die Frau: „Und das heißt?"

Der Pater: „Eine direkte und unmittelbare sachliche Mitwirkung.""

Die Frau: „Das bedeutet?"

Der Pater: „Ich deute das so. - (1) Wer einen Beratungsschein unterschreibt, unterschreibt ***"direkt"*** mit seinem Namen. (2) Wenn der Schein unterschrieben ist, steht die Gefahr der Tötung des Kindes nach der gesetzlich eingehaltenen Frist ***"unmittelbar"*** bevor."

Die Frau: „Hat das Bökmann von Anfang an gesagt?"

Der Pater: „Seit ich ihn kenne, habe ich nie etwas anderes gehört."

Die Frau: „Aber wer mit seinem Namen unterschreibt, leistet doch eine "formal-persönliche Mitwirkung", wenn er weiß, was der Gesetzgeber der staatlichen Beratung beimißt."

Mitwirkung: "Formal-persönlich"
Mitwirkung: "Entfernt und sachlich"

Die Frau: „Darf ich fragen?"

Der Pater: „Bitte."

Die Frau: „Was schrieb denn die staatliche Gesetzgebung vor, und was machten die Moraltheologen daraus?"

Der Pater: „Bitte."

Die Frau: „***Nach dem Strafgesetzbuch***, also nach dem damaligen § 218 b ist die Beratung und nach Ländergesetz der Beratungsschein formal-persönlich notwendig zur Straflosstellung des Abtreibers, – ***nach der Meinung der damaligen Moraltheologen*** hingegen ist die Bedeutung der Beratung und der Scheinerteilung (indem sie den Gesetzestext mißachteten) für die Straflosstellung des Abtreibers unerheblich. –Muß das so gesehen werden?"

Der Pater: „Ja! – Aber das ist doch unlogisch und hat denkende Menschen in tiefe innere Konflikte mit ihrer Kirche gestürzt. Außerdem zeigen die vielen Veröffentlichungen des SkF und der Caritas auf, wie sehr sich die kirchlichen Beratungsstellen immer mehr den staatlich-weltlichen Beratungsstellen anglichen bis hin zur Oberfläche der Ideen von "pro familia". Die Konflikte der Frauen wurden mit vollem Akzent versehen und das Lebensrecht des Ungeborenen verschwamm ins Nebulose, wobei man aber betonte, daß man für die Rettung der Ungeborenen arbeite."

Die Frau: „Ist dann die "cooperatio materialis remota" eine theologische Fata Morgana?

Der Pater: „Auch ich muß das so einschätzen, jedoch diese Fata Morgana" war in ihrer institutionellen Wirkung von zerstörender Kraft. Selbst die Auseinandersetzungen, das erneute Hinauszögern der Bischofskonferenz und die Mißachtung der Forderungen des Papstes nach seinem Brief vom 25. Januar 1998 sind eigentlich nur die Verlängerung dessen, was schon seit Jahren läuft."

Die Frau: „Ist die Beraterin also eine Person, die es mit ihrer Beratung gut meint und die gegen ihren Willen das Töten fordert?"

Der Pater: „Nein, das ist sie nicht! Denn sie muß die Intentionen des Gesetzes und seine hunderttausendfachen Folgen kennen! Denn 96 % der Abtreibungen werden nach einer Beratung vorgenommen. Und die kühnsten Prognosen von 1975 gingen von einem Rückgang der Abtreibungszahlen durch die Beratung aus. Warum reden die Beratungsstellen immer mit höchstem Lob von ihren Erfolgen, schweigen sich aber darüber aus, in welch verheerendem Maße das staatliche Beratungssystem das Rechtsbewußtsein zerstört hat und zerstört?"

Die Frau: „Manchmal denke ich, daß den Beraterinnen in ihrem Herzen viel erspart geblieben wäre, wenn sie nach den Geboten Gottes beraten hätten. Gott ist ein Gott des Lebens, der unbedingt fordert, alles zu tun, um Ungeborene zu retten. Gehorcht man der Weisung Gottes nicht, schreit unser Herz beim Töten auf. Es ist dies die Stunde der Wahrheit."

Der Pater: „Man muß den Frauen sagen, daß Gott, der Leben gibt, verboten hat zu töten. Keiner kann ohne den Segen Gottes leben."

Die Frau: „Ach! Diese heimlichen Wunden und schweren Schmerzen in den Herzen der Frauen!"

Der Pater: „Bedeutet das, daß jeder faule Kompromiß, den eine Beraterin eingeht, ihre eigene Seele trifft?"

Die Frau: „Wahrhaft, das bedeutet es. Denn Zugeständnisse bedeuten töten, – und das Töten von Unschuldigen, besonders von Kindern, schneidet sich in das Herz ein."

Der Pater: „Das erinnert mich an Frau Geesmann, die oft schwere Kämpfe ausfechten mußte, bis das Kind angenommen wurde. Doch die Auseinandersetzungen mit den Frauen haben sie nie beschwert. Aber als sie einmal zu Beginn ihrer Beratungstätigkeit einen Schein ausgestellt hatte, da rumorte die Tiefe ihrer Seele und meldete sich im Leben immer wieder. Und so ist es auch bei den Frauen, die abtreiben wollen."

Die Frau: „Ach! Wie ist das doch so wahr! – Unsere hiesige Beraterin erzählte: »Vor Jahren kam die Frau eines höheren Beamten zu mir. Das Kind, das sie erwartete, kam zu sehr ungeschickter Zeit. Ich empfing sie recht freundlich und es war nicht sehr schwer, sie von ihrem Kind zu überzeugen. Nachdem das Kindlein geboren worden war, schickte Sie mir einen Strauß

Rosen und ihr Mann ließ mir sagen, daß er nun doch glücklich sei. – Aber zwei Jahre später geschah noch einmal das gleiche. Die Frau sagte mir bei der Beratung, daß es nicht mehr ginge, leider müsse Sie abtreiben. In diesem Gespräch haben wir nur Vergleiche zwischen Leben und Tod und dem Gebot Gottes angestellt. Sie trieb dann doch nicht ab. Und wieder bekam die Beraterin nach der Geburt des Kindes ihren Strauß Rosen. – Aber es geschah noch ein drittes Mal so. Jedoch nun erklärte der Mann seiner Frau, sie dürfe diese Beraterin nicht mehr aufsuchen und fuhr deshalb mit seiner Frau in die nächste Großstadt, um dort eine Beratungsstelle aufzusuchen. Als sie unterwegs im Zug saßen, geschah es, daß die Frau aus dem Zug ausstieg, indem sie ihrem Mann erklärte, sie fahre zur schon bekannten Beraterin zurück, er könne ruhig weiterfahren, wenn er wolle. Sie kehrte also zu der Beraterin zurück, und als sie das Gespräch geführt hatten, nahm sie auch das dritte Kind an. Es war dann wie immer. Nach der Geburt bekam die Beraterin ihre Strauß schöner roter Rosen."

Der Pater: „Und heute?"

Die Frau: „Ach was! – Ich kenne dieses Ehepaar. Heute? Heute toben sie mit ihren Kindern herum und haben daran die hellste Freude und würden keines mehr hergeben."

Der Pater: „Eine Geschichte des Alltags, in der die Beratung kompromißlos abgehandelt wurde und hinter der blühendes und frohes Leben aufleuchtet. – Wo aber der Kompromiß eingegangen wurde, lauert die Sünde und diese ist im Innern eine böse Rächerin! Denn die Gebote Gottes übertritt man nicht ungestraft."

Die Frau: „Ist das nicht Schwarz-Weiß-Malerei? Das Leben ist so komplex mit seinen tausendfältigen Schattierungen und seinen oft so schweren Verwundungen."

Der Pater: „Das Leben spricht eine harte Sprache und auf seinen Straßen fließen Tränen und Blut. Der Mensch betritt, nachdem er das Gebot Gottes überschritten hat, die Straße des Bösen. Dort aber beginnt jegliche Tragödie des Leidens und des Todes. – Nein, es ist keine Schwarz-Weiß-Malerei, wenn die Lebensrechts-Gruppierungen sagen, daß man das Leben der ungeborenen Kindlein kompromißlos verteidigen muß, und daß man nie und auf keinen Fall "blutige Hände" haben darf."

Die Frau: „Können sie das noch weiter illustrieren?"

Bitte, geben Sie mir den Beratungsschein! Der Pfarrer, der einen Schein unterschreiben sollte

Der Pater: „Übrigens, noch so eine kleine groteske Geschichte am Rande, welche offenlegt, wie das Volk denkt und was die Öffentlichkeit aus Grundsätzlichem macht.

Die Frau: „Bitte."

Der Pater: „Es war am 18. März 1998 in Geroldsau Baden-Baden, wo ich ein dreitägige Predigtreihe hielt. Da ließ mich der Pfarrer rufen und sagte: »Gestern hat mich eine Frau angerufen und um ein Gespräch gebeten. Ich vereinbarte mit ihr heute um 11.00/18. März. Kurz um 11.00 Uhr war sie da und brachte einen jungen Mann mit, der sich mir vorstellte, der Freund des Freundes dieser jungen Frau zu sein. Diese junge Frau stammt aus dem ehemaligen Jugoslawien und ist Muslimin. Nun ergriff die junge Frau das Wort und sagte, sie sei im zweiten Monat schwanger und ihr Freund sei von der serbischen Polizei erschossen worden, als er seine Familienangehörigen besuchte."

Die Frau: „Jetzt sagen Sie mir nur, daß die Muslimin in das katholische Pfarrhaus ging, um vom Pfarrer den Beratungsschein zu erbitten?"

Der Pater: „Ja! Sie erklärte, man müsse doch verstehen, daß sie das Kind nicht austragen könne, da ja ihr Partner verstorben sei. Um das Kind abtreiben zu können, brauche sie von der Kirche einen Schein. Nun wünscht sie also diesen Schein."

Die Frau: „Und wer kam auf die grandiose Idee, ins Pfarrhaus zu gehen, zumal die junge Frau ja Muslimin ist?"

Der Pater: „Der Freund ihres ehemaligen Freundes ist Katholik. Er stammt aus Bosnien und er hat sie hierher ins Pfarrhaus gebracht. Nachdem der Pfarrer den Wunsch der beiden angehört hatte, sagte er ihnen: »Christus ist gekommen das Gesetz und die Propheten zu erfüllen und nicht aufzulösen: Somit gilt das fünfte Gebot, "Du sollst nicht töten!" Auch Allah wünscht, daß die Kinder nicht getötet werden. Der Papst hat im Schreiben an die Bischöfe eindringlich gemahnt, diese Tötungsscheine nicht mehr auszustellen.«"

Die Frau: „Und wie endet diese Geschichte?"

Der Pater: „Der Pfarrer hat darüber hinaus gesagt, es sei nicht seine Aufgabe, Scheine zu unterschreiben und zu verteilen und hat ihnen natürlich nicht den

Ort eines Beratungsbüros angegeben."

Die Frau: „Vielleicht hätte bei einer guten Beratung die Frau das Kind angenommen?"

Der Pater: „Der Pfarrer fühlte sich zu unsicher. Er tat es nicht."

Die Frau: „Irgendwie verstehe ich diesen Pfarrer, weil man heute über Beratungsstellen so viel hört."

Der Pater: „Heute, so sagen manche Beraterinnen, decken die Beratungsstellen alles ab. Beratung zum Kind, - dann Scheinausstellung, wenn gefordert, - und nach der Abtreibung die "Trauerarbeit" mit der Mutter, womit das "Post-abortion-syndrome" (PAS) gemeint ist."

Der Totalservice: Beratung der Frau und Trauerarbeit mit der Mutter

Die Frau: „Die Trauerarbeit sei auch miteingerechnet, sagen die? Das klingt wie ein Service, daß man Tröstungen anbietet, wenn die Frau an der Abtreibung leidet."

Der Pater: „Ach! Das Ganze ist zu furchtbar! Das erinnert mich an Worte, die schon vor 10 Jahren gesprochen wurden:

> ❖ Am 8. Oktober 1987 bei der CDL-Kreisgründung in Wuppertal sagt Frau Hövel (SkF): "Wollen Sie sich anmaßen, Frauen, die unseren Beratungsschein bekommen haben, vorzuschreiben, was sie mit diesem Schein zu tun oder zu lassen haben? Wir machen hier in Wuppertal oft über Jahre mit den betreffenden Frauen die Trauerarbeit!" (Das sind dann die bitteren Konsequenzen)."

Die Frau: „Ja, was ist das denn nun? Ein Service? Oder echte Trauerarbeit? Oder eine Rettungsaktion?"

Der Pater: „Ich kann ich mir nicht vorstellen, daß jemand, der einmal eine echte Trauerarbeit mit seelisch schwer verwundeten Frauen gemacht hat, noch fähig sein könnte, Beratungsscheine auszustellen, es sei denn, er wird durch den "neuen Beichtstuhl der Supervisionen" hindurchgeschleust."

Das Wort "Supervision" bringt bei der Frau eine Erregung hervor. Sie schüttelt energisch den Kopf, ringt einen Augenblick mit dem Atem und betont scharf.

Die Frau: „Stichwort: "Gruppendynamische Supervisionen, um Konflikte ertragbar zu machen". Sie haben das richtig kommentiert mit dem Wort: "Der neue Beichtstuhl ohne Gott!"

Der Pater: „Dieser Tage bekam ich einen Brief von Herrn Klaus Günter Annen, einem Mitarbeiter der "Aktion Leben". Er gab mir ein Erinnerungsprotokoll, das er am 20. 10. 1997 geschrieben hat. Er schreibt:

> ❖ »An verschiedenen Wochentagen – zwischen März und Mai 1997 – habe ich vor dem Bischofshaus in Mainz Mahnwachen durchgeführt. An diesen Mahnwachen beteiligten sich auch zeitweise mehrere, mir bekannte Personen. – Bei einer dieser Mahnwachen kam ich vor dem Bischofshaus mit einer Frau mittleren Alters ins Gespräch und unterhielt mich mit ihr über die derzeitige Regelung des Beratungsscheins, die Situation der Beraterinnen allgemein und wie man dies alles nur verkraften könnte. – Die Frau gab mir glaubhaft zu verstehen, daß sie die Situation in Mainz ganz besonders gut kenne, und daß die Beraterinnen einmal, beziehungsweise zweimal pro Woche eine Supervision hätten. Über diese Supervision würde wohl versucht, dies alles zu verarbeiten. – Leider verriet mir diese Frau nicht ihren Namen beziehungsweise auch nicht, in welchem beruflichen Verhältnis sie zur Diakonie Mainz steht.«

Die Frau: „Für mich ist die Tatsache, daß solche "gruppendynamische Supervisionen" existieren, ein Hinweis dafür, wie ungeheuer diese Beratungsgespräche und die Scheinausstellung sein müssen. Viele Beraterinnen spüren das Unrecht, das durch eine wertneutrale oder ergebnisoffene Beratung den Menschenkindlein, die eben in den Beginn ihres Lebens eingetreten sind, angetan wird."

Der Pater: „Die Beraterinnen haben sich im Netz der Beratung, die von falschen Leitsätzen gesteuert wird, verfangen."

Die Frau: „Ja! Aber anstatt daß die Beraterinnen in menschlich liebendem Herzen erneut auf den Weg der Kultur des Lebens einschwenken, werden sie durch Supervisionen darauf trainiert, zu ertragen, daß sie sich in Unrecht verfangen haben."

Der Pater: „Wie meinen Sie das?"

Die Frau: „Durch Supervisionen werden böse Handlungen als unvermeidbar und damit als schicksalhaft festgelegt. Dies müsse ertragen werden und sei auch ertragbar. Auf eine solche Umpolung werden die Beraterinnen trainiert."

Der Pater: „Die staatliche Beratung, die vom Gesetzgeber, dem Verfassungsgericht und der Praxis her den Tod bringt, ist in sich ein gewaltiges

Unrecht."

Die Frau: „Unrecht kann nichts anderes als schweres seelisches Ungleichgewicht schaffen!"

Der Pater: „Der Mensch wird im Innersten seines Herzens, also in seinem Heiligtum getroffen und im Unrecht konditioniert. – Ist diese Supervision nicht wie ein Training, das ein seelisches Gleichgewicht dort herzustellen versucht, wo es schon verloren ist, – ein Training, das Unmenschlichkeiten toleriert und fixiert?"

Die Frau: „Lassen sich diejenigen, die sich der Supervision unterwerfen, nicht ihre Sünden ausreden, die sie eigentlich vor Gott beichten müßten. Wird durch diese Supervision nicht die moralische Grundsubstanz des Menschen verbogen? Ist sie nicht wie eine Sünde gegen den Heiligen Geist, da der Mensch nun – und nicht Gott – die Moral bestimmt?"

Der Pater: „Sie haben recht. Viele meiner Freunde sind dieser Auffassung. Sie nennen diese Supervision, wie schon gesagt, schlicht Gehirnwäsche, was sie ja eigentlich auch ist. Sie ist ein Instrumentarium, das auch in die Apparatur der Durchführungsprozesse von Abtreibungen hineingehört, ein zentraler Mosaikstein, der dem Ganzen ein gleissendes Bild gibt, wenn auch das einer bösen Inhumanität."

Die Frau: „Das bestätigt von einer anderen Seite her der Jurist Siegmund Knippel aus Braunschweig. Er betont, daß Abtreibung ein Akt der physischen Gewalt gegen das Leben des Kindes beinhaltet. Dort hört der Rechtsstaat auf und beginnt auf irgend eine Art und Weise die Tyrannei und der Aufschrei des Menschenherzens. Also hier der Text, den er in einem Leserbrief veröffentlich hat:

> Lebensrecht: – Rita Herrmann (Leserbrief DT vom 23. September 97) hat mehr recht als sie wohl glaubt. Ein die Kindstötung ermöglichender Beratungsschein ist aus rechtlichen Gründen niemals auszustellen, denn das Grundgesetz garantiert jedem Menschen das Lebensrecht. ... [Der Tötung des Kindes] steht nicht nur das Fünfte Gebot entgegen, sondern auch die jedem Juristen selbstverständliche Rechtsgüterabwägung: Kollidieren die Rechtsgüter zweier Menschen miteinander, so muß das geringwertigere Rechtsgut zurückstehen, und das ist gegenüber dem Lebensrecht des Kindes sogar das höchst vorstellbare Selbstverwirklichungsrecht der Mutter, das zudem durch zu erwartende Reuegefühle nach einer Tötung (Post-abortion-syndrome, PAS) entwertet wird. Einer unserer klügsten Juristen, der frühere Oberlandesgerichtspräsident Wassermann, schreibt, wenn es zulässig sei, daß ein

Mensch einem anderen Menschen physische Gewalt antue, so sei der Rechtsstaat aufgehoben. Er hat mir ausdrücklich bestätigt, daß dieser Fall bei der Tötung im Mutterleib gegeben sei. – Da keine Beraterin zu einer rechtswidrigen Handlung genötigt werden darf, entfällt auch deshalb die Ausstellung des Scheines. Die Haltung des Erzbischof Dyba ist also nicht nur aus religiösen, sondern auch aus rechtlichen Gründen die einzig mögliche. Die Meinung, er schrecke Mütter vom Gang zur Beratungsstelle ab, hat Dyba mit seiner Pressemitteilung vom 23. Mai 1997 widerlegt: Seine Beratungen stiegen von 2795 (1992, mit Schein) auf 3395 (1996, ohne Schein) an. – Siegmund Knippel, Vorsitzender Richter am Oberlandesgericht a. D., Braunschweig. [Deutsche Tagespost Nr. 121, S.9]

Der Pater: „Die Spannung der Mitwirkung am Bösen ist nicht nur eine Frage der Juristen und des Staates, sondern zuerst die des Menschenherzens. Denn die Sünde raubt den Frieden und zerstört die Person. Das Blut hat eine mächtige Stimme und sein Anhaftungsvermögen, wenn es einmal an der Hand klebt, ist nur schwer wegwischbar."

Die Frau: „Die Spannung läßt sich darin lösen, daß der Mensch dem Gebot Gottes wieder gehorcht, und wenn er gesündigt hat, in Buße zu seinem Gott zurückkehrt."

Das Gesetz Gottes ist die Liebe Wo die Liebe wohnt, wohnt auch der Friede

Der Pater: „Es geht um das Leben und um das Heil der Seelen. Denn jeder menschliche Glanz erlischt, wo die Sünde tödlich getroffen hat. Aber ohne diesen Glanz wahrer Menschlichkeit kann keine Generation leben."

Die Frau: „Die Kirche in unserem Land hat, was ihre Moral betrifft, die Glaubwürdigkeit verloren."

Der Pater: „Mehr! Wir müssen die Kindlein wieder lieben, – lieben von Herzen. Wir brauchen Gottesfurcht! Das Gesetz des Lebendigen Gottes muß zutiefst in uns eingeschrieben sein!"

Die Frau: „Sie meinen also, wir brauchen einen anderen neuen Geist?"

Der Pater: „Kirche und Staat sind eingehüllt in ewige Geheimnisse, die alles Menschliche umgeben. Kirche und Staat leben absolut aus dem Ewigen, also von Gott her."

Die Frau: „Die Gebote Gottes sind die Normen: Dies gilt der kirchlichen

Moral. Dies gilt auch dem Staat und seiner Verfassung."

Der Pater: „Zum Abschluß dieser Unterredung ein Zeugnis von Prof. Dr. Manfred Spieker, Universität Osnabrück, in der FAZ vom 21. Januar 1998, Seite 11:

> ***»Auch wenn die vage Zahl des Zentralkomitees der deutschen Katholiken nicht aus der Luft gegriffen wäre, so ist ihr aber entgegenzuhalten, daß nicht nur die Lehre der Kirche, sondern auch das Urteil des Bundesverfassungsgerichtes vom 28. Mai 1993 zum Schutz jedes einzelnen menschlichen Lebens verpflichtet. Das Aufrechnen von abgetriebenen und geretteten Kindern ist ein Sackgasse, die nicht nur der Lehre der Kirche sondern auch dem Geist des Grundgesetzes widerspricht. In sie gerät, wer an der ordnungspolitischen Funktion des Beratungsscheines vorbeisieht. Warum soll die abtreibungswillige Frau, die nach einer Beratung in einer kirchlichen Beratungsstelle auf der Scheinerteilung besteht, auf die Benutzung des Scheines verzichten? ... ...***
>
> ***Eine ordnungspolitische Betrachtung des Paragraphen 219 des Strafgesetzbuches und des Schwangerenkonfliktgesetzes kommt somit nicht um die Feststellung herum, daß das "Beratungsschutzkonzept" eine Ordnung schafft, die das Gegenteil dessen bewirkt , was sie bewirken soll. Sie will das Leben schützen, indem sie die Entscheidung über Leben und Tod allein der Gewissensentscheidung der Mutter anvertraut. ... ...***
>
> ***Wird das Selbstbestimmungsrecht erst nach der Zeugung des Kindes in Anspruch genommen, verwandelt es sich in ein jeden Rechtsstaat zerstörendes Recht zum Töten. Mit dem "Beratungsschutzkonzept" hat der Rechtsstaat eine Institution geschaffen, die das Recht zum Töten duldet. Damit hat er seine Kapitulation eingeleitet. Um diese Kapitulation zu verbergen, hat er die Beratungspflicht eingeführt, bei deren Realisierung er sich der Mitwirkung der katholischen Kirche vergewissern möchte. Das System des "Beratungsschutzkonzeptes" ist so beschaffen, daß die Kirche, wenn sie sich integrieren läßt, nicht nur damit leben muß, wie sie zwischen Zivilehe und Ehescheidungsgesetz leben muß. Sie muß vielmehr daran mitwirken. Ihre Entscheidung gegen das "Beratungsschutzkonzept" wäre somit ein Signal nicht nur zur Wiedergewinnung der eigenen Glaubwürdigkeit sondern auch zur Rekonstruktion des Rechtsstaates.«"***

Die Frau: „Darf man diese wohlbegründete Einschätzung mit dem Tabu belegen und ausgrenzen?"

Der Pater: „Auf die Dauer wird das nicht gelingen."

Die Frau: „Wie lange kann eine derartige Verdrängung andauern?"

Der Pater: „Ich weiß es nicht. Wenn man daran denkt, daß die Millionen, die durch den Kommunismus gemordet wurden, auch heute noch kaum in der Öffentlichkeit genannt werden, dann könnte eine solche Verdrängung noch lange anhalten. – Doch der Gang der menschlichen Geschichte ist unberechenbar.

Die Frau: „Vielleicht wird man in 50 Jahren über die Massentötung der ungeborenen Kindlein im Mutterschoß so intensiv diskutieren, wie wir heute über die Greucltaten vergangener Systeme diskutieren."

Der Pater: „Ich hoffe es nicht, daß wir 50 Jahre dazu brauchen. Ich kann mir nicht vorstellen, daß diese Greueltaten, die unser Fleisch und Blut im Schoß der Frau unmittelbar berühren, verborgen bleiben können. Ich hoffe, (um es symbolhaft zu formulieren) "morgen schon wird man diese unsagbaren Geschehnisse über die Dächer der Welt gellend einander ins Ohr schreien"."

****

Der Staat und sein Macht-instrument des Töten-Lassens

Der Staat und die Abtreibung
Ein System des Tötens

Die Frau: „Scheint nicht auch der Konflikt "Kirche und Staat" durch diese Abtreibungspraxis direkt vorprogrammiert zu sein."

Der Pater: „So sagen heute viele Katholiken."

Die Frau: „Die Bischöfe versuchen diesen Konflikt wegen gewisser Privilegien zu umgehen?"

Der Pater: „Ich kann es mir nicht anders vorstellen. Aber der Papst hat in Rio de Janeiro do Sul (Brasilien) diesen Konflikt wieder verschärft, indem er die Abtreibung ein "***abscheuliches Verbrechen" und eine "Hinrichtung"*** nannte, – und die weltweiten Sterilisationen der jungen Frauen ein ***"Schande der Menschheit"***. Man darf wohl annehmen, daß diese harten Worte nicht nur an den brasilianischen Gesetzgeber gerichtet waren."

Die Frau: „Solche Worte dürfte man in Deutschland nicht sagen, das gäbe einen heftigen Protest."

Der Pater: „Natürlich. In einer ap-Meldung vom 06.10.97 heißt es, "Deutsche Politiker kritisieren Papstworte zur Abtreibung:

> Düsseldorf (AP) »Die scharfen Äußerungen von Papst Johannes Paul II. gegen die Abtreibung sind bei deutschen Politikern auf Kritik gestoßen. Der stellvertretende Vorsitzende der CDU/CSU-Bundestagsfraktion Heiner Geißler sagte der Düsseldorfer Tageszeitung "Rheinische Post" (Dienstagsausgabe), das Wort des Papstes, Schwangerschaftsabbrüche kämen einer Hinrichtung gleich, stünde im Widerspruch zur katholischen Morallehre. Die scharfe Verurteilung der Abtreibung sei wenig hilfreich, um Schwangeren in Konfliktssituationen zu helfen, meinte der CDU-Politiker. Gegenüber demselben Blatt nannte die Vorsitzende der Bundestagsfraktion vom "Bündnis 90/Die Grünen", Kerstin Müller, die Ansichten des Papstes "vorsintflutlich und anachronistisch". ***Solange die Katholische Kirche an der "Lebensschutzideologie" festhalte, sei sie für moderne Frauen und deren Probleme kein Ansprechpartner.*** Für viele Frauen sei Abtreibung mit einem starken inneren Konflikt verbunden, sagte Müller. »Ihnen vorzuwerfen, sie begingen Mord, ist ein starkes Stück und geht an den Realitäten völlig vorbei.«"

Trotz der Betroffenheit zuckte einen Augenblick ein schelmisches Lachen über ihr Gesicht der Frau, als sie ausrief: „Der arme Heiner! Jetzt macht er sich auch noch zum Moralpapst. Fehlt nur, daß er demnächst ex cathedra spricht - vermutlich schreibt er dann an den "Lieben Gott" einen Brief, daß die 10 Gebote Gottes nicht mehr zeitangepaßt sind und darum schnellstens revidiert werden sollten. - Verzeihen Sie, Pater, unsere Fragen sind sehr, sehr ernst, aber auf Geißlers Anpöbelungen gegen den Papst, kann man nur satirisch antworten. Von "C" der CDU ist da nichts mehr da. - Daß die Frau Kerstin Müller spöttisch formuliert, liegt halt an ihrer Politfarbe. Das nimmt man noch hin, aber der Ausspruch Geißlers ist exemplarisch für die Lage der Katholischen Kirche in Deutschland."

Der Pater: „Der Geißler aber ist nur in der CDU und nicht die Kirche!"

Die Frau: „Das ist richtig. Doch seinen Ausspruch hat die katholische Kirchenzeitung, das Wochenblatt des Erzbistums Berlin, übernommen."

Der Pater: „Also behauptet das katholische Kirchenblatt in Berlin, daß sogar der Papst im Widerspruch stünde gegenüber der katholischen Morallehre?"

Die Frau: „Indirekt, indem man den Abgeordneten Geißler zitiert, wird darauf hingedeutet."

Der Pater: „Dieses indirekt antirömische Verhalten ist tatsächlich beispielhaft für die meisten Diözesen unseres Landes und nichts zeigt deutlicher die zwiespältige Hintergrundsmentalität dieser deutschen Kirche auf. Sie sagen, sie seien gegen die Abtreibung, in Wirklichkeit aber kritisieren sie lieber indirekt den Papst, als gegen die Frechheit von Heiner Geißler öffentlich und unmißverständlich zu protestieren.

Der Frau: „Warum protestieren sie nicht?"

Katholische Mitwirkung am Paragraphen
Das Feigenblatt für die Blöse des Staates

Der Pater: „Ein Leserbrief hat dagegen protestiert. Doch generell gilt: Weil nach heutigen Staatsgrundsätzen Abtreibung keine "Hinrichtung" sein darf und auch keine "Schande der Menschheit", darum bleibt der Protest aus. Da aber die Kooperation der deutschen Kirche mit dem Staat nach den Worten von Erzbischof Dyba das "Feigenblatt für die Blöße des Staates" ist, muß die Kirche, wenn der Staat sich krampfhaft den Mund zuhält, sich ebenfalls den Mund zuhalten. - Doch Frau Kerstin Müller hat mit dem Vorwurf "anachronistisch" den Nagel auf den Kopf getroffen."

Die Frau: „Warum?"

Der Pater: „Der Papst ist in den Augen der modernen Welt einer, der den vergangenen Epochen angehört! - Denn die "Kultur des Todes" ist heute in der Öffentlichkeit bereits soweit vorangeschritten, daß Abtreibung als Grundausstattung der Rechte der Frau betrachtet wird, die ihr nicht genommen werden darf. Auch das Bundesverfassungsgericht hat sein Urteil so raffiniert und weit gefaßt, daß ein verfassungswidriges Endergebnis herauskam, was man als "Fristenlösung mit Beratungszwang" umschreiben müßte. - Und diese doppelbödige Haltung ist auch in den Kirchenraum eingedrungen."

Die Frau: „Was hätte das Berliner Kirchenblatt schreiben müssen?"

Der Pater: „Es hätte den Papst loben müssen. Es hätte schreiben müssen, daß Abtreibung das vorsätzliche Töten eines unschuldigen hilflosen Menschen ist, und daß das durchaus einer Hinrichtung für das Kind gleichkommt. - Daß aber die ganze Frauenwelt durch diese Regelung in tiefgehende seelischen Bedrängnisse kommt, hat uns schon Prof. Dr. Herbert Tröndle aus Waldshut in seinen Rechtskommentaren deutlich vor Augen gestellt. Der Slogan: »Das zweite Opfer bei der Abtreibung ist die Frau«, stimmt mit der Realität durchaus überein.

Wenn Frau Kerstin Müller sagt: »Für viele Frauen sei Abtreibung mit einem starken inneren Konflikt verbunden«, stimmt das. Wenn sie sagt: »Ihnen vorzuwerfen, sie begingen Mord, ist ein starkes Stück und geht an den Realitäten völlig vorbei.«, stimmt dieser Ausspruch nicht, denn einen Unschuldigen und Hilflosen vorsätzlich zu töten, ist nun einmal ein "abscheuliches Verbrechen" und "die Schande der Menschheit" und wird es auch immer bleiben. - Gerade weil das Herz der Frau das weiß, gerät es in schreckliche Verwirrung und in innere Feuer. - Diese Tatsache ist die wahre Realität."

Die Frau: „Und die deutsche Kirche?"

Der Pater: „Sie hätte also den Papst loben müssen für seinen Mut und sein öffentliches Bekenntnis. Doch das Gegenteil ist der Fall. - Man hat den Eindruck, daß es ihr sehr peinlich ist, daß Papst Johannes Paul II. in der heutigen Welt solch unerhörte Worte spricht.

Die Frau: „Sicher ist das ihr peinlich. Doch die deutsche Kirche vermag den Worten von Johannes Paul II. nicht voll zuzustimmen, weil sie - ohne dazu gezwungen zu sein – indirekt das Selbstbestimmungsrecht der Frau toleriert. *Sie wird dieses Recht zwar offiziell nicht anerkennen, aber durch die Ausgabe des Beratungsscheins toleriert sie es praktisch.*"

Welch schreckliche blutige Mauer muß noch im eigenen Haus eingerissen werden

Der Pater: „Der Staat gibt, wie er durch die Abtreibungszahlen zu belegen sucht, vor, dem Lebensschutz zu dienen. Durch seine Gesetzgebung öffnet er jene Straße, auf der Hunderttausende Ungeborener Jahr für Jahr getötet, und die Seelen der Frauen getroffen werden."

Die Frau: „Übrigens hat sich der Papst dazu geäußert. Er sagte im Oktober des Jahres 1997:

> »Papst Johannes Paul II. hat das deutsche Abtreibungsrecht scharf kritisiert. Breite Schichten der öffentlichen Meinung rechtfertigen "Verbrechen gegen das Leben im Namen der Rechte der individuellen Freiheit", heißt es in einer vom vatikanischen Pressesaal am Samstag verbreiteten Ansprache des Papstes zum Antrittsbesuch des neuen Botschafters beim Heiligen Stuhl Jürgen Oesterhelt. Unter diesem Vorwand beanspruchten die Befürworter der Abtreibung "nicht nur Straffreiheit für derartige Verbrechen, sondern auch die Genehmigung des Staates, sie in absoluter Freiheit und unter kostenloser Beteiligung des staatlichen Gesundheitswesens durchzuführen." Mit Nachdruck forderte der Papst eine Änderung dieser Praxis. Er sagte wörtlich: "Welch schreckliche blutige Mauer muß hier noch im eigenen Haus eingerissen werden, damit auch den Schwächsten, den ungeborenen Kindern ihr Recht auf Leben zuerkannt wird."« [k-e 18.10.97]

Der Pater: „Daran partizipiert auch die Kirche."

Die Frau: „Dann müßte die Kirche ganz aus der Beratung aussteigen?"

Der Pater: „Nein! Die Kirche muß beraten, aber so, wie das Naturrecht und das Ewige Gesetz es von ihr fordert."

Die Frau: „Aber es müßte doch einen Mittelweg zwischen staatlicher und kirchlicher Zielsetzung geben?"

Der Pater: „Ich glaube nicht. – Im vergangenen Jahr haben die Christdemokraten für das Leben einen Aufruf an die katholischen Institutionen Deutschlands erlassen, der auf diese Problematik eingeht.

❖ Am 26.05.97 brachte die Deutsche Tagespost eine Anzeige, die von Johanna Gräfin von Westfalen signiert und etwa 50 namhaften Persönlichkeiten unterschrieben ist.

Darin heißt es: »Wir verwahren uns dagegen, daß die kirchliche Einheit wegen einer vermeintlichen Loyalitätspflicht gegenüber dem Staat aufs Spiel gesetzt wird. Kirchliche Beratung und Hilfe für schwangere Frauen – ja!, Ausstellung von Scheinen, die ungeborene Kinder zur Tötung freigeben – nein!«

Die Frau: „Gibt es also keinen Mittelweg, der Staat und Kirche in dieser tragischen Stunde zusammenbinden könnte?"

Der Pater: „Ich erkenne keinen Weg, der allein schon von Seiten der Menschenrechte annehmbar wäre. Ich sehe im jetzigen Augenblick in Deutschland keinen Mittelweg, durch den man (um den Ausdruck Bayerleins zu benützen) keine "blutigen Hände" bekommen würde".

Die Frau: „Dann ist die Abtreibungsgesetzgebung Unrecht und eine Gesetzgebung gegen die alles durchwirkende Gerechtigkeit der Majestät Gottes?"

Der Pater: „Es ist furchterregend, aber es ist so! Der heutige Mensch im Wahn eines tiefgehenden Atheismus erkühnt sich, ein menschliches Wesen, das Gott in seiner Güte ins Dasein rief, durch Abtreibung aus dem Mutterschoß herauszureißen. Er tötet und erhebt sein Angesicht gegen Gott und maßt sich dabei (auch staatliche) Verfügungsgewalt über allerhöchste Güter an, wo ihm kein (auch kein staatlicher) Rechtsanspruch gegeben ist. Er entscheidet, wer lebt und wer stirbt. Die Herausforderung ist ungeheuerlich! Man kann sich an allen Fingern ausrechnen, wo dieser Wahnsinn enden muß. Das Erwachen aus diesem Wahn wird sicher furchterregend sein.

Die Frau: „Ich empfinde es als allerhöchste Torheit, wenn ein Volk seine eigene Zukunft tötet und sich zugleich in unerhörtem Wohlstand badet. Das "No future" (keine Zukunft) der Amerikaner ist eine gültige Aussage für unsere frivole Epoche. Dieser Spruch läßt in dunkler Nacht den wahren Zustand blitzartig und präzis aufleuchten."

Der Pater: „So ist es! Darum ist der Staat nicht die Kirche, und die Kirche nicht der Staat. Das Gottesreich ist nicht die Welt, und die Welt ist nicht das Gottesreich. – Aber ist es nicht so, daß die Regierungen der Welt vor allem unter dem Druck der Weltbevölkerungskontrolle und -kontrolleure wie IPPF (Internationale Föderation geplanter Elternschaft) und PC (Völkerrat) die Abtreibung wollen und sie durch geschickte juristische Formulierungen als notwendig begründen. Dadurch wird jährlich Millionen ungeborenen Menschenkindern gewaltsam das Leben geraubt. Das zeigt sich in den USA, wo Präsident Clinton erneut ein Veto gegen das Verbot umstrittener Abtreibungsmethoden einlegt. Selbst bei einem schon lebensfähigen Kind, also nach der 23. Schwangerschaftswoche, schreckt man vor dem Töten nicht zurück. Folgende Meldung liegt vor:

> ❖ Washington 11. Oktober 97 (AFP) – US-Präsident Bill Clinton hat am Freitag erneut sein Veto gegen einen Gesetzentwurf eingelegt, mit dem eine umstrittene Abtreibungsmethode verhindert werden soll. In einer in Washington veröffentlichen Erklärung Clintons hieß es zur Begründung, der Entwurf sehe keine Ausnahmeregelung für den Fall vor, daß nur mit dieser Methode das Leben der Frau gerettet werden kann. Es war das zweite Mal binnen 18 Monaten, daß Clinton gegen den vom Kongreß eingebrachten Entwurf sein Veto einlegte. Der zweite Gesetzentwurf war im Mai vom Senat und am Mittwoch vom US-Repräsentantenhaus verabschiedet worden; in beiden Kammern haben die oppositionellen Republikaner die Mehrheit. – ❖ Die Methode, die als "Abtreibung per Teilgeburt" bezeichnet wird, ist in den USA heftig umstritten. Sie wird zwischen der 23. und 28. Woche angewandt, wenn der Fötus bereits außerhalb des Mutterleibes am Leben erhalten werden kann. Dabei wird der Schädel des Fötus zerstört, um ihn aus dem Mutterleib ziehen zu können. – ❖ Die Befürworter der Methode erklären, daß sie in bestimmten Fällen das einzige Mittel sei, um das Leben der Mutter und deren Fähigkeit zu erhalten, weitere Kinder zu bekommen. Jährlich werden in den USA rund 5000 Abtreibungen auf diese Art und Weise vorgenommen."

Die Frau: „Solche Worte des Präsidenten ekeln an! Abscheulichkeiten werden zu Wohltaten hochstilisiert. Die Gebärfähigkeit der Frau wird über einem Mord im Mutterschoß aufrechterhalten. Das klingt nach Menschenopfer!"

Der Pater: „Wahrhaftig! Dies ist ein schreckliches Bild des geistigen Wirrwarrs von heute und der lähmenden babylonischen Sprachverwirrung."

Alle geben vor zu retten und lassen dabei töten

Die Frau: „Es ist interessant, daß Abtreibungen immer mit dem Wort "Rettung oder retten" markiert werden. Bei Clinton: »das einzige Mittel der Mutter die Fähigkeit zu erhalten, weitere Kinder zu bekommen.« Der Staat behauptet, durch offene Abtreibung die heimlichen Abtreibungsziffern zu senken, die

Frauen vor Tod oder schweren körperlichen Schäden zu bewahren oder sie von einer unzumutbaren Last zu verschonen. Auch die Kirche gibt den Beratungsschein allein deshalb aus, um retten zu können. Hinter dieser euphorischen und heuchlerischen Begriffswelt, die uns vorgehalten wird, erschreckt uns das blanke Grauen des Todes von unzähligen getöteten Menschen."

Der Pater: „Liebe Frau! Seien Sie mir nicht böse, wenn ich ein Wort vom Glauben her sage: Abtreibung ist letztlich eine Szenerie der Hölle, die der "Fürst dieser Welt" mittels seiner Anhänger vor unseren Augen abspielt. Er, Satan, ist, wie Christus sagt, der "Vater der Lüge" und der "Menschenmörder" von Anbeginn. Aus diesem Holocaust von jährlich vielen Millionen Kindlein weltweit kann uns nur die Barmherzigkeit Gottes retten. Doch auch uns gilt, was die Schrift sagt:

> Wir kennen doch den, der gesagt hat: "Mein ist die Rache, ich will vergelten", und wiederum: "Der Herr wird sein Volk richten." – "Schrecklich ist es, in die Hände des lebendigen Gottes zu fallen." (Hebr 10, 30-31)"

Die Frau: „Wer sind die Widersacher?"

Der Pater: „Wie wir schon sagten, der Fürst dieser Welt im Hintergrund. – Innerhalb unserer Welt aber ist es die Ideologie der Weltbevölkerungskontrolle und ihrer Kontrolleure, deren Maxime ***"jeder habe ein Recht auf Glück"*** sich die Staatsregierungen der Welt nach und nach alle beugen. Die Macht dieser überstaatlichen heimlichen Herrscher ist erschreckend groß und nimmt den Regierungen den Atem. Von dort aus wird uns der diktatorisch-totale Staat, den uns die Postmoderne bringen soll, schon deutlich vorexerziert.

Die Frau: „Christus starb am Kreuz. 40 Jahre später lag Jerusalem in Schutt und Asche. Eine Epoche ging zu Ende, eine andere kam. Völker brachen auf, Reiche versanken. Die arme Menschheit aber scheint die Keime des Todes in sich selbst zu tragen. Wir vernichten heute in Deutschland die Zukunft unseres Volkes (eine Hochrechnung ergibt etwa 6 - 8 Millionen getöteter Kindlein seit 1976), – aber es wird nicht zur Kenntnis genommen und keiner zeichnet verantwortlich. Vom Bundespräsidenten und Bundeskanzler angefangen bis zum einfachen Mann und der einfachen Frau auf der Straße partizipieren sie an dieser Gesetzgebung des Tötens und halten sie für richtig."

Der Pater: „Was ist das nur? Taumelnde Blindheit in einer Zeit, in der die Menschen in den reichen Industrieländern besser leben als früher Könige.

Warum sehen wir die Tragödie nicht, warum sind wir so blind?"

Die Frau: „Ich fragen Sie, warum wir das Böse dauernd tun, obwohl wir wissen, daß wir daran zu Grunde gehen müssen."

Der Pater: „Winston Churchill hat einmal gesagt: "Wir können aus der Geschichte lernen, daß die Menschen aus der Geschichte nichts lernen", und dieser Staatsmann schlug sich mit Hitler und Stalin herum.

Eine Ideologie löste die andere in diesem Jahrhundert ab, und das nicht nur in Europa. Die Leidtragenden sind auch die Frau und der Mann auf der Straße. Die Leidtragende bei der Abtreibung ist die Frau. Das unermeßliche Frauenleid steigt vor das Angesicht Gottes, des Gerechten, empor, und ruft nach Rache. Es ist wahr, wenn der Papst in Rio de Janeiro do Sul sagt: »Eine Kultur, die die Transzendenz des nach Gottes Ebenbild geschaffenen Menschen nicht mehr erkennen will, zerstört die eheliche Treue und die Achtung vor dem Leben.« Und er forderte erneut die Familie zu verteidigen. Sie sei die »grundlegende Gemeinschaft der Liebe und des Lebens.«"

Die Frau: „Also ist die Gemeinschaft von Mann und Frau, der Eltern und der Kinder von Gott gegeben. Wer sie zerreißt, sündigt gegen die Gabe Gottes."

Der Pater: „Das würde ich auch so sagen. – Doch sagen Sie mir, wie kann man die Millionen einfacher Menschen bewahren vor der Verblendung?"

Die Frau: „Das fragen Sie mich? Dazu müssen Sie schon selbst die Antwort geben."

Der Pater: „Johannes der Täufer und Christus, der Herr, beginnen mit denselben Worten ihre Tätigkeiten. Sie mahnen die Menschen: »Tuet Buße, denn das Himmelreich ist nahe.«"

Die Frau: „Und wenn die Menschen das nicht tun?"

Der Pater: „Videamus! Das heißt: "Wir werden es ja sehen". Ich kenne aus der Geschichte der Menschheit kein Geschlecht, das den gigantischen Kampf gegen Gott kämpfte und ihn gewonnen hätte."

****

2.
Kapitel

Der Brief des Papstes und die große Hinhaltetaktik

Bischof Karl Lehmann Mainz: „Der blinde Fleck"

Die Hinhaltetaktik
Der Dialog und das "Auf-Zeit-Setzen"

Der Pater: „Die Hauptanschuldigung gegen den Bischof von Mainz heißt ***"Hinhaltetaktik"***! Der Bischof setzt auf Zeit, wie man das beim Taktieren der Juristen kennt. - "Auf Zeit setzen" heißt, der Niederlage einen neuen Aufschub zu gewähren, um am Ende zu gewinnen."

Die Frau: „Und wie macht man das?"

Der Pater: „Man setzt Kommissionen und Unterkommissionen ein, hält Tagungen ab und gibt Interviews, beruft Fachleute, legt Aktenordner an, spielt auf der Klaviatur des Pro und Kontra, sammelt die verschiedenen Meinungen, gibt eine Fülle von Pressemitteilungen heraus, stößt über Zweitleute gewagte Formulierungen aus, über die sich viele aufregen und, wenn notwendig, widerruft man wieder. Setzt auf Dialog, um dann die Römische Entscheidung zu entkräften."

Die Frau: „Ja, geht es nun um die Wahrheit oder geht es um Politik? Und machte Lehmann dies von Anfang an? Warum tut er das?"

Der Pater: „Diese Frage wird direkt niemand beantworten können." Er besitzt eine Schwäche für den Staat, und er hat auch mit staatlichen Würdenträgern die entsprechenden Kontakte. Er argumentiert mehr mit den Argumenten des Bundesverfassungsgerichts als mit denen der Moraltheologie. Außerdem sagen viele, daß er mit Rom nicht im Einklang steht und es daher sein ausgesprochener Wunsch ist, die Römer zu korrigieren."

Die Frau: „Ein kühnes Unternehmen!"

Der Pater: „Auch kennt er die Methode der Dialektik. Er ist in der Öffentlichkeit sehr schnell im Agieren und Reagieren, was ihm ein Lob von Seiten des Erzbischofs von Freiburg Oskar Saier einbrachte: »Du hast unsere Sache gut verteidigt.« - Der Bischof von Mainz hat den Beratungsschein auch dadurch entschärfte, daß er taktierte. Die argumentative Abklärung der anstehenden Fragen wurde um ein Jahr verschoben. Für den, der die Vorgänge mit nüchternem Blick betrachtet, ist dies völlig unverständlich. Die Spannung, die sich zwischen Bischof Lehmann und Erzbischof Dyba aufgebaut hat, zeigt die Brisanz dieser Aussagen."

Die Frau: „Warum kommt der Erzbischof mit seinen Argumenten nicht weiter?"

Der Pater: „Weil er einerseits sich dem Staat quer stellt, was man nicht will, und weil er zum zweiten keine Hausmacht besitzt. Es ist Bischof Lehmann gelungen, die Leute für sich zu gewinnen."

Die Frau: „Dann muß sich ja der Bischof von Mainz sowohl mit den kirchlichen als auch mit den staatlichen Autoritäten recht gut stellen? Ihm widerspricht nicht so schnell jemand, der Rang und Namen hat."

Der Pater: „Richtig! Selbst die oppositionellen Kräfte unseres Landes wie die Grünen und Roten ziehen in diesen Fragen mit Bischof Lehmann am gleichen Strick. Die bestätigt, was Erzbischof Dyba gesagt hat: »Der Beratungsschein ist das Feigenblatt vor der Blöße des Staates?« – Denn die Einmütigkeit der fast gesamten Parteienlandschaft ist rührend. Dieses Faktum hat mich betroffen gemacht. Denn wenn die Parteien fast geschlossen dem Bischof zujubeln, dann stimmt etwas nicht. Das läßt mich nachdenken. – Auch die Parteien wollen sich rechtfertigen: Denn der Beratungsschein ist so etwas wie das Entriegeln des Sicherungsriegels beim Schafott. Ist der Sicherungsriegel gelöst, saust das Beil herab."

Die Frau: „Niemand will wahrhaben, daß man tötet. Jeder will sein Gesicht vor der Öffentlichkeit bewahren. – Wenn das alle tun, und die katholische Kirche auch, dann ist nach außen gesehen die Welt in Ordnung. – Was hinter den Kulissen geschieht, geht keinen etwas an."

Der blinde Fleck
Man kann das Kind nur mit Hilfe der Mutter retten

Der Pater: „Auch der Bischof von Mainz weiß wohl um diese Gegebenheiten. Er unterscheidet zwischen einem absoluten Selbstbestimmungsrecht der Mutter und einer sogenannte "freien Entscheidung". Er betont jedoch, daß das gängige Menschenbild von heute davon aus geht, daß der Mensch sich selbst das Gesetz seines Handelns gibt."

Die Frau: „Haben Sie den Artikel vom 7./8. Februar dieses Jahres gelesen, in dem der Bischof vom "blinden Fleck" spricht?"

Der Pater: „Ja, ich habe ihn gelesen und er lautet wie folgend:"

Auf ein Wort: Der blinde Fleck

Beitrag von Bischof Lehmann exklusiv in "Glaube und Leben für das Bistum Mainz " 7./8. Februar 1998

Als ich in der vergangenen Woche mich sehr oft Interviews gestellt habe, ist mir immer wieder eine Lücke im Hintergrund der Fragen und in der Erwartungshaltung auf die Antworten aufgefallen. Dies verdient nachträglich eine Reflexion.

Sehr viele – von evangelischen Kollegen bis zu den Grünen – haben dem Papst und den Bischöfen vorgeworfen, sie würden die Frauen in ihrer Not allein stehen lassen. Was ist damit gemeint? Da unsere Beratungsstellen bisher besonders dafür bekannt sind, daß sie sich unermüdlich um die ratsuchenden Frauen kümmern, in nicht wenigen Fällen über einen längeren Zeitraum, klingt dies schon recht merkwürdig. Als ob wir uns plötzlich anders verhalten würden! Frauen in einer wirklichen Not werden in unseren Beratungsstellen sehr kundige und hilfsbereite Beraterinnen finden. Wenn diese schwangeren Frauen wirklich beraten werden wollen, damit sich ihre Not ändert, sind sie jederzeit mehr als willkommen. Es ist also ganz abwegig anzunehmen, daß die katholische Kirche Frauen in Not allein läßt.

Auf die Beratungsbescheinigung allein kann es ja wohl nicht ankommen. Oder doch? Wird die Not der Frauen gewendet, wenn sie möglichst schnell den Schein bekommen? Ist dies die Hilfe, die man ihnen anbietet?

Bei einem nicht unerheblichen Teil der öffentlichen Stellungnahmen – ich habe sehr viele gelesen – glaubt man dies offenbar. Dies ist ein groteskes Mißverständnis der Beratung und des Scheins. Es ist aber noch mehr: Man verkennt im Kern der Debatte die von der Verfassung her gebotene Rechtslage, zunächst noch diesseitig aller Ethik und Moral.

Es ist eine Binsenweisheit geworden, daß man das ungeborene Kind nur mit dem Einvernehmen der Frau retten kann. Keine Macht der Welt kann dies ändern. Aber dies darf nicht mit einem absoluten Selbstbestimmungsrecht der Frau verwechselt werden. Dies geschieht immer noch mit einer erstaunlichen Direktheit. Da nützen offenbar gewichtige Verfassungsurteile und das geltende Gesetz nicht viel. Das gängige Menschenbild geht davon aus, daß der Mensch sich selbst das Gesetz seines Handelns gibt. Dies ist richtig, wenn damit ein freies Handeln aus eigener Verantwortung gemeint ist, die sich auch von außen kommende Normen zu eigen machen muß. Es wird falsch, wenn daraus eine Form uneingeschränkter Selbstbestimmung wird, die den anderen in seinem Recht gar nicht mehr wahrnehmen kann und will.

Eine solche Grundeinstellung, die heute nicht selten auch in postmoderne Beliebigkeit umschlagen kann, kommt beim Lebensrecht des ungeborenen Kindes an eine unübersteigbare Grenze. Wenn die Mutter in ihrer Freiheit angefordert ist, das ungeborene Kind anzunehmen und auszutragen oder es abzulehnen und ihm sich zu verweigern, dann kann sie nie die Spannung aufheben, daß sie bei aller Zusammengehörigkeit und Abhängigkeit zwischen Mutter und Kind Achtung behält vor der Würde und dem Recht auf eigenes Leben von seiten des ungeborenen Kindes. Das Bundesverfassungsgericht hat 1993 in aller Klarheit festgestellt, daß es im Blick auf das

Lebensrecht eines ungeborenen Kindes auch keine Gewissensfreiheit gibt. Deshalb ist es konsequent in unserem Recht: Wer straffrei abtreibt, tut dennoch in fast allen Fällen etwas Unrechtmäßiges. Er versündigt sich am Lebensrecht eines anderen. Hier geht es nicht weniger um Menschenrechte als in vielen anderen Fällen.

Ich habe diese Zusammenhänge immer wieder schriftlich und mündlich angesprochen. In vielen Fällen habe ich überhaupt keine Reaktion darauf erhalten. Es ist ein blinder Fleck in unserem gesellschaftlichen Bewußtsein. Hier ist offenbar viel verschüttet. Schon darum war die jetzige Debatte wichtig und aufschlußreich.

Wir lassen Frauen nicht in der Not allein. Wir lassen aber auch das ungeborene Kind in seiner Not nicht allein. Wenn eine Frau in ihrer Verzweiflung etwas tut, was nicht sein soll, muß zwar klar bleiben, daß dies Unrecht ist und vor Gott und den Menschen eine Sünde darstellt, aber wir verurteilen eine solche Frau nicht, sondern helfen ihr, auf dem Weg der Versöhnung ein neues Leben wiederzugewinnen. Es muß jedoch deutlich bleiben, daß dies ein ganz und gar unerlaubtes Vergehen war. Nur vor diesem klaren Bekenntnis ist Barmherzigkeit angebracht. Barmherzigkeit kann ja nicht heißen, möglichst schnell den Schein für eine straffreie Abtreibung auszustellen. Oder doch?

Spätere Zeiten schütteln manchmal den Kopf über Blindheiten der Vorzeit. So geht es uns mit einer falschen Kriegsbegeisterung und mit dem Verhalten im und zum Nationalsozialismus. Sollten wir nicht selbstkritisch auf der Hut sein, wo heute blinde Flecken sind? Ich bin überzeugt, daß hier ein blinder Fleck ist, der ständig zugedeckt wird. Die Kirche erhebt im Namen vieler ungeborener Kinder und ihrer Mütter dagegen Einspruch.

Die Frau: „Bischof Lehmann betont: »Wir lassen die Frauen in der Not nicht allein. Wir lassen auch das Kind in seiner Not nicht allein.« Und er sagt: »Barmherzigkeit kann ja nicht heißen, möglichst schnell den Schein für eine straffreie Abtreibung auszustellen? Oder doch?« – Was will der Bischof damit sagen?"

Der Pater: „Ich weiß es nicht. Die Aussage ist nicht scharf zu fassen."

Die Frau: „Der Bischof hat, bevor der Papst sein Schreiben an die Bischöfe veröffentlichte, betont, daß der Schein eine "straffreie" Abtreibung ermöglicht. Er sagte damals, daß der Schein nur ***"eine Bestätigung"*** sei? Oder nicht?"

Der Pater: „Vielleicht hat er sich bekehrt."

Die Frau: „Und was will er mit seinem Artikel vom blinden Fleck? Wie meint er das?"

Der Pater: „Er meint wohl, daß zur Zeit der Nazis sich viele (auch Nicht-Nazis) von der Kriegsbegeisterung mitschleppen ließen und dabei nicht gemerkt haben, daß der Krieg und die Kriegsbegeisterung nur vom Führer gemacht waren. Ebenfalls haben sie nicht gemerkt, daß niemand gegen eine ganze Welt Krieg führen kann, ohne zu verlieren. Sie glaubten an den Sieg, wo es letztlich nichts zu siegen gab."

Die Frau: „Also meint Bischof Lehmann, daß man das Kind nur mit Hilfe der Mutter retten kann. – Heißt das, daß man von Seiten der Beraterin im Ringen um das Leben des Kindes auch alle diese Grundsätze, die Bischof Lehmann uns dargelegt hat, der Frau auch deutlich sagen müßte? Doch welche Beraterin tut das?"

Der Pater: „Der Bischof gesteht das Unrecht zu, das eine straffreie Abtreibung in sich trägt und fordert auf, dieses Unrechtsbewußtsein in uns lebendig werden zu lassen."

Die Frau: „Aber die Binsenweisheit, daß man das Kind nur mit Hilfe der Mutter retten kann, stimmt doch nicht. Daß dies heute faktisch so ist, ist die Konsequenz einer veränderten Rechtslage, welche die modernen Abtreibungsgesetze hervorgebracht haben: 1967 in England, 1974/75/76 in Deutschland, 1975 in Frankreich, 1975 in Österreich, 1978 in Italien, 1983 in Spanien und 1990 in Belgien."

Der Pater: „Sie meinen, daß die Abtreibungsgesetze es den Frauen ermöglichen, zu entscheiden, ob sie ihr Kind haben wollen und es damit lebt, oder ob sie ihr Kind nicht haben wollen und es damit getötet wird. Auch meinen sie, daß die gesetzgebenden Versammlungen der Parlamente, indem sie den raffinierten Argumentationen von Frauenverbänden, der Weltbevölkerungskontrolle und ihrer mächtigen Institutionen auf den Leim gegangen sind, Unrechtsgesetze gemacht haben. Durch solche Gesetze sind die Ungeborenen der Vernichtung zu Millionen anheim gefallen."

Die Frau: „Genau das meine ich."

Der Pater: „Sie glauben, daß man nun den "Status quo", den die Unrechtsgesetze geschaffen haben, praktisch anerkennt. Hat man ihn anerkannt, dann allerdings gilt die Binsenweisheit, daß man die Kindlein nur mit Hilfe der Mutter retten kann."

Die Frau: „Nein, nein! Genau das will ich nicht.

Der Pater: „Was wollen Sie dann?"

Die Frau: „Ich will, daß die Grundordnung eines Gemeinwesens wiederhergestellt werden muß, damit den Kindlein und den Frauen durch das grundlegende Gesetz "Wer abtreibt, wird bestraft!" der Schutz des Gesetzes wieder zuteil wird. Dies gilt besonders den Frauen, die sich gegen die Bedränger, die die Abtreibung fordern, wirksam zur Wehr setzen können."

Die Blindheit in ideologischen Systemen bewirkt: Man wird ausgelacht.

Der Pater: „Da brechen aber die Emanzen in ein schallendes Gelächter aus. Denn die Emanzen wollen abtreiben. – Was antworten sie diesen?"

Die Frau: „Ich antworte ihnen, daß sie blind sind und in ihrer Blindheit lebendige Menschen töten, und daß das Töten sie irgendwann wieder einholt. Denn die Blindheit bringt die Wirkung hervor, daß man ausgelacht wird, mehr noch, daß es zu Haßtiraden kommt. Im Wahn wird der gesunde Menschenverstand mit Füßen getreten wird."

Der Pater: „Das stimmt zwar, wird aber nicht gesehen.

Die Frau: „Das verändert aber nicht die Wahrheit."

Der Pater: „So ist es. Denn Töten ist die schlechteste aller Lösungen."

Die Frau: „Seitdem die staatlichen Gesetze die Abtreibung ermöglichten, werden die Frauen von denen erpreßt, die das Kind zeugten und es nicht wollen, und erpreßt von der Familie, der Arbeitsstelle oder der Nachbarschaft, usw. Es ist also meist nicht der Wille der Frau, abtreiben zu wollen, sondern der Wille des gesellschaftlichen Umfelds."

Der Pater: „Viele Frauen haben durch die Abtreibung körperliche, psychische und familiäre Schäden zu beklagen."

Die Frau: „Die früheren Generationen haben gesagt: »Lieber eins auf dem Kissen als eins auf dem Gewissen«, und hinter diesem Wort steckt eine Menschheitserfahrung."

Der Pater: „Dann sind Frauen, die abtreiben wollen, gar nicht frei!"

Die Frau: „Sie spüren das Kind in ihrem Schoß, sein Leben, seine Verpflichtung, seinen Anruf. Doch sagen sie sich, daß das Ungeborene eigentlich ungelegen gekommen und in ihrem Umfeld unerwünscht ist. Sie stehen unter den Zwängen derer, die dieses Umfeld ausmachen und sind ihnen ausgeliefert. Sie glauben, das Recht zu haben, über das Leben ihres Kindes zu entscheiden Und vieles mehr. - Sagen Sie mir, wo bleibt da noch Raum für eine freie Entscheidung?"

Der Pater: „Dann gibt es gar keine Freiheit der Entscheidung zur Abtreibung, sondern nur ein Durchsetzungswille zu einer in sich bösen Tat, wie die Kirche Abtreibung immer gekennzeichnet hat. - Es gibt zwar nach Bischof Lehmann kein "absolutes Selbstbestimmungsrecht" der Frau, wie das Bundesverfassungsgericht das ausdrückt, aber die vom Staat angebotene Möglichkeit der Wahl eine solche Tat ungestraft zu begehen, läßt über den Verbrechenscharakter der Tat schweigen."

Die Frau: „Die gibt es doch gar nicht."

Der Pater: „Diese vom Staat angebotene Wählbarkeit der Tat gibt der Abtreibung einen sittlichen Charakter und verdeckt damit das Verbrechen, das begangen wird. Das ist schweres sittliches Unrecht! - Zwar sagt Bischof Lehmann: »Wer straffrei abtreibt, tut dennoch in fast allen Fällen etwas Unrechtmäßiges. Er versündigt sich am Lebensrecht eines anderen. Hier geht es nicht weniger um Menschenrechte als in vielen anderen Fällen.« - Aber die Praxis der Beratungsstellen fordern diese Menschenrechte nicht entschieden genug ein. Welche Beraterin spricht schon von diesem Menschenrecht, daß man nicht töten darf, - und noch viel mehr, welche spricht schon vom Willen und dem Gebot Gottes?"

Die Frau: „All die Jahre hindurch hätte ich erwartet, daß man in den Beratungsstellen um das Leben des Kindes engagiert kämpft und nicht ergebnisoffen die Gespräche führt. Ich hätte also erwartet, daß man im Sinne der Würde des Menschen und der Menschenrechte kein Menschenkind innerhalb der Gespräche zwischen Beraterin und Mutter fallen läßt, sondern das Leben des Kindes kompromißlos und hart auch der widerstrebenden Mutter gegenüber verteidigt."

Der Pater: „Wo es um ein Verbrechen geht, kann man nicht schweigen, selbst dann nicht, wenn staatliche Gesetze dies einfordern."

Im Hinblick auf das Leben des Kindes gibt es keine Freiheit sondern nur das unbedingte Gesetz zum Schutz des Lebens

Die Frau: „Ich betone, daß es im Hinblick auf das Leben des Kindes keine Freiheit gibt, sondern es gibt das unbedingte Gesetz zum Schutz des Lebens. - Wir reden nicht von freier Entscheidung, wenn jemand einen Menschen erschlägt, und seine Leiche von Kriminalbeamten gefunden wurde. Jeder Richter wird sich verwahren, wenn ein Einbrecher erklärte, daß der Bankeinbruch seine ureigenste Freiheit wäre. Er wird ihm antworten, daß es nun seine, des Richters, ureigenste Entscheidungsfreiheit sei, den Einbrecher hinter Schloß und Riegel zu bringen."

Der Pater: „Das Gesetz gibt keine Möglichkeit, einen anderen Menschen ungestraft zu töten, es sei denn aus Notwehr. Doch, ob Notwehr vorhanden war oder nicht, das entscheidet der Richter. Das gleiche gilt bei den anderen Straftaten. Darum ist es völlig unverständlich, warum das Bundesverfassungsgericht beim Paragraph 218/219 die Möglichkeit gibt, ungestraft töten zu können? Warum legt sie diese Gewalt in die Hände der Schwangeren, die nun über Leben und Tod des Kindes entscheidet? Denn das Recht über Leben und Tod eines Menschen, sofern es eine Todesstrafe gibt, kann nur in den Händen von Richter liegen. – Außerdem machte sich der Gesetzgeber lächerlich, würde er dem Paragraph 218/219 entsprechend für andere Gesetze eine freie Entscheidung belassen, die trotz des Unrechts einer Straftat bei gewissen Voraussetzungen (Beratung und so weiter) Straflosigkeit zugesteht."

Die Frau: „Also kann es diese Freiheit gar nicht geben?"

Der Pater: „Nein! Auch ist die Ausstellung des Scheins deshalb absolut falsch, weil er suggeriert, daß es eine solche Freiheit gäbe. – Übrigens in diesem Zusammenhang schreibt Bischof Lehmann an Herrn Klaus Günter Annen folgenden Brief, den wir hier abdrucken:"

DER BISCHOF VON MAINZ
- SEKRETARIAT -
Bischofsplatz 2 a
55116 Mainz, den 26.03 1998

Herrn
Klaus Günter Annen
Cestarostr. 2
69469 Weinheim

Sehr geehrter Herr Annen!

Bischof Lehmann hat Ihre Schreiben vom 10.02. und vom 10.03.1998 erhalten und zur Kenntnis genommen. Da er in diesen Wochen wegen zahlreicher Verpflichtungen nicht die Zeit findet, Ihnen persönlich zu antworten hat er mich gebeten das nun in seinem Namen zu tun.

Auf Ihre konkrete Frage "Hat eine Frau nach katholischer Lehre die Entscheidungsfreiheit, ihr ungeborenes Kind töten zu lassen, ja oder nein?" kann ebenso klar geantwortet werden:

1. Niemand hat das Recht, einen anderen Menschen zu töten. Das verbietet sich

schon von den Zehn Geboten des Alten Testamentes her eindeutig. Es ist jedoch nicht nur eine Frage des jüdisch-christlichen Menschenbildes oder Gebote, vielmehr gehört dieses Tötungsverbot zweifelsfrei zu einem gesamtmenschlichen Ethos. Das Recht auf Leben, das zu den fundamentalsten Menschenrechten gehört, kann und darf nicht eingeschränkt werden.

2. In diesem Sinne hat die katholische Kirche immer daran festgehalten, daß keine Frau das Recht hat, über Leben und Tod ihres ungeborenen Kindes zu entscheiden. Dieselbe Haltung nimmt auch das Bundesverfassungsgericht in seinen Urteilen zum § 218 ein. Auch die gegenwertig geltende gesetzliche Regelung in Deutschland macht das deutlich, indem klar gesagt wird, daß ein Schwangerschaftsabbruch in jedem Fall rechtswidrig ist, auch wenn er unter bestimmten Umständen straffrei bleibt.

3. Es ist also deutlich, daß hier zwei wichtige Menschenrechte aufeinanderstoßen. Das Lebensrecht des ungeborenen Kindes und das Selbstbestimmungsrecht der Frau. Hier hat die Kirche immer deutlich gemacht, daß das Lebensrecht eines Menschen ein sehr viel umfassenderes und fundamentaleres Menschenrecht ist und deshalb unbedingten Vorrang hat . Die Kirche versteht sich als Anwalt der ungeborenen Menschen, die selbst ihre Stimme nicht erheben können. Sie tritt deshalb klar und eindeutig für das Lebensrecht des ungeborenen Kindes ein, wie sie ebenso klar das Lebensrecht in allen anderen Phasen menschlichen Lebens schützt und verteidigt.

4. Die Kirche kann jedoch nicht darüber hinwegsehen, daß jede Frau letztlich selbst entscheidet, wie sie sich verhält. Auch wenn die Kirche klar und deutlich sagt, daß eine bestimmte Entscheidung falsch und gegen alle Normen der Menschlichkeit ist, kann sie nicht verhindern, daß sich Menschen so entscheiden. In diesem Sinne - und nur in diesem Sinne - gibt es zweifellos eine Entscheidungsfreiheit der Frau in der Frage der Abtreibung, Daran gibt es keinen Zweifel. Gerade darum bemüht sich die Kirche durch ihr Beratungsangebot, mit den Frauen im Gespräch zu bleiben, um sie zum Annehmen des Kindes zu ermutigen, ihnen alle notwendigen Hilfen anzubieten und, wenn nötig, mit ihnen im Gespräch um das Leben des ungeborenen Kindes zu ringen. Das genau ist der Sinn der kirchlichen Beratung. Gerade weil es diese Entscheidungsfreiheit faktisch gibt, kann das Leben Ungeborener nur mit der Frau gerettet werden. Hier will die Kirche alles tun, was in ihrer Macht steht, um dem Leben zu dienen

Bischof Lehmann läßt Sie herzlich grüßen. Seinen Grüßen möchte ich mich anschließen

Ihr *(Tobias Schäfer, Bischofskaplan)*

Die Frau: „Der Punkt 4. des Schreibens von Bischofskaplan Tobias Schäfer an Herrn Annen, zeigt den Fehlgebrauch des Wortes Entscheidungsfreiheit, der zunächst winzig zu sein scheint, sich aber im Endeffekt als mächtig erweisen wird."

Der Pater: „Wenn die Kirche den Beratungsschein ausstellt, dann schafft sie eine Entscheidungsfreiheit, die ohne Schein nicht gegeben wäre. Es widerspricht ihrem innersten Wesen, diese Entscheidungsfreiheit zu gewähren. Ebenfalls widerspricht es dem Satz des Briefes, daß die »Kirche alles tun will, was in ihrer Macht steht, um dem Leben zu diesen.« Denn durch Scheinerteilung ermöglicht sie das Töten und ist an diesem Geschäft beteiligt."

Die Frau: „Bitte, formulieren Sie noch deutlicher."

Der Pater: „Die Wortbezeichnung "Entscheidungsfreiheit" bleibt bestehen, und der Schein muß auf Grund dieses falschen Begriffs ausgegeben werden. Denn eine Wahl verleiht eine Berechtigung. Offen gesagt: Ich würde das Wort "Entscheidungsfreiheit" nicht mehr anerkennen und Abtreibung ein Verbrechen nennen. Von dieser Basis aus müßte man den Kampf um das Leben der Kinder führen."

Entscheidungfreiheit
Kein Wort des kirchlichen Sprachgebrauchs

Die Frau: „Wenn Sie als Kirchenmann so etwas öffentlich sagen, dann haben Sie den Staat an seiner neuralgischen Ferse getroffen Er und die ganze Medienwelt schreien laut auf, als ob die Hölle los sei. Denn der ganze Kampf derer, die pro Abtreibung gestritten haben, wäre umsonst gewesen. Sofort würde man schreiben, daß die Frauen wieder in einem Abtreibungstourismus ins Ausland gehen, und erneut würden sich die Kolumnen der Magazine füllen mit Berichten über Abtreibung auf dem Küchentisch und dem Tod der Frau."

Der Pater: „Auch wenn sie noch so laut schreien, ein Verbrechen bleibt ein Verbrechen. Bei der Abtreibung liegt keinerlei sittlicher Wert vor, sondern sie ist ein Akt des Inhumanen."

Die Frau: „Also lehnen Sie das Wort Entscheidungsfreiheit, auch im Sinne wie es Bischof Lehmann noch gebraucht haben möchte, ab?"

Der Pater: „Ja! – Die Logik ist eindeutig. – Gibt es keine Entscheidung, dann gibt es auch keine Wahl, – gibt es keine Wahl, dann gibt es auch keinen Schein, – gibt es keinen Schein, dann ist Abtreibung in den ersten drei Monaten nicht mehr straffrei durchzuführen."

Die Frau: „Für unsere Gegner ist diese Logik des Teufels. Denn bei solchen Überlegungen machen der Staat und die dahinterliegenden

Frauenverbände nie mit. Denn straflose Abtreibung wird als Errungenschaft der Neuzeit angesehen. - Bernard Berelson, damals Präsident der weltweiten Gruppierung eines "Völkerrates" (Population Council), hat 1969 in Dakha gefordert, daß Abtreibung in allen Staaten der Welt legalisiert werden müßte. Der Mann hat sein Ziel fast erreicht. Und ist diese Abtreibungsmentalität durch die Medientrommel einmal in den Köpfen der Zeitgenossen zementiert, dann, - ja dann kann man das Kind nur noch mit Hilfe der Mutter retten."

Der Pater: „Ach was!!! Das "Mit-Hilfe-der-Mutter-Retten" ist Selbsttäuschung. Hat man sich darauf festgelegt, enthebt man sich des Kampfes, gegen ***das Unrecht der Abtreibungsgesetzgebung*** anzugehen, und Gesetze zu fordern, die Abtreibung verbieten und bestrafen."

Die Frau: „Wer vermag das zu tun? Läuft er nicht ins Leere? Macht er sich nicht lächerlich und wird dann ausgeschaltet?"

Der Pater: „Wo ewige Grundordnungen auf den Kopf gestellt sind, wo eine zynische Menschenverachtung herrscht, wird nicht gefragt, ob etwas möglich ist oder nicht, sondern die Forderung Johannes des Täufers an König Herodes gilt: "Es ist dir nicht erlaubt" - Allerdings gebe ich offen zu, daß diejenigen, welche die Offenheit des Täufers wagen, oft auch das Schicksal dieses Mannes ertragen müssen. Sie werden eliminiert. Doch hernach bleibt ihnen eine ewige Zeugenschaft."

Die Frau: „Schöne Aussichten! - Dann wollen Sie auch dort kämpfen, wo es aussichtslos zu sein scheint?"

Wahrheit oder Klugheit, Strategie und Diplomatie

Der Pater: „Es ist nie aussichtslos, ein Verbrechen als ein Verbrechen zu bezeichnen und dies öffentlich zu bekennen, auch wenn die ganze Welt das Verbrechen begeht und im demokratischen Konsens legalisiert hat."

Die Frau: „Dann ist ihnen Klugheit und Strategie egal?"

Der Pater: „Nein! Natürlich nicht! Aber es gibt neben der Strategie einer Menschheit, die durch Töten vor Überbevölkerung retten will, auch die göttliche Macht, der sich der Mensch beugen muß. Mag der Kampf gegen Gott ist so alt wie die Menschheit sein, - Abtreibung bleibt ein abscheuliches Verbrechen und eine himmelschreiende Sünde."

Die Frau: „Um zusammenzufassen: Das Wort ***Entscheidungsfreiheit*** muß also im Zusammenhang mit Abtreibung geächtet werden, damit das Bewußtsein des Unrechts wieder deutlich wird."

Das Bewußtsein der Bürger
Was nicht bestraft wird, ist erlaubt.

Der Pater: „Wenn der Staat die Möglichkeit gibt, Kinder abzutreiben, erscheint ungerechtes Töten wie ein gerechtfertigter Akt, auch wenn die Kirche von einem Verbrechen spricht. Denn beim Bürger heißt es: »Was nicht bestraft wird, ist kein Unrecht«"

Die Frau: „Pater, sagen Sie mir, arbeitet die Kirche an der Tötungsmentalität unserer Zeit mit?"

Der Pater: „Ich meine mit Ja antworten zu müssen."

Die Frau: „Hat denn nicht auch die katholische Kirche Deutschlands den Schein als Lockmittel im Aushängeschild ihrer Beratungsstellen?"

Der Pater: „Doch! – Wenn aber die Kirche "den Schein" als Lockmittel anbietet, dann ist sie mit dem Tötungsgeschäft verbunden. Sie ist kein Bollwerk mehr. Die deutsche Kirche wird sich der Anklage, an der Abtreibung beteiligt gewesen zu sein, nicht entziehen können, sondern bekennen, sie habe gesündigt, wie schon im Hinblick auf das III. Reich."

Die Frau: „Nach dem Urteil des Papstes ist der Beratungsschein nicht tolerierbar, aber an der Praxis hat sich nichts geändert. Die Ungeborenen werden weiterhin mit Hilfe des Beratungsscheines getötet. Das geht zu Lasten derer, die unterschreiben, und zu Lasten derer, die diese Unterschrift angeordnet haben. Die Mitarbeit kann nicht bezweifelt werden."

Der Pater: „Dies wird aber weder gesehen noch anerkannt, sondern die Argumentation wird durch dialektische Manöver vom Tisch gefegt. Darum laßt uns den Bischöfen Briefe schreiben!"

Die Frau: „Zu was schreiben?"

Der Pater: „Um einen Überlegungsprozeß in Gang zu setzen."

Die Frau: „Nach so vielen Jahren Konferenz? – Welcher Bischof liest denn noch den Brief, um eine schlaflose Nacht hinter sich zu bringen?"

Der Pater: „Ach! – Wohl keiner."

Die Frau: „Die deutschen Bischöfe reichen den Brief normalerweise an ihren Apparat weiter. In den seltensten Fällen macht sich ein Bischof die Mühe, persönlich einen solchen Brief zu beantworten.

Der Pater: „So ist es! Der Bischof liest den Brief nicht und ein Überlegungsprozeß wird nicht in Gang gesetzt, sondern er reicht den Brief an seine Mitarbeiter zur Bearbeitung weiter. - Bei denen aber liegt vorgefertigt, was sie antworten müssen."

Die Frau: „Außerdem führt die Kirche in Deutschland einen energischen Kampf, um den Beratungsschein zu rechtfertigen und zu verteidigen?"

Der Pater: „So scheint es. Bischof Lehmann nimmt in dieser Frage kein Blatt vor den Mund. Er will den jetzigen Zustand erhalten haben."

Die Frau: „Ach! Ich will und kann das nicht glauben."

Der Pater: „Dieses Pendeln zwischen Ja und Nein, diese Medienstürme, dieses immer wieder weitere Hinausschieben der Entscheidung selbst gegenüber der höchsten Autorität führt letztlich zu einer Verdunklung der Kernproblematik, da man sie zerredet. Schließlich führt dieses Palavern zu einer Schweigespirale größten Ausmaßes. - Dies ist der wahrhaft "blinde Punkt", welcher das Unrecht festschreibt."

Die Frau: „Was wird denn bei dieser Schweigespirale verschwiegen?"

Der Pater: „Das dauernde Geschwätz mit Hilfe des Wortes Gewissensfreiheit, die es nicht gibt, das Reden vom Beratungsschein oder der Selbstbestimmung sind oberflächlich. Dadurch verdeckt man, daß man Unschuldige tötet. Man verdeckt, daß Völkerschaften existentiell bedroht sind, und daß die Menschheit das Gebot Gottes mit Füßen tritt."

Die Frau: „Also ist das ganze Abtreibungsgeschehen eine Ideologie?"

Der Pater: „Ja! Eine Ideologie! - Es ist eine Ideologie größten Ausmaßes mit der Auswirkung, daß sie den Menschen an Leib und Seele zerstört.!"

****

Die bischöfliche Kommission und einige ihrer Kommissions- mitglieder

Der Pater: „Die Liste der bischöflichen Arbeitsgruppe liegt auf. Sie entstammt dem Pressebericht der Bischofskonferenz im Anschluß an die Frühjahrs-Vollversammlung in Bad Honnef vom 2. bis 5. März 1998. Sprecher ist Bischof Karl Lehmann. Der Bericht sagt folgendes.

> ***I. Pastoral: 1. Arbeitsgruppe zur Schwangerschaftskonfliktberatung***
>
> ***Wie beim Ständigen Rat am 26. Januar 1998 beschlossen, haben wir eine Arbeitsgruppe eingesetzt, die Möglichkeiten prüfen und untersuchen wird, wie wir dem Anliegen des Heiligen Vaters gerecht werden können, die Beratungstätigkeit für schwangere Frauen – einschließlich der Konfliktberatung – zu intensivieren, ohne eine Bescheinigung der bisherigen Art auszustellen. Dabei sind insbesondere auch die Möglichkeiten eines Verbleibens im staatlich anerkannten System zu untersuchen. Dazu gehört auch die Ausarbeitung von geeignet erscheinenden Lösungswegen, einschließlich der juristischen Absicherung und seiner Bewertung der verschiedenen Vorschläge. Alle Scheinlösungen, unglaubwürdige und fiktive Wege sind dabei auszuschließen. Dabei sind wir uns bewußt, daß es sich um einen schwierigen Weg handelt. Die Arbeitsgruppe ist folgendermaßen zusammengesetzt:***
>
> ***Bischöfliche Mitglieder: Bischof Dr. Dr. Karl Lehmann (Mainz), Erzbischof Oskar Saier (Freiburg), Bischof Joachim Reinelt (Dresden-Meißen), Weihbischof Dr. Josef Voß (Münster).***
>
> ***Ständige Berater: Generalvikar Dr. h. c. Norbert Feldhoff, 1. Vizepräsident des DCV, Prof. Dr. Dr. Ernst-Wolfgang Böckenförde, Prof. Dr. Peter Tettinger, Anna Elisabeth Thieser, Annelie Windheuser, Elisabeth Freifrau von Lüninck.***
>
> ***Ständige Gäste: Rita Waschbüsch, Prälat Paul Bocklet und Prälat Dr. Valentin Doering;***
>
> ***Geschäftsführung: P. Dr. Langendörfer SJ, Sekretär der Deutschen Bischofskonferenz und Theo Rauschen, Katholisches Büro Bonn.***
>
> ***Die Arbeitsgruppe hat die Möglichkeit, jederzeit Fachleute zu den einzelnen Fragen einzuladen.***

Die Frau: „Da sind eine Reihe bekannter Persönlichkeiten darunter."

Der Pater: „Ich will Ihnen offengestehen, daß mich die Liste der Kommissionsmitglieder betroffen machte, weil ich alte Bekannte wiederfinde, die nach meiner Einschätzung das ungeborene Kindlein nicht kompromißlos verteidigen, sondern seit Jahren manipulativ argumentieren."

Die Frau: „Stellen Sie an die Kommission und ihre Mitglieder in Frage?"

Der Pater: „Ja! Ich habe schwerste Bedenken. Denn was diese Leute öffentlich erklärt haben, können wir niemals akzeptieren."

Die Frau: „Worin bestehen diese Bedenken? Sagen Sie es deutlicher."

Der Pater: „Nach juristischer Einschätzung müßte man eine Reihe der Kommissionsmitglieder für befangen erklären."

Die Frau: „Für befangen? – Dann wäre ja diese Kommission nicht geeignet, der Wirklichkeit und der Wahrheit zu entsprechen, sondern um den gegenwärtigen Zustand zu zementieren."

Der Pater: „Ein solches Vorgehen soll wohl helfen, den gegenwärtigen Zustand, also den "status quo", aufrecht zu erhalten."

Die Frau: „Hat Bischof Lehmann vor allem seine Leute zugelassen?"

Der Pater: „Ja! Und entsprechend sieht es auch aus."

Die Frau: „Also ist die Opposition gar nicht in dieser Gruppe vertreten?"

Der Pater: „Wenig oder nicht! Es ist weder ein Vertreter der "Juristen für das Leben", noch einer der "Christdemokraten für das Leben" oder ein anderer aus einer "mitgliedstarken Lebensrechtsgruppe" vorhanden. Es ist so, als ob diese überhaupt nicht vorhanden wären."

Die Frau: „Spricht Bischof Lehmann nicht von "militanten Lebensschützern"?"

Der Pater: „Er benützt diese "Medienkeule"."

Die Frau: „Bitte gehen Sie nun ins Detail."

Der Pater: „Gut! Nennen wir Roß und Reiter. Mich berühren drei Namen: Feldhoff, Voß, und Bocklet. Bei diesen Namen werden alte Erinnerungen wach. Doch Sie wollen sicher mehr wissen? Doch darf ich überhaupt darüber sprechen?"

Die Frau: „Ich bin der Meinung, daß Sie das nicht nur dürfen, sondern daß Sie angesichts des Sterbens der Ungeborenen geradezu verpflichtet sind, hier auszusagen."

Prälat Feldhoff und Frau Meerkamp Entlassung wegen Beratungsschein

Der Pater: „Gut! Ich beuge mich Ihrer Forderung. – Beginnen wir noch einmal mit dem katholischen Generalvikar von Köln, dem Prälaten Feldhoff."

Die Frau: „Feldhoff, Feldhoff? Davon haben wir schon gesprochen. Das ist der Mann, der bei der bösen Geschichte von Gummersbach zusammen mit anderen dafür sorgte, daß Frau Meerkamp entlassen wurde?"

Der Pater: „Damals mußte die Ausstellung des staatlichen Beratungsscheins von Seiten der Diözese Köln sicher gestellt werden."

Die Frau: „Bitte! Wir haben zwar schon darüber gesprochen, aber was war damals genau los?"

Der Pater: „Es gab Krach zwischen der Diözesanleitung und dem "Sozialdienst katholischer Frauen/Männer" (SKFM) in Gummersbach, das in der Nähe von Köln liegt. Frau Meerkamp, Leiterin der Beratungsstelle Gummersbach, stellte keine Scheine mehr aus, weil sie an der Tötung Unschuldiger nicht schuldig werden wollte."

Die Frau: „Und das hat Köln nicht gepaßt?"

Der Pater: „Ja! – Darum haben die Herren Feldhoff, Luthe, Panzer und Brisch die SKF-Schwangerenberatungsstelle in Gummersbach unter dem Zeichen Jr.-Nr. 65 140/77 geschlossen, um die Ausstellung des staatlichen Beratungsscheines sicher zu stellen. Sie haben diese Stelle annulliert und haben dafür eine Caritasstelle errichtet, in der die Ausstellung des Scheines wieder sichergestellt war."

Die Frau: „Bedeutet dies, daß die Frau durch die Vergabe des Scheines nicht der Möglichkeit beraubt werde, ihr Kind abtreiben zu können."

Der Pater: „Der Schein eröffnete damals neben der Indikationsfeststellung des Arztes die Möglichkeit, abtreiben zu können. Nach dem damaligen Richtlinien des Bundeslandes Nordrhein/Westfalen waren diese beiden Papiere notwendig."

Die Frau: „Heißt das, daß auch von Seiten der katholischen Stelle der Wege zur Abtreibung offen bleiben mußte?"

Der Pater: „Das heißt es."

Die Frau: „Und Feldhoff hat eine katholische Beraterin, Frau Meerkamp, aus ihrem Beruf entlassen, damit die staatliche Abtreibungsmöglichkeit sicher gestellt blieb? – Hier geht es doch um töten oder nicht?"

Der Pater: „Ja! Es geht um töten. Und dieses Töten wird von höchsten kirchlichen Autoritäten offen gehalten."

Die Frau: „Aber die Kirche sagt doch immer das Gegenteil von dem, was hier behauptet wird."

Der Pater: „Aber in der Praxis ihrer Beratungsstellen sichern sie das Ausgeben der Beratungsscheine ab."

Die Frau: „Hat dann Erzbischof Dyba nicht recht, wenn er von einer Tötungslizenz spricht?"

Der Pater: „Das Wort "Tötungslizenz" hat er erst später gebraucht. - Doch die Leute reden vom Töten-Können, - Tötungsschein, - Tötungspotenz, die zur Tötungslizenz wird, - Erlaubnis zum Töten, - Tolerierung des Tötens mit Unterschrift, - und das alles, so reden die Leute, unter katholischer Obhut."

Die Frau: „Sagen Sie mir, das stellt sich ja so dar, als ob uns das gesunde Denken abhanden gekommen sei?"

Der Pater: „Was hier geschieht, ist ein Bruch des logischen Denkens, eine Täuschung der Gläubigen, indem man vorgibt, man wolle die Kindlein retten, sie aber der Tötung überläßt."

Die Frau: „Sagen Sie mir, hat das der Generalvikar damals mitgetragen?"

Der Pater: „Er hat es mitgetragen. Denn Frau Meerkamp wurde entlassen, die Beratungsstelle aufgehoben und eine neue Beratungsstelle eingerichtet. Die garantierte den Beratungsschein und händigte ihn auf Verlangen aus. Aber er hat es auch Frau Lebert, die damals in Köln als Beraterin arbeitete, sehr schwer gemacht. Auch sie stellte keine Beratungsscheine aus. - Ich glaube diese verfemten Beraterinnen haben treffsicherer gespürt, daß bei dieser Beratung um Töten geht als die ganze kirchliche Administration Deutschlands."

Die Frau: „An der Absicht dieser Männer, welche Frau Meerkamp in die Wüste geschickt haben, ist nicht zu zweifeln? Kann man ihnen noch andere Motive zuerkennen?"

Der Pater: „Welche?

Die Frau: „Zum Beispiele: Daß sie sowohl am Wohlwollen als auch an den Zuschüssen des Staates Interesse zeigten?"

Der Pater: „Man muß das wohl so sehen. Denn der Staat hat beträchtliche Summen (50%) zum Unterhalt von Beratungsstellen ausgegeben und gibt sie noch aus. Von diesen Geldern lebten auch die kirchlichen Beratungsstellen und leben noch immer davon.

Die Frau: „Aber ist Geld und Töten-Lassen nicht eine böse Verquickung, die man wie die Pest hätte fliehen müssen?"

Der Pater: „Selbstverständlich! Aber das Büro der Bischofskonferenz in Bonn und die Bischofskonferenz sahen das nicht so. Man hätte eine solche unglückliche Verquickung wie die Pest fliehen müssen!"

Weihbischof Voß und Herr Horstmann Beratung: Zielorientiert und offen

Die Frau: „Nun zur nächsten Person. – Sie nannten auch Weihbischof Voß, auf den Sie schon mehrmals verwiesen haben. Wollen Sie auch dazu etwas sagen?"

Der Pater: „Weihbischof Voß hat das berühmte Wort gesagt, in dem die ganze Doppelbödigkeit der kirchlich-staatlichen Beratung auf einen einzigen Nenner gebracht wird. Er betonte, daß die Beratung zwar ***"zielorientiert auf das Leben"*** stattfindet, aber ***"selbstverständlich in dem Sinne offen ist, als es auf den Wunsch der Mutter ankommt"***."

Die Frau: „Aber für die katholischen Bischöfe kann es nur eine Beratung zum Leben geben."

Der Pater: „Ja! – Doch der Bischof sagt Ja und Nein zu gleicher Zeit. Er grenzt ein. – Das eben zitierte Wort stammt aus einem Brief, den Weihbischof Josef Voß aus Münster dem Familienminister von Nordrhein-Westfalen Axel Horstmann geschrieben hat."

Die Frau: „Der Wunsch der Mutter? Was bedeutet das?"

Der Pater: „Das bedeutet all das, was sich halt die Frau in Bezug auf Abtreibung wünscht."

Die Frau: „Ist nun damit Abtreibung eine Wunschfrage oder gar ein Wunschthema geworden? – Es wird doch immer so betont, wie schwer es sich die Frauen machen mit der Abtreibung. Oder ist diese Argumentation nur eine der vielen rhetorischen Floskeln, mit denen die Argumentationsfelder abgedeckt werden?"

Der Pater: „In der Computerfrage, bei der Auswahl von Programmen, spricht man von Wünschen und nennt sie "Optionen"."

Die Frau: „Lassen Sie bitte den blöden Computer beiseite! Aber was will der Weihbischof mit dem Wort "Wunsch"? Ist das Leben-Lassen und das Töten-Lassen eine Wunschfrage?“

Der Pater: „Es geht um das Wählen von Möglichkeiten.“

Die Frau: „Also kann hier gewählt werden?“

Der Pater: „Im Wort des Bischofs drückt sich folgendes aus: Sowohl der Wunsch der Frau, das Kind zu behalten, als auch der Wunsch, es abzutreiben, werden toleriert, wenn nicht akzeptiert. Der Wunsch ist das Maß, an dem sich die Beratung letztlich ausrichtet.“

Die Frau: „Die Beratung ist laut Richtlinien "zielorientiert auf das Leben ausgerichtet". - Soll nun durch den Begriff "***Wunsch***" diese Zielorientiertheit im Ohr des Staates so aufklingen, daß man selbstverständlich von Seiten der Kirche bereit ist, nicht nur den Schein auszustellen, sondern - wo gewünscht - beim Abtreibungswunsch zu schweigen, ihn zu respektieren oder gar zu tolerieren? Heißt das, daß wir nicht nur treue Diener der Kirche sind, sondern auch treue Diener des Staates.“

Der Pater: „Zuzulassen, daß jemand einen Unschuldigen tötet, ist nach der Enzyklika "Evangelium Vitae" ein sittlich schweres Vergehen, das der Staat toleriert, die Kirche aber nicht tolerieren kann.“

Die Frau: „Wenn es die Kirche nicht toleriert, Bischof Voß toleriert es mit dem Wort "Wunsch", und keiner kann leugnen, daß es so gesagt hat.“

Der Pater: „Wer kann es fassen, daß die Kirche von heute zugleich Gott und der Welt dient.“

Die Frau: „Die Worte des Kirchenmannes richten sich an die Adresse des Staates. Er betont einerseits, daß zwar die bischöflichen Richtlinien eine Zielvorstellung haben, aber daß man andererseits auch bereit ist, alles zu erfüllen, was der Staat Beratungsstellen verlangt.“

Der Pater: „Wieder ist die Hemmschwelle überschritten. - Denn wo das ungerecht vergossene Blut davon abhalten sollte, sich des Mordes schuldig zu machen, überschreitet man durch das Wort "Wunsch" oder durch den Schein die Hemmschwelle und wird schwer schuldig.“

Die Frau: „Also sollen, wo es der Wunsch der Mutter ist, auch im kirchlichen Bereich die staatliche Maxime gelten, die das willentliche Töten von Ungeborenen neben anderem erlaubt.“

Der Pater: „So muß man wohl den Weihbischof, der zur Kommission gehört, interpretieren."

Die Frau: „Sie nannten auch Prälat Bocklet."

Der Pater: „Prälat Bocklet war im Management der Bischofskonferenz, in der Kaiserstraße in Bonn, einer der führenden Männer."

Die Frau: „Sind Sie ihm auch persönlich begegnet?"

Der Pater: „Unsere Lebensrechtsgruppe ist ihm mehrmals begegnet, dabei hatten wir den Eindruck, daß er uns die kirchliche Position zu verdolmetschen hatte. Eine Sachdiskussion war nicht gefragt."

Die Frau: „Konnte er überhaupt anders? Er war doch der Vertreter der Bischöfe und mußte in ihrem Namen sprechen?"

Der Pater: „Das sei dahingestellt. – Doch schon damals hatten wir den Eindruck, als vertrete er vor allem staatliche Positionen."

Die Frau: „Herr Pater, hier geht es doch um die Kirche? Sagen Sie mir, zählen die "absoluten Werte" überhaupt noch, oder werden auch diese bei dieser Auseinandersetzungen relativiert?"

Prälat Bocklet und die Kompromisse Eine gewisse Art kirchlicher Anerkennung?

Der Pater: „So sieht es aus! Dem Gebot Gottes: »Du sollst nicht töten!« wurde der Gedanke der "Rettung von Ungeborenen" so gegenübergestellt, daß ein Kompromiß, der ein sehr breites Tötungsangebot auffächert, eine Art kirchliche Anerkennung und Absegnung bekommt."

Die Frau: „Sie meinen Aussprüche Bocklets."

Der Pater: „Die "Aktion Leben" war 1995 über Aussagen von ihm zutiefst erbost und hat in einer Pressemitteilung ihren Protest zum Ausdruck gebracht. Hier der Text der Pressemitteilung vom 21. O6. 1995:

PRÄLAT BOCKLET ERFREUT ÜBER TÖTUNGSKOMPROMISS

- Kirchenmann muß abgelöst werden -

Abtsteinach. Die sofortige Absetzung von Prälat Paul Bocklet als Leiter des Katholischen Büros in Bonn fordert die AKTION LEBEN e.V.

Walter Ramm, Bundesvorsitzender der mitgliederstärksten deutschen Lebensrechtsorganisation, begründet die Forderung mit Äußerungen Bocklets

zum Parteienkompromiß über die Neuregelung des Paragraphen 218 StGB. Bocklet hatte diesen in einem Zeitungsinterview begrüßt und erklärt, er erfülle die "Hauptforderung der Kirche". Daß künftig behinderte ungeborene Kinder bis zum Eintritt der Wehen aus medizinischen Gründen durch Abtreibung getötet werden könnten, bezeichnete der Prälat zwar als "Schwachpunkt", aber als Kompromiß, den "wir schlucken müssen". Bocklet hatte betont man solle über den Kompromiß "zunächst auch froh sein, denn der Streit hat lange genug gedauert".

Walter Ramm nennt es "skandalös", daß es einen hochrangigen Kirchenmann "froh mache", wenn in einer "großen Tötungskoalition eine parlamentarische Mehrheit Gottes Gebote außer Kraft setzt und eine Menschenrechtsverletzung erster Ordnung beschließt." Außerdem müsse ja wohl die Hauptforderung der Kirche das uneingeschränkte Lebensrecht von der Empfängnis bis zum natürlichen Tod sein. Die Mitwirkung bei der straffreien Tötung durch die im Gesetz vorgesehene Beratung sei in jedem Fall ein Verbrechen.

Ramm wörtlich: "Mit seinen Äußerungen ermuntert Prälat Bocklet die Abgeordneten, sich zu Dienern einer Kultur des Todes zu machen, gegen die anzukämpfen der Papst die ganze Kirche aufgerufen hat." Mit seiner Stellungnahme begebe Bocklet sich außerhalb katholischer Moral. Es sei daher "höchste Zeit", daß er als Leiter des Katholischen Büros in Bonn abgelöst werde, erklärte Ramm im Pressedienst seiner Organisation.

Die Frau: „Dann würden Sie also feststellen, daß gegen diese Männer in und um die Kommission von Bischof Lehmann genügend Vorwürfe vorhanden sind, um sie als "befangen" zu erklären."

Der Pater: „Genau das will ich behaupten."

Die Frau: „Halten sie eigentlich die jetzige Mitarbeit an der Beratung, die den Schein ausgibt, als eine Sünde vor Gott?"

Der Pater: „Das ist ein moraltheologische Frage."

Die Frau: „Und was meinen "Sie" dazu?"

Der Pater: „Ich kann es nicht sehen, daß es keine Sünde ist. – Es ist in der Tat eine Sünde, und darum ist die Mitarbeit so unerträglich!"

Die Frau: „Dabei geht es um töten?"

Der Pater: „Ja!"

Die Frau: „Aber die Beraterinnen und Bischöfe haben die Absicht zu retten und nicht am Tötungsgeschäft beteiligt zu sein."

Der Pater: „Wer auch immer Beratungsscheine ausgibt, ist am Tötungsgeschäft ganz sicher beteiligt, ob er will oder nicht."

Die Frau: „Hat Bischof Lehmann nicht immer deshalb davon gesprochen, daß der Schein nur eine Bestätigung der Beratung sei?"

Der Pater: „Doch. Er versuchte durch diese Aussage " Bestätigung" davon abzulenken, daß der Schein in der Hand der Frau eine "Tötungspotenz" für das Ungeborene bedeutete, die im Falle der Abtreibung dann automatisch zur "Tötungslizenz" wurde, da sie dem Abtreiber Straffreiheit gewährt."

Die Frau: „Nach dem Papstbesuch brachte die Sprachregelung das Wort "Dilemma" ins Spiel, von dem man schon immer gewußt habe."

Der Pater: „Bei einer so schweren Materie wie dem "Mord an Ungeborenen", um einen alten Ausdruck zu gebrauchen, ist ein derartiges Dilemma eine solche Katastrophe, daß man dieses Dilemma sofort zu bereinigen zu hat, um sich nicht schwerste Anklagen zuziehen zu müssen. Dieses Hickhack der vergangenen Jahre ekelt einen nicht nur an, sondern man spürt, wie die höchsten Werte zerredet, und viele Menschen mürbe gemacht wurden, und damit inaktiv. Die Aussichtslosigkeit gegen ein solches Verbrechen angehen zu können und zu gleicher Zeit von der eigenen Kirche innerhalb der Kirche gelähmt zu sein, ist so groß, daß der Widerstand an der Basis zerbrach und zerbricht."

Die Frau: „Wissen das die Herren nicht?"

Der Pater: „Sie glauben es zu wissen, aber sie wissen es nicht."

Die Frau: „Also wissen an der Basis diejenigen besser Bescheid, die dort arbeiten. Sie kennen die Realitäten und lassen sich nicht durch ideologischen Sprüche ablenken?"

Der Pater: „Wir arbeiten an der Basis des Gottesvolkes und wir wissen es auch. Solange die Kirche nicht zu einer immer konsequenteren Trägerin des Widerstands gegen Abtreibung wird, solange bleibt der wahre Widerstand aus."

Die Frau: „Dann ist Hinhaltetaktik ein böses Instrument?"

Der Pater: „Es ist ein böses Instrument!"

****

Die Kritik von Erzbischof Johannes Dyba am Vorgehen der deutschen Bischofskonferenz

Der Erzbischof von Fulda
Verzicht auf den Schein

Die Frau: „Man hat Bischof Johannes Dyba aus Fulda in die Ecke gestellt, isoliert und gibt ihn der Lächerlichkeit preis. – Hat er das verdient?“

Der Pater: „Er ist ein tapferer Mann.“

Die Frau: „Ein einzelner gegen eine ganze Konferenz?“

Der Pater: „Die Wahrheit hängt nicht an einem Mehrheitsbeschluß.“

Die Frau: „Wird er eine solche Isolierung aushalten?“

Der Pater: „Das weiß niemand. Auch er ist ein Mensch, – und ausgestoßen zu werden, ist etwas vom Bittersten, was Menschen treffen kann.“

Die Frau: „Hat er dieses Schicksal verdient? Kann man so Leben, wie er?“

Der Pater: „Er ist eines der zehntausend Opfer der gegenwärtigen Dekadenz in der Kirche, in der Ideologien, vom Zeitgeist diktiert, den Glauben an Jesus Christus verdunkeln, verdrängen und zerstören. Doch, wo die Liebe zu Jesus Christus im Herzen brennt, ist jener, der die Hand an den Pflug gelegt hat, auch bereit, auf dem Ackerfeld Gottes weiterzupflügen, selbst unter dem Kreuz.“

Die Frau: „Also hält der Bischof in schwerer Zeit durch, bis die Zeiten sich ändern werden und vertraut auf Gott.“

Der Pater: „Er vertraut auf Jesus Christus, und er weiß auch, daß Lügen kurze Beine haben.“

Die Frau: „Was ist zu sagen hinsichtlich der Beratung? “

Der Pater: „ Seit 1993 verzichtet Bischof Dyba und seine Diözese auf den Schein. Nach dem Urteil des Bundesverfassungsgerichtes 1993 war der Bischof nicht mehr bereit, die vom Gesetz vorgeschriebene Beratung mitzutragen, sondern baute sich Beratungsstellen auf, die dem Glauben entsprachen. – Es war am Fest des Heiligen Erzengels Michael, als der Bischof seine Erklärung abgab, die den Schlüssel für seine Haltung bildete. Was er in der Erklärung geschrieben hat, gilt auch heute unvermindert. Die Bischofskonferenz müßte das wissen. Darum ist ihre gegenwärtige Position völlig unverständlich.

Die Frau: „War das nicht ein Bruch mit der Solidarität der Bischofskonferenz, als der Bischof ausscherte?“

Der Pater: „Die Verirrungen des Staates, der die menschliche und göttliche Ordnung auf den Kopf stellte, konnten nicht mehr mitgetragen werden. – Dies stellt Erzbischof Dyba in seiner Erklärung deutlich dar."

Die Frau: „Und was schreibt der Bischof?"

Der Pater: „Bitte lesen Sie!"

Erklärung des Bischofs von Fulda zur Abtreibungsgesetzgebung in Deutschland:

Das Bundesverfassungsgericht hat mit seinem Urteil vom 28. Mai 1993 wesentliche Teile des von einer Mehrheit des Bundestages am 25. Juni 1992 beschlossenen "Schwangeren- und Familienhilfegesetzes" für verfassungswidrig und nichtig erklärt. Das Urteil hat "das grundsätzliche Verbot des Schwangerschaftsabbruchs und die grundsätzliche Pflicht zum Austragen des Kindes" als "untrennbar verbundene Elemente des verfassungsrechtlich gebotenen Schutzes für das ungeborene Leben" bezeichnet und unterstrichen, daß der Schwangerschaftsabbruch für die ganze Dauer der Schwangerschaft grundsätzlich als Unrecht angesehen und demgemäß rechtlich verboten sein muß.

Des weiteren und dementsprechend hat das Bundesverfassungsgericht festgestellt, daß die Beratung im Schwangerschaftskonflikt deutlicher als bisher der Zielorientierung auf den Schutz des ungeborenen Lebens hin bedarf; damit hat es die von kirchlichen Beratungsstellen angewandten Kriterien bestätigt und Beratungskonzepten, die von einer freien Verfügbarkeit der Mutter über das Leben ihres ungeborenen Kindes ausgehen, eine Absage erteilt.

So sehr daher viele der grundsätzlichen Ausführungen der Bundesverfassungsrichter zum Schutz des ungeborenen Lebens zu begrüßen sind, desto mehr ist zu bedauern, daß dann aber praktische Verfahrenswege und Lösungen für zulässig gehalten, ja in Vorschlag gebracht werden, die jene rechtsphilosophischen Grundsätze völlig aushöhlen und den Schutz des ungeborenen Kindes auf ein Minimum reduzieren. Denn im Ergebnis läuft das Urteil auf eine Fristenregelung mit vorgeschalteter Pflichtberatung hinaus. An dieser Erkenntnis können auch terminologische Umbenennungen nicht ändern.

Wie immer man das Ganze aber auch nennen will, die vorgeschlagenen Regelungen stehen in einem unüberbrückbaren Gegensatz zu elementaren christlichen Grundsätzen. Denn eine nähere Prüfung des Urteils und seiner Begründung ergibt eindeutig:

- *den generellen Verzicht auf strafrechtlichen Schutz für die ersten zwölf Lebenswochen des Kindes;*
- *die Anerkennung einer letztlich nicht zu hinterfragenden Entscheidungsmacht der Schwangeren über das Leben des Kindes;*

- *die Hinnahme der gänzlichen Schutzlosigkeit des Kindes, wenn die Frau zur Tötung entschlossen und zur Beratung nur bereit ist, um der Formpflicht Genüge zu tun;*

- *die Anerkennung eines Begriffes der "Unzumutbarkeit", der natürlich flexibel dem Zeitgeist angepaßt werden und für die Zukunft unabsehbare Folgen haben kann;*

- *die Anerkennung von Indikationen über die rein medizinische hinaus; so wirft die embryopathische Indikation bereits die Frage nach der Einstufung von behindertem als "lebensunwertem" Leben auf.*

Die Diskrepanz zwischen Theorie und Praxis hat bezeichnenderweise der Vorsitzende Richter Mahrenholz in seiner "Abweichenden Meinung" selbst mit den Worten zum Ausdruck gebracht: "Maßstäbliche Schutzpflicht und praktische Schutzpflicht lassen sich nicht mehr miteinander verbinden. Insofern steht die Beratungsregelung zum Indikationsmodell des Senats quer". Wie "quer" das Ganze zum Recht steht, wird auch aus der Tatsache deutlich, daß nunmehr die Strafdrohung wegen der Tötung eines Kindes zwar aufgehoben, die Strafandrohung wegen unterlassener Beratung vor der Tötung aber ausdrücklich aufrechterhalten wird.

Das Bundesverfassungsgericht geht in seinen Vorgaben und Leitsätzen stets davon aus, daß sowohl die Beratung wie auch die von den staatlichen Organen zu erbringenden flankierenden Maßnahmen ganz im Sinne eines entschiedenen und auch wirklich "wirksamen" Schutzes des ungeborenen Lebens erbracht und geleistet werden.

Wem die schrille Urteilsschelte der da in Verantwortung zu nehmenden Minister/-innen noch in den Ohren klingt, der weiß, wie sehr sich die Erwartungen der Bundesverfassungsrichter von der in unserem Staat dominierenden Wirklichkeit abheben. Weit davon entfernt, wenigstens den Linien der im Urteil angebotenen Kompromißlösung zu folgen, wurden in verschiedenen Bundesländern Sofortmaßnahmen ergriffen, um die Konsequenzen des Urteils noch in der Übergangsphase zu umgehen. Hochverschuldete Landesregierungen, die seit Jahr und Tag ihre Zuwendungen für Familien, Kindergärten und dringende soziale Anliegen einschränken, fanden plötzlich in ihren Kassen genügend Geld zur schnellen "unbürokratischen" Finanzierung von Abtreibungen. Nüchtern ist festzustellen, daß die Voraussetzungen zur Umsetzung der guten Absichten des Urteils nicht gegeben sind; eher ist das Gegenteil der Fall.

Wir leben in einem Land, dessen Parlament nach den Urteilen des Bundesverfassungsgerichtes in den letzten Jahren bereits zweimal gegen die Normen des Grundgesetzes zum Schutze der Wehrlosesten seiner Bürger, der ungeborenen Kinder, verstoßen hat. Bestürzung darüber ist bei den dafür Verantwortlichen nicht erkennbar, wirksame Besserung ist weder bei der gesetzgebenden Gewalt – wie die inzwischen vorgelegten Entwürfe verschiedener Parteien zeigen – noch bei der regierenden Gewalt zu erwarten. Ich glaube daher, daß der Zeitpunkt gekommen ist, an dem wir ein deutliches Signal des Wider-

spruchs und der Umkehr zu setzen haben. Es ist an der Zeit, sich aus Einbindungen zu lösen, die der Würde und Freiheit der katholischen Weltkirche nicht entsprechen. Nach reiflicher Überlegung ordne ich daher an, daß im Bistum Fulda die zur staatlich zugestandenen Tötung ungeborener Kinder erforderlichen "Bescheinigungen" bei künftigen Beratungen seitens kirchlicher Stellen nicht mehr ausgestellt werden.

Das heißt nicht, daß wir aus der Beratung "aussteigen". Ganz im Gegenteil: Bei der heute in der Gesellschaft um sich greifenden Orientierungslosigkeit ist Beratung notwendiger denn je. Wir werden daher mit allen verfügbaren Kräften weiter beraten; wir werden tatkräftig helfen und helfen, wo immer uns das nur möglich ist. Geist und Inhalt unserer Beratungsarbeit müssen aber voll und ganz dem katholischen Glauben und dem göttlichen Recht entsprechen.

❖ *Im Urteil des Bundesverfassungsgerichts heißt es jedoch, die Beratung müsse "ergebnisoffen" sein, sie dürfe weder "belehren", noch auf die "Erzeugung von Schuldgefühlen" zielen, und selbst wenn die Abtreibung rechtswidrig sei, dürfe sie doch nicht als Unrecht behandelt werden. Ja, es findet sich dort sogar folgende Instruktion: "Über die Herausnahme des Schwangerschaftsabbruchs aus der Strafdrohung hinaus muß sicher gestellt sein, daß gegen das Handeln der Frau und des Arztes von Dritten Nothilfe zu gunsten des Ungeborenen nicht geleistet werden kann." Keine Nothilfe zugunsten des ungeborenen Kindes? Hier gilt ganz einfach das Wort der Apostel: "Man muß Gott mehr gehorchen als den Menschen" (Apg 5,29). Kirchliche Beratung muß sich am christlichen Glauben orientieren, aus unchristlichen Zwangsjacken müssen wir uns einfach befreien.*

Ich bin mir dessen bewußt. daß die getroffene Entscheidung für viele Mitarbeiterinnen in unseren Beratungsstellen eine Herausforderung darstellt, für so manche aber auch eine still ersehnte Erleichterung des Gewissens. Alle aber sind aufgerufen, dem neuen Modell ihre volle Mitwirkung nicht zu versagen. Wir werden unser pastorales Bemühen auf diesem Gebiet in vollem Umfang aufrechterhalten, und ich setze da auf unsere bewährten Mitarbeiterinnen wie bisher in vollem Vertrauen. Die Frage der Akzeptanz freier katholischer Beratung kann natürlich nur die künftige Erfahrung beantworten. Dabei darf für uns in erster Linie nicht die Quantität, sondern die Qualität entscheidend sein - vor Gott gilt nicht die Menge unserer Aktivitäten, sondern allein die Werthaftigkeit unseres Tuns. Zu bedenken ist aber auch, daß eine freie katholische Beratung vielen Berufenen die Möglichkeit eröffnet, sich da einzubringen.

Alle Zeichen unserer Zeit, nicht nur die immense Zahl der im Mutterleib getöteten Kinder, sondern auch die erschreckend steigenden Zahlen bei den Scheidungswaisen, den verhaltensgestörten Jugendlichen, bei der organisierten wie der "privaten" Kriminalität, bei den Exzessen der Gewalt und des politischen Extremismus, deuten auf ein immer noch weiteres Vordringen materiali-

stischer Denkweisen, auf einen immer noch fortschreitenden Abschied von Gott, Sitte und Recht in unserer Gesellschaft.

Daß Politik und Politiker die vor Jahren schon beschworene "geistige Wende" nicht zu erbringen in der Lage sind, ist inzwischen wohl jedem Bürger klargeworden. Wer, wenn nicht die Kirche, kann jetzt noch die Stimme erheben, um zur Umkehr aufzurufen. Zur Umkehr zu Gott und zu seinen Geboten, die uns den Weg zum Heil zeigen, zu seinem Frieden und zu seiner Liebe, in der allein unsere Zukunft geborgen ist. Als einen solchen Ruf möchte ich mein heutiges Wort verstanden wissen.

Fulda, an St. Michael 1993

Der Pater: „Um den Erzbischof zu verstehen, muß man diese seine Erklärung kennen. Sie ist das Ergebnis zu jenem schmerzlichen inneren Ringen des Bischofs, das durch das Urteil in Karlsruhe in ihm hervorgerufen wurde. Darum das Zeichen des Widerspruchs."

Die Zeichen der Zeit
Orwell und Huxley

Die Frau: „Was der Erzbischof im Dokument aufzeigt, das ist so grauenhaft wie eschatologische oder endzeitliche Bilder, die der postmodernen Zeit eignen und die ob des Tötens von Millionen Unschuldiger die Himmel glühend machen."

Der Pater: „Sie meinen eine Art Untergangsstimmung, vielleicht sogar eine Art Psychose?"

Die Frau: „Ich meine jene Ereignisse, die in der Glut innerer Verlogenheit unsere Zeiten abschließen werden, um neue heraufzuführen."

Der Pater: „Sie meinen Bilder wie jene unruhigen und unheildrohenden Malereien von Hieronymus Bosch, der mit seinen brennenden in Frivolitäten gleisenden Stadtbildern den Niedergang und das Auseinanderbrechen von Epochen und Kulturen darstellt. – Sehen Sie: Das Urteil von Karlsruhe ist wie ein Verdikt der postmodernen Zeit, in dem die Totalität des Zugriffs auf den Menschen schon voll zum Ausdruck kommt. Die Zukunftsromane von Orwell und Huxley sind durch solche zwielichtigen Gesetzgebungen in das Panorama menschlicher Geschichte eingetreten. Sie werden ihrem Kern nach Realität."

Die Frau: „Also hat der Schwache und Kleine, besonders der im Mutterschoß, bereits keine Rechte mehr. – Also werden die Extrempunkte menschlicher Existenz, nämlich Anfang und Ende kontrolliert und beherrscht. Denn die Euthanasie lebt ja schon mitten unter uns."

Der Pater: „Auf dem Gesetzespapier werden dem Menschen noch Rechte zugeschrieben. In der Praxis nicht mehr. Denn was das Karlsruher Gesetz der Frau anbietet, ist "Abtreibung auf Wunsch". Mit einem solchen Gesetz ist die ganze Justiz gelähmt."

Die Frau: „Kein Staatsanwalt wird wegen Abtreibung noch anklagen, selbst dann nicht, wenn des Gesetz verletzt wurde. Denn da in hohen Zahlen abgetrieben wird, würde er sich der Lächerlichkeit preisgeben."

Der Pater: „Hieronymus Bosch, George Orwell und Aldous Huxley! – Nun fehlt uns nur noch das Märchen. Denn wie in Märchen braucht es ein Zauberwort, um die Tür zu öffnen."

Die Frau: „Welche Tür soll da aufgetan werden?"

Der Pater: „Die Tür des Tötens."

Die Frau: „Und wie heißt das Zauberwort?"

Der Pater: „Staatliche Schwangerenkonfliktberatung!"

Die Frau: „Aber, bitte, nein! Möchten Sie denn mit den Frauen, die abtreiben wollen, nicht doch noch reden, um zu retten?"

Der Pater: „Selbstverständlich will ich reden! Das ist so glasklar wie zwei mal zwei vier ist."

Die Frau: „Und warum bezeichnen Sie dann diese schaurige Tür, durch die man treten muß, "staatliche Schwangerenkonfliktberatung"?"

Das "Karlsruher Konzept" Dienst am Leben mit Dienst am Töten verknüpft

Der Pater: „Weil es Karlsruhe fertig gebracht hat, ein Konzept darzubieten, in dem man den Dienst am Leben und den Dienst am Töten so eng miteinander verknüpft, daß die Beraterinnen Funktionärinnen des Lebens und des Tötens zugleich sind."

Die Frau: „Ich wollte einen solchen Beruf nicht ausüben."

Der Pater: „Allein das Stichwort "ergebnisoffen" zeigt, daß "Leben-lassen" oder "Töten" in gleicher Weise zu respektieren sind, und der Staat beides zugesteht und zwar ohne jede weitere Erklärung der Frau.

Die Frau: „Die jetzt eingetretene Entwicklung gibt ihnen recht."

Der Pater: „Welche?"

Die Frau: „In Nordrhein-Westfalen sollen die Beraterinnen den abtreibungswilligen Frauen sagen, wo man abtreiben kann und wie man zum notwendigen Geld kommt, das man für Abtreibung braucht. Wir haben dort Beratung zum Leben oder zum Töten des Kindes als Einheit. - Hier der Artikel. Bitte lesen Sie!"

Der Pater: „Im "Ruhrwort" vom 14. März 1998 steht für das Bundesland Nordrhein/Westfalen: »Die Konfliktberatung umfaßt auch "praktische Hilfe, die die Fortsetzung der Schwangerschaft und die Lage von Mutter und Kind erleichtern, - und ***"auf Wunsch der schwangeren Frau"*** (ähnlich wie bei Weihbischof Voß) auch solche, die die Vornahme und Finanzierung eines Schwangerschaftsabbruchs betreffen«."

Die Frau: „Sind wir nun so weit?"

Der Pater: „Ja wir sind so weit! - Hier wird offen ausgedrückt, was im Hintergrund schwelt: "Sein oder nicht sein", das ist die Frage, in welcher die Frau über ihr Kind entscheidet."

Die Frau: „Berät man also in der Schwangerenkonfliktberatung, wird man zum Erfüllungsgehilfen des Staates, berät man nicht, rettet man nicht, - und der Parlamentarier und der letzte Mann auf der Straße werden lauthals schreien, daß man der Not zu Hilfe eilen müssen."

Die Frau: „Welcher Not?"

Der Pater: „Der Not der Frauen, die das Kind nicht haben wollen und denen der Staat deshalb erlaubt zu töten."

Die Frau: „Der Staat soll seine Tötungserlaubnis zurückziehen!"

Der Pater: „Das wird er nicht tun."

Die Frau: „Also doch Orwell und Huxley im Hintergrund."

Der Pater: „So ist es. - Man kann dieser Tötungsmaschine am Anfang und am Ende des Lebens nicht mehr entlaufen. - Wir sind ausgeliefert."

Die Frau: „Also den Staat ablehnen?"

Der Pater: „Ja und Nein! Dort wo der Staat das grundsätzlich Göttliche und Menschliche an sich gerissen hat und zertrampelt, ist es die unbedingte und absolute Forderung des Ewigen Gesetzes und des Gebotes Gottes, dem Staat zu widerstehen. Dort wo er seine Aufgabe zum Nutzen aller verwaltet, ist ihm zu gehorchen. Christus Jesus sagt: "Gebt dem Kaiser, was des Kaisers ist, - und Gott, was Gottes ist."

Die Frau: „Also hat Erzbischof Dyba in seiner Analyse vom St, Michaelstag 1993 recht?“

Der Pater: „Er traf ins Schwarze und seine Worte werden unsere Epoche überdauern. Er hat die Konsequenzen vorausgesehen.“

Die Frau: „Nach dem Papstbrief wurde er isoliert. Doch er verteidigt sich. Er ist sich seiner Sache sicher, auch wenn man ihn in den Medien einen "einsamen Solotrompeter" nennt. Einer muß ja mit der Umkehr anfangen und aus jener Verkettung ausbrechen, die Ideologien aufgelaufen ist.

Der Pater: „In letzter Zeit hat sich der Bischof erneut ausgedrückt, was er will und wie er sich das vorstellt. In der "Fuldaer Zeitung" vom 7. III. 1998 gibt Bea Nolte-Schunk die Aussagen des Erzbischofs wieder:“

Im Gespräch mit unserer Zeitung äußert sich Erzbischof Johannes Dyba zur Schwangerenberatung und zur Kritik von Kollegen:

"Lasse mir keinen Maulkorb umhängen"

"Das Recht auf Kritik steht mir wie jedem anderen zu." Damit wies Erzbischhof Dr. Johannes Dyba gestern im Gespräch mit unserer Zeitung die Vorwürfe zurück, die ihm Amtskollegen bei der Bad Honnefer Bischofstagung gemacht hatten. Anlaß waren seine öffentlichen Äußerungen zum Vorgehen seiner Mitbrüder beim Thema Schwangerenkonfliktberatung.

Dyba hatte die inzwischen gebildete Arbeitsgruppe zum Ausstieg der katholischen Diözesen aus der Beratungsscheinvergabe als überflüssig bezeichnet und von einer Hinhaltetaktik der Bischofskonferenz gesprochen. Dyba bekräftigt nun diese Einschätzung. "Man ist doch sonst für Pluralismus der Meinungen", betont der 68 jährige Oberhirte und stellt klar: "Ich lasse mir keinen Maulkorb umhängen." Im übrigen verweist er darauf, daß das Bistum Fulda als einziges in Deutschland seit viereinhalb Jahren eine Schwangerenberatung ohne Ausgabe von Beratungsscheinen anbiete, und zwar mit Erfolg. Fulda habe bei dieser Thematik bekanntermaßen eine besondere Position. Mit seiner Meinung zur Einsetzung der Arbeitsgruppe und zum "Spielen auf Zeit" sei zu rechnen gewesen, gibt der Oberhirte zu bedenken. Als "eigenartig" empfindet Dyba daher den Vorwurf von Amtskollegen, er sei unsolidarisch. "Im übrigen bin ich natürlich mit dem Papst solidarisch und nicht mit dem deutschen Abtreibungssystem" betont

der Erzbischof. Man merkt ihm den Stolz darauf an, "daß es keines Papstbriefes zur Schwangerenberatung bedurft hätte, wenn alle so gehandelt hätten wie wir in Fulda."

Für ihn gibt es kein Wenn und Aber: "Die Kirche darf sich nicht in das staatliche Tötungssystem einbinden lassen." Er bleibt bei seiner Einschätzung, daß der Beratungsschein "eine Tötungslizenz" sei: "Zwar nicht in der Intention der Beraterinnen, aber das Abtreibungsrecht macht ihn dazu."

"Kirche muß aussteigen" – Dyba sieht seine Bischofskollegen bezüglich der Papstbitte und dem Wunsch, auch künftig Schwangere in Konfliktsituationen mit kirchlicher Beratung zu erreichen, nicht in einem ausweglosen Zwiespalt: "Aus diesem Dilemma kommt man raus." Das Beispiel der Diözese Fulda zeige, daß Schwangere in Not weiterhin zu katholischen Beratungsstellen kämen, auch wenn es dort "den Schein" nicht gebe. "Betroffene, die ihn dann doch noch haben wollen, müssen notfalls zu einer zweiten Stelle gehen", räumt der Erzbischof ein. Selbst wenn in anderen Gegenden Deutschlands bei einem Ausstieg aus der Scheinvergabe Frauen, die unbedingt einen Schein wollen, wegblieben, müsse man sich damit abfinden. Dyba:

- *"Es ist unwürdig für die Kirche, die Abtreibung als Verbrechen anprangert, diesen Schein als Lockmittel zu benutzen."*

Er unterstreicht, daß er die Zusammenarbeit von Kirche und Staat grundsätzlich bejahe, aber bei dieser Problematik müsse sich die Kirche aus der staatlichen Praxis verabschieden. "Der Staat muß entweder die Scheine selbst ausstellen oder sich mit der eidesstattlichen Versicherung der Frauen begnügen, bei einer Beratung gewesen zu sein", schlägt der Oberhirte vor.

Er hält es für illusorisch, daß sich eine politische Mehrheit für eine Änderung des deutschen Abtreibungsrechtes findet. Mit dem Insistieren auf eine solche Änderung könne die Kirche "enormen Flurschaden anrichten und die Kooperation mit dem Staat in anderen Bereichen gefährden", argumentiert Dyba pragmatisch. Zentrales Anliegen der Glaubensgemeinschaft müsse indes sein, daß das Zeugnis der Kirche in puncto Abtreibungen "nicht verdunkelt" und das diesbezügliche Unrechtsbewußtsein der Gläubigen "nicht geschleift" werde.

"Für neue Evangelisation" – Zur allgemeinen Situation der Kirche räumt Dyba ein, daß sich der Staat von christlichen Grundsätzen wegbewegt habe. Das liege nicht zuletzt an der Meinungsvielfalt, die durch die neuen Massenkommunikationsmöglichkeiten transportiert werde. (...)

Auch dann gelte es aber für die Kirche, ein "klares Kontrastprogramm" zum gesellschaftlich Gängigen anzubieten:

- *"Je mehr wir uns anpassen, desto mehr Menschen bleiben bei unseren Gottesdiensten weg", betont Dyba. (...)*

"Kritik am ZdK" – **Mit Blick auf die innerkirchliche Situation äußert Dyba unter anderem deutliche Kritik am Zentralkomitee der Deutschen Katholiken (ZdK). Dieses Gremium sei kaum noch von der das Kirchenvolksbegehren tragenden Initiative "Wir sind Kirche" zu unterscheiden. Vor diesem Hintergrund "wird mir das Kirchenvolksbegehren beinahe noch sympathisch", unterstreicht der Erzbischof, denn dessen Arbeit geschehe gratis, während sich das ZdK von der "Amtskirche" teuer bezahlen lasse.**

- ***Das ZdK sei längst nicht mehr das "Bollwerk der Kirche in der Gesellschaft", sondern eine "harte Lobby, die mit dem Laien an der Basis kaum noch etwas zu tun" habe. (...)***

"Kirche ist kein Zuchthaus" – Eine klare Absage erteilt er Versuchen bei den Grundlagen der katholischen Kirche, die auf der Lehre der Apostel gegründet sind, eine Demokratisierung einzuführen. Wer dies wolle, der nehme die alten Forderungen der Reformation auf, und da gebe es bereits zahllose andere Angebote. Allein der Weltbund der Kirchen habe 305 Mitglieder. Dyba: "Die katholische Kirche ist kein Zuchthaus, sondern sie hat Ausgänge."

Die Frau: „Der Bischof hat in diesem Artikel eine Wort gebraucht, das relativ neu ist: "Das Wort vom Schein als Lockmittel. Ist dieser Ausdruck sachlich richtig?“

Der Pater: „Ich habe lange darüber nachgedacht, ich kann nicht finden, daß er nicht richtig wäre.“

Die Frau: „Also hat der Bischof recht?“

Der Pater: „Natürlich!

Der Schein als Lockmittel Zum Retten oder zum Töten-Lassen?

Die Frau: „Ein Lockmittel, einen Lockvogel, eine Lockspeise und ähnliches braucht man, um jemanden anzulocken. Das Ausgeben des Beratungsschein in der kirchlichen Schwangerenberatung soll ein Anreizmittel für Frauen sein, damit sie zur Beratung kommen.“

Der Pater: „Wozu?“

Die Frau: „Zum Retten und auch zum Töten-Lassen.“

Der Pater: „Ich wußte es, ich wußte es schon immer! Wenn einmal eine solche Lawine der Entscheidung über Menschenleben ins Rollen gekommen ist, dann kommt es zu den verrücktesten Dingen, die Menschengehirne ausdenken können. Und kaum ist die eine Absurdität zu Ende gegangen, wird schon wieder eine neue geboren."

Die Frau: „Und wie meinen Sie das"

Der Pater: „Eine Tötungslizenz, wie der Bischof sich ausdrückt, als Anreizmittel anzubieten, damit Frauen zur Beratung kommen, ist unausstehlich. Ist der Wille der beratungswilligen Frau noch ambivalent, das heißt, sie weiß noch nicht, ob sie abtreiben soll oder nicht, hat man es nicht nötig, mit dem Beratungsschein zu winken. – Ist der Tötungswille der Frau aber beschlossene Sache, muß man ihr das Versprochene, eben den Beratungsschein, auch überlassen. Man gibt ihr also nach der Beratung den Schein und läßt sie laufen.

Die Frau: „Und dann?"

Der Pater: „Und dann wäscht man sich die Hände wie Pontius Pilatus und spricht: »Ich bin unschuldig am Blute dieses kleinen unschuldigen Menschen«, obwohl man den Schein mit Briefkopf, Unterschrift, Datum und Stempel der Frau eigenhändig übergeben hat. – Wie im absurden Theater, völlig verrückt! Doch diese Absurdität wird von höchsten Würdenträgern nicht erkannt!"

Die Frau: „Ist der Episkopat sich dessen bewußt?"

Der Pater: „Ich glaube, daß man sich dessen nicht bewußt sein will."

Die Frau: „Warum?"

Der Pater: „Man will es mit dem Staat nicht verderben. Darum schaut man am besten gar nicht hin und überläßt diese Sache den Fachleuten."

Die Frau: „Den Fachleuten? Und Bischof Lehmann dirigiert das Orchester?"

Der Pater: „Wie es den Anschein hat, ja."

Die Frau: „Warum gehorchen diese Herren nicht den Gesetzen des logischen Denkens?"

Der Pater: „Was verstehen Sie darunter? Meinen Sie damit das Sachlich-Richtige? Das von der inneren Gesetzmäßigkeit her Zwingende? Meinen Sie das Offenkundige, oder das, was man nicht verneinen kann, ohne die immer gültigen Gesetze des Denkens zu verleugnen?"

Die Frau: „Genau das meine ich! – Nach den jahrelangen argumentativen

Auseinandersetzungen muß man nicht noch einmal das Bundesverfassungsgericht oder die Beschlüsse des Bundestages von oben bis unten durchforsten, weil man vielleicht etwas übersehen hat. Die Fachleute haben das, was durch Gerichtsurteile und Gesetze gemeint wurde, offen ausgesprochen. Das neue Gesetz ist in der Praxis eine Fristenlösung mit Beratung. Und daß Abtreibungen "en masse" stattfinden, wird auch von niemand geleugnet. – Auf wen also warten?"

Der Pater: „Wenn Sie so fragen, sind wir im absurden Theater angekommen. Auf wen warten sie eigentlich?"

Die Frau: „Dieses ewige Warten macht einen in der Tat verrückt. Das ist unfair. – Doch welches absurde Theaterstück meinen Sie?"

"Warten auf Godot" Karikatur oder Wirklichkeit?

Der Pater: „Das Stück ist das in diesem Jahrhundert am meisten gespielte Stück mit dem Titel: "Warten auf Godot" von Samuel Beckett."

Die Frau: „Ich kenne es. In diesem Theater wartet man auf Unerfüllbares und die Tragödie des Wartens endet mit der Tragödie des Wartens."

Der Pater: „Aber es kann doch keine Hinhaltetaktik geben, wenn es um das ungerechte Töten der Allerkleinsten geht."

Die Frau: „Doch! Durch die Zauberworte "im Stich lassen" und "retten"."

Der Pater: „Also bleibt es beim Warten!"

Die Frau: „Ja!"

Der Pater: „Gut! Dann lassen Sie mich einmal Beckett´s Stück "Warten auf Godot" ein wenig umformulieren. Das könnte wie folgend lauten:

> Die Bischofskonferenz: »Nun haben wir den Papstbrief, nun können wir Schluß machen mit der leidigen Frage. Unterschreiben wir den Beratungsschein nicht mehr und schaffen uns den unverdaulichen Brocken endlich vom Hals.« – Ein einzelner Bischof: »Nein wir können nicht?" – Die Bischofskonferenz: »Warum können wir nicht?« – Ein einzelner Bischof: »Wir dürfen Frauen nicht im Stich lassen und wir müssen unbedingt retten.« – Ein anderer Bischof: »Der Erzbischof von Fulda rettet doch und hat dabei die gleichen Erfolge wie wir auch. Das mag uns genügen. Drum gehen wir jetzt und machen Schluß mit der leidigen Frage!« – Chor der Bischöfe: »Wir können nicht.« – Ein einzelner Bischof: »Warum können wir nicht?« – Der Chor der

Bischöfe: »Weil der Erzbischof von Fulda keinen Erfolg hat, obwohl er Erfolg hat.« Ein einzelner Bischof: „Warum hat der Erzbischof von Fulda keinen Erfolg, obwohl er Erfolg hat?« – Chor der Bischöfe: »Der Erzbischof von Fulda hat bei der Beratung von Frauen keinen Erfolg, obwohl er Erfolg hat, weil er der Erzbischof von Fulda ist.« – Ein einzelner Bischof: »Das stimmt nicht! So zu reden ist bösartig. Drum machen wir jetzt Schluß mit der leidigen Frage und nun laßt uns gehen!" – Die Bischofskonferenz: »Wir können nicht!« – Ein einzelner Bischof: »Warum können wir nicht?« – Der Chor der Bischöfe: »Wir können nicht gehen, weil wir eine Kommission haben.« – Ein einzelner Bischof: »Warum haben wir eine Kommission?« – Die Bischofskonferenz: »Wir haben eine Kommission, damit wir nicht gehen können!" – Ein einzelner Bischof: »Gut! Das ist kein Grund. Also schaffen wir die Kommission ab, und nun laß uns gehen!« – Chor der Bischöfe: »Wir können die Kommission nicht abschaffen!« – Ein einzelner: »Warum können wir nicht?« – Alle: »Wir können die Kommission nicht abschaffen, weil sie die Lösung bringt.« Ein einzelner: »Ach was!? Warten wir nicht ab, sondern gehen wir jetzt.« – Alle: »Wir können nicht! Wir warten auf Godot!«"

Die Frau: „Was ist das nun das "Godot" bei der Bischofskonferenz? Was meinen Sie"

Der Pater: „Die Absurdität des Handelns!"

Die Frau: „Es ist wahrhaft absurd, warum sie nicht Schluß machen. Sie sind doch Diener des Reiches Jesu Christi und nicht Diener der Welt."

Der Pater: „Ja, aber wenn sie Schluß machen, rettet die Kirche keine ungeborenen Kindlein mehr, und die kommende Generation wirft ihr vor, Frauen im Stich gelassen zu haben."

Die Frau: „Die ewige Leier lautet: Todbringende Beratungsscheine ausstellen, um Kindlein retten. – Wahrhaftig, wahrhaftig! Das ist die Quadratur des Kreises."

Der Pater: „Ist das nicht Sünde wider den Heiligen Geist?"

Die Frau: „Ich mag diese Argumentation nicht mehr hören! Ich habe dieses Geschwätz so oft in den kirchlich-ideologischen Propagandatrommeln gehört, daß ich mir vorkomme wie ein begossener Pudel, oder wie einer, dem man durch die Hitze dieser Ideologiewelle das Gehirn austrocknet."

Der Pater: „Das ist ein Dauerargument. "Weil man Frauen im Stich läßt, rettet man keine Kinder retten", oder "weil man Kindlein retten kann, wird man den Schein erteilen". So flöten es die Medien und Magazine, die Tagesnachrichten und das Fernsehen in sich immer wieder wiederholenden Wellenbewegungen. Und so steht es auch in der SZ (Süddeutsche Zeitung) vom 10.3.98 geschrieben. Hier, bitte lesen sie den Text:

> *Bischöfe in Not*
>
> ***Für die Amtsbrüder hat Erzbischof Dyba nur Spott übrig: Wozu eine Arbeitsgruppe, die nach Wegen sucht, wie die katholische Kirche in der staatlichen Schwangerenkonfliktberatung bleiben könnte? Es gibt doch einen Weg - seinen, den Ausstieg.***
>
> ***Ähnlich hat der Provokateur aus dem Osthessischen schon auf der Bischofskonferenz gelästert und von den übrigen Hirten, ob konservativ, ob liberal, Keile bezogen.***
>
> ➥ ***Die anderen Bischöfe wollen nämlich einerseits der Bitte des Papstes folgen, keine Beratungsscheine mehr ausstellen zu lassen, die eine straffreie Abtreibung ermöglichen, andererseits aber weiterhin schwangere Frauen nicht im Stich lassen.***
>
> ***Das ist so schwer, wie die Kunst aus einem Kreis ein Quadrat zu machen, da kommt ein Störer, wie Dyba ungelegen. Denn er zeigt die Grenzen dieser Mühen: Keine Zweideutigkeiten bitte, hat Papst Johannes Paul II. gefordert. Eine Beratung aber, die zur Voraussetzung für eine Abtreibung wird, kann niemals eindeutig im päpstlichen Sinne sein. Und ein Fundamentalist wie Dyba wird sicher bald in Rom diesen vermeintlichen Mißstand beklagen.***
>
> ***Hilfe von der Politik können die Bischöfe derzeit kaum erwarten; das hat ausgerechnet der engagierte Katholik und CSU-Politiker Alois Glück klargestellt. Bei der Gesetzgebung sei der "Handlungsspielraum ausgereizt." Die Politik soll, kann und will keinen innerkirchlichen Konflikt lösen, der Papst kann nicht die deutschen Gesetze mitbestimmen.***
>
> ➥ ***Die Bischöfe müssen also letztlich selber aus der Zwickmühle herausfinden und notfalls einen weitern Konflikt mit dem Vatikan riskieren, wollen sie ihr Versprechen halten und Schwangeren in Konfliktlagen beistehen. mad***

Die Frau: „In diesem Artikel ist bis zur so berühmt gewordenen Quadratur des Kreises alles gesagt. Auch ist gesagt, daß die Bischöfe ja nicht treue Diener des Vatikans sein sollen.“

Widerstand gegen den Vatikan ein altes Thema in der Geschichte der Deutschen

Der Pater: „Von dieser Art gibt es Hunderte von Zeitungsartikeln. Viele von ihnen haben sie am Schluß denselben Tenor, nämlich Widerstand leisten gegenüber dem Vatikan.“

Die Frau: „Was antwortet der Bischof von Fulda darauf?"

Der Pater: „ In der "Fuldaer Zeitung/Hünefelder Zeitung/Kinzigtal-Nachrichten/Schlitzer. Bote - 27.2.98, Nr. 49, - Zur Haltung der Bischöfe bei Schwangerenberatung – Vorwürfe von Dyba – Düsseldorf (AP/KNA)" steht eine Antwort des Erzbischof, in welcher zwar schon Bekanntes wiederholt wird, aber auch verdeutlicht. Bitte lesen Sie!"

> ***Der Fuldaer Erzbischof Johannes Dyba hat seinen deutschen Bischofsbrüdern "eine Hinhaltetaktik" bei der Schwangerschafts-Konfliktberatung vorgeworfen.***
>
> ❋ ***Nach dem klaren Brief des Papstes brauche es weder das geplante Expertenkollegium noch monatelange Erörterungen, sagte Dyba der "Rheinischen Post". Die offenkundige Lösung sei, daß die Kirche keine Beratungsscheine für Abtreibungen mehr ausstelle. Statt aufgrund der pervertierten deutschen Abtreibungsgesetze werde sie auf der Grundlage der Zehn Gebote weiter beraten und intensiver helfen.***
>
> ❋ ***Die deutsche Bischofskonferenz aber habe sich "all die Jahre um die auf der Hand liegenden Konsequenzen gedrückt", sagte Dyba. Die deutsche Kirche sei heute in einem "miesepetrigen Zustand". Er wünsche ihr mehr Impulse aus der Weltkirche und mehr Inspiration durch den Papst.***
>
> ***Die Bischofskonferenz, die am Montag in Bad Honnef zu ihrer Frühjahrsvollversammlung zusammenkommt, hatte die Bildung einer Kommission beschlossen, um Vorschläge zu erarbeiten. Voraussichtlich ab 1999 sollen die kirchlichen Beratungsstellen dann keine Scheine mehr ausstellen. Dyba sagte dazu, die Bischöfe sollten nicht so tun, als müßten sie das Rad neu erfinden. Die Kraft zur Lösung komme aus dem Gebet und dem Glauben.***

Der Pater: „Dyba spricht hier klar aus, was mit dem modernen "Warten auf Godot der Deutschen Bischofskonferenz" gemeint ist Man drückt sich um die Konsequenzen und scheint überhaupt nicht die Absicht zu haben auf der Grundlage der zehn Gebote Gottes zu beraten. Man berät sozial und in einem sozialen System."

Die Frau: „Aber hier handelt es sich um Beratungsstellen der katholischen Kirche. Das "Nur-sozial-Beraten" geht gar nicht! Es geht hier nicht um ein innerweltliches Geschehen des "Nur-Rettens", (so wichtig das auch ist), sondern um mehr. Es geht um die unantastbare Würde des Menschen vor Gott und den Menschen. – Denn ist die Würde preisgegeben, dann stoppt das Töten sowieso niemand mehr ab."

Der Pater: „Ja! – Der Kirche, als Anwältin der Würde und der Rechte des

Menschen, ist es untersagt, bei der Beratung die metaphysischen Tiefen, in denen die Würde des Menschen verankert liegt, auszuklammern."

Die Frau: „Lassen Sie mich den "advocatus diaboli" spielen: Ach! Wie naiv! Glauben Sie, daß Frauen bei einem Schwagerschaftskonflikt mit Moralin, also mit hübsch klingenden Worten, bearbeitet werden wollen?"

Der Pater: „Natürlich nicht. Aber schließlich sind die Beraterinnen ausgebildet und sollten ein Gespräch führen können. Dabei geht es menschlich zu: Wenn möglich trinkt man eine Tasse Kaffee, dann nähert man sich dem Problem, weil es weh tut, dann schreitet man weiter und dann erst kommt man auf die entscheidenden Fragen zu sprechen. Keiner Beraterin wird aufgetragen, mit der Tür ins Haus zu fallen.

Die Frau: „Sie sind also der Meinung, die fast nur ***"soziale Dimension"*** der Schwangerenkonfliktberatung überwinden zu können?"

Der Pater: „Natürlich! Ich bin zutiefst überzeugt, daß man nur so einen Erfolg hat. Die Welt redet von Gott, aber sie glaubt nicht an Gott."

Die Frau: „Wie meinen Sie das?"

Der Pater: „Es muß etwa um das Jahre 1983 gewesen sein, als die "Aktion Leben e.V." in Hildenbrandseck bei Neustadt/Weinstraße ein Gespräch mit Beraterinnen führte, die sich für uns interessierten. Herr Ramm, der Vorsitzende der Aktion, und ich verteidigten kompromißlos die Ungeborenen. Darauf sagte eine der Beraterinnen. »Und nun Spaß beiseite! Also Herr Ramm und Sie, Herr Pater, was machen Sie?: Da ist eine Frau mit fünf Kindern, eine Aussiedlerin aus dem Osten, der man eine Wohnung mit drei Zimmern zugewiesen hat. Sie ist schwanger und erwartet das sechste Kind. Ihr Mann säuft und schlägt sie. Was kann man da anders tun als abtreiben? Oder sehen sie da noch einen Ausweg? Bitte, Herr Ramm und bitte Herr Pater, nun seien sie mal ehrlich und geben sie das zu.« – Es gab ein bedrückende Stille im Raum. Alle schauten auf uns und waren gespannt, wie wir uns aus der Affaire ziehen würden."

Die Frau: „Da bin auch ich gespannt."

Der Pater: „Nach etwa einer Minute des Schweigens sagte Herr Ramm mit leiser aber entschiedener Stimme: »Seien sie mit nicht böse. Ich werde auch dann nicht zustimmen.« Auch ich betonte das gleiche. – Die eine der Beraterinnen schaute alle Personen im Raum an und sagte zu uns: »Sie haben beide Glück gehabt.« Wir fragten: »Was ist denn jetzt los? Warum haben wir Glück gehabt?« – Sie antwortete: »Hätten sie in diesem

Fall der Abtreibung zugestimmt, dann wären wir aufgestanden und hätten aus Protest den Raum verlassen.« – Spontan rief ich aus: »Hoppla! Was ist denn das? Wollen sie uns veräppeln?« Und fast verärgert rief ich aus: »Was machen denn ***"Sie"***, wenn es nach außen hin keinen Ausweg mehr zu geben scheint?« – Die Beraterin lachte mich an und betonte: »Das müssen doch sie wissen!« – »Ich«, antwortet ich, »was hat das mit mir zu tun?« – Die Beraterin sagte bestimmt: »Das hat etwas mit ihnen zu tun!« – »Was?« – Sie antwortete: »Was tun sie, wenn sie nicht mehr weiter wissen?« – »Was?« – »Gut, ich antworte,« sagt die Beraterin. »Wenn wir nicht mehr weiter wissen und keinen Ausweg mehr sehen, dann fallen wir auf unsere Knie und beten zu Gott, dem Lebendigen, daß er uns helfe und der Frau und ihrem ungeborenen Kind beistehe! Und, meine Damen und Herrn, ich wüßte keinen Fall, der nicht gelöst werden konnte.« – Das Wort wirkte wie ein Schock, und es war längere Zeit große Stille im Raum."

Die vergessene Dimension
Das Gebet bei der Beratung und beim Retten

Die Frau: „Das ist ja die vergessene Dimension!"

Der Pater: „Die vergessene Dimension!?! Das ist das richtige Wort! – In dieser vitalen Fragen um die Lebensexistenz eines Ungeborenen reicht das Menschliche allein nicht aus. Es braucht die Hilfe Gottes."

Die Frau: „Aber daran muß man glauben, – glauben! Der tiefe Glauben aber ist heute fast gänzlich verloren gegangen?"

Der Pater: „Daß Gott, der Herr, auf unser Gebet hin ein ungeborenes Kindlein retten will und rettet, wer glaubt daran in einer Welt, die man entmythologisiert hat. Doch Gottes Macht ist eine größere Wirklichkeit als alles auf dieser Erde."

Die Frau: „Das ist der Glaube Abrahams!"

Der Pater: „Das ist das Vertrauen der Heiligen Gottes."

Die Frau: „Und wenn die Welt von heute ein solches Denken als unrealistisch und als imaginär einschätzt, weil sie nicht an Gott glaubt?"

Der Pater: „Dann ist diese Schwäche der Welt ohne Gott ihre weltliche Dimension, dies ist aber nicht die Dimension der Kirche."

Die Frau: „Sie sagten, daß die deutsche Kirche gleich am Anfang den Fehler machte, die Beratung auf eine soziale Dimension einzuspuren, und dabei blieb es dann?"

Der Pater: „Was von Anfang an in eine falsche Spur gebracht worden war, läßt sich kaum zurückholen. Schon vor Jahrzehnten hat Frau Buschmann von der Caritas in Freiburg davon in der Herderkorrespondenz gesprochen, wie die Beratung durchgeführt werden sollte."

Die Frau: „Also liegt hier ein altes Übel vor."

Der Pater: „Es liegt ein folgenschweres Übel vor."

Die Frau: „Glauben Sie, daß die kommende Zeit darüber urteilen wird?"

Der Pater: „Davon bin ich fest überzeugt. – Übrigens hat Herr Rösler, Landtagsabgeordneter in Hessen eine Meldung vom Karfreitag, 14. April 1998 aus den Internet-Nachrichten von Radio Vatikan (http://www.-kath.de/rv/index.htm) übernommen und diese Meldung in unserem Sinn hernach entsprechend kommentiert, indem er sie in einer Art Zukunftsschau umschrieb auf das Jahr 1999. Darin wird diese Problematik genau angesprochen. Bitte lesen Sie nun den Text von Herrn Rösler:

> *Verehrte Internet-Benutzer und Benutzerinnen! An dieser Stelle finden Sie die wichtigsten Nachrichten von Radio Vatikan in der Zeit von Samstag, 4. April 1998 bis Dienstag, 7. April 1998.*
>
> ➡ *Papst Pius XII. wollte 1942 den Nationalsozialismus öffentlich verurteilen, wurde aber von deutschen Bischöfen davon abgehalten. Die Jesuitenzeitschrift "Civiltà Cattolica" stützt sich bei dieser Information auf Aussagen des Kardinals Paolo Dezza. Dieser hatte erklärt, er sei 1942 von Papst Pius XII. zu einer Audienz empfangen worden. Dabei habe der Papst zu erkennen gegeben, er leide darunter, daß deutsche Bischöfe ihn brieflich vor einem Angriff des Vatikan auf die Nazis gewarnt hätten, da so etwas nur zu Repressalien führe.*

> *Und dazu ein Gedanke von mir (Herr Rösler): Natürlich heißt es, daß sich die Geschichte nicht wiederhole. Könnte es aber nicht so sein, daß sie nur in neuem Gewand erscheint? Dazu ein Gedanke, wie das in Zukunft heißen könnte:*
>
> ➡ *Radio Vatikan, Ostern 1999 (Rösler) – Papst Johannes Paul II. wollte 1998 die deutsche Kirche aus ihrer Verstrickung in eine staatliche Abtreibungsregelung befreien, wurde aber von deutschen Bischöfen davon abgehalten. Der Papst habe zu erkennen gegeben, daß er darunter leide,*

daß deutsche Bischöfe ihn bei wiederholten Besuchen im Vatikan vor einem Konflikt mit der deutschen Regierung gewarnt hätten, da so etwas zu Benachteiligungen der kirchlichen Stellung und Einflußnahme in der Bundesrepublik Deutschland führen könne ...

Bedrückend empfand es der Papst auch, daß selbst die mit seinem apostolischen Schreiben nach langen und ernsthaften Beratungen gegebene brüderliche Handreichung von deutschen Bischöfen durch Einsetzung einer sogenannten Expertenkommission nicht unmittelbar aufgegriffen und letztlich durch die damit bewirkte Verzögerung in der Umsetzung unwirksam gemacht wurde ...

Die Frau: „So könnte das in einem oder in einigen Jahren lauten.“

Der Pater: „Solche Entwicklungen bahnen sich an. Der Bumerang kommt mit Sicherheit zurück. – Ebenso deutlich wie Herr Rösler, aber auf einer anderen Ebene sprich die "Information aus Kirche und Welt" vom Initiativkreis katholischer Laien und Priester in der Diözese Augsburg:

"Informationen aus Kirche und Welt" Nr. 4/98
Tosender Beifall

Wann hat die Deutsche Bischofskonferenz zum letzten Mal eine gegnerische Position "unter tosendem Beifall" zurückgewiesen? Welche der zahlreichen Häresien zum Beispiel, vorgetragen von katholischen Theologieprofessoren verfiel einem solchen Verdikt? In den Zeitungen war nichts davon zu lesen. Bis zur letzten Frühjahrskonferenz. Da traf es, wie in den Medien zu lesen war, einen der ihrigen. Mit "tosendem Beifall" wurde Erzbischof Dybas "unsolidarisches Verhalten" beim Beratungsschein zurückgewiesen. Dazu kam: "Auf Unverständnis stießen insbesondere öffentliche Aussagen Dybas zum Staat-Kirche-Verhältnis und zur Kirchensteuer." Das war zuviel. Der deutsche Sonderweg am Rand der Weltkirche, von dem man inzwischen sprechen muß, ist ja nur möglich durch die Kirchensteuergelder der Katholiken, ausgegeben für die modernistischen Apparate und ihr zahlreiches Personal.

Vor allem aber sollte der Beifall einen Mann akustisch übertönen, dessen Handeln dennoch lauter spricht als die unzähligen Worte, die Bischof Lehmann und sein Anhang machen. Was andere für die "Quadratur des Kreises" halten, hat er schon vor Jahren mit einem Federstrich vollzogen: Intensiv weiter beraten, ohne Tötungslizenzen auszustellen. In einer psychologisch verständlichen, aber moralisch nicht zu billigenden Reaktion wendet sich der Zorn der Amtsbrüder nun gegen den, dessen Position vom Papst bestätigt wurde.

Vielleicht die interessanteste Frage: Was taten Kardinal Meisner und einige bayrische Bischöfe in den Augenblicken tosenden Beifalls? Nein, sie haben nicht mitgeklatscht. Oder wenn doch, dann nur leise, symbolisch gewisserma-

ßen, denn man wird beobachtet. Sie gehören nicht zu den Claqueuren des Zeitgeists. Aber sie haben ein wenig – mitgemacht. Sie haben geschwiegen. Kein einziger stand, wenn man den Medien glauben darf, auf und sagte: Wir müssen unsere Position ändern, und zwar rasch und ohne taktische Winkelzüge.

Jetzt ahnt man, warum Bischof Lehmann nach der Konferenz in Himmelspforten gelacht hat. Es war ihm wider alles Erwarten gelungen, alle Bischöfe außer Erzbischof Dyba zu einem "solidarischen" Verhalten zu bewegen. Die Forderung nach "Solidarität" wird mit drohendem Unterton erhoben. Wie in der Schweiz gegen Bischof Haas und in Österreich gegen Bischof Krenn ist sie auch gegenüber Erzbischof Dyba ein Instrument der Disziplinierung von Bischöfen, deren primäre Loyalität nicht der örtlichen Bischofskonferenz sondern Rom gilt.

Eine Reihe von deutschen und österreichischen Bischöfen haben erkannt, wohin die Reise geht. Dieser Erkenntnis müssen aber Taten folgen, und das kann nur heißen: eine unerschrockene Solidarität mit ihren an den Pranger gestellten Amtsbrüdern Krenn und Dyba. Sonst könnten sich tatsächlich Entwicklungen ergeben, die sich mit denen im England des 16. Jahrhunderts vergleichen lassen. Auch dort war es letztlich nur ein Bischof, John Fisher, der Rom treu blieb. Alle anderen schlossen "solidarisch" Kompromiß um Kompromiß untereinander und mit den Mächten und den Mächtigen der Zeit, redeten sich ein, sie seien doch noch katholisch und führten die ihnen anvertraute Herde dennoch in die Trennung von Rom. (Gf)

Die Frau: „Dieses Papier sagt deutlich, daß Bischöfe, die Rom treu sind, diszipliniert werden. Es zeigt den modernistischen Apparat und den Widerstand gegen ihn auf, und nennet dabei John Fisher, der zur Zeit Heinrichs VIII. in England gegen dessen Abfall von Rom Widerstand leistete und hingerichtet wurde. – Was sollen diese Aussagen?“

Die Konfrontation
Die Gräben werden tiefer

Der Pater: „Diese Aussagen zeichnen die Situation auf, wie sie zur Zeit im Katholizismus Deutschlands herrscht. – Zwar wird bei uns niemand hingerichtet, aber die Konfrontation zwischen den Parteien wird immer härter. Oft fragt man sich, wohin das noch führen soll?“

Der Pater: „Die Medien haben ihren je eigenen Stil. Ein miserabler Stil ist das, was uns die unvollkommene Tonbandabschrift vom "Hessischer Rundfunk 1 - Aus Kirche und Welt" vom 22. März 1998 darbietet. Aber trotzdem ist sie interessant. Der Text lautet wie folgend:

... ... Lebenschützer, vor allem als Kämpfer um die Abtreibung, machen von sich reden. Mit gezielten Protesten und unablässigen Briefaktionen setzen sie jenen Kirchenleuten zu und auch Politikern, die ihre Ansichten nicht teilen.

Caritaspräsident Helmut Puschmann hat ihnen jüngst eine Vergiftung des innerkirchlichen Klimas vorgeworfen. Viele Lebensschützer benehmen sich aggressiv und unchristlich, wenn sie der Caritas vorwerfen, daß sie eine Abtreibungsberatung durchführe und damit Verrat am Evangelium begehe.

(Ein Journalist) hat sich anläßlich eines Kölner Kongresses ein Bild machen können von Stil und Argumenten der Lebensschützer in ihrem Kampf für das Leben. – Noch demonstrieren sie ... Freunden in Nordamerika ... katholisch ...

Wir Menschen in den entwickelten Ländern, so ist von ihnen zu hören, lebten heute eine Kultur des Todes. In dieser Kulturlandschaft des Todes seien sie die einzigen, so ihr Anspruch, die das Leben schützen werden von der Empfängnis bis zum natürlichen Tod.

Sie sind hierzulande in mehreren Gruppierungen organisiert. Die politisch wichtigste Gruppe dürfte ein hoch engagierter Einzelkämpfer sein, die sich nennen: Christdemokraten für das Leben, abgekürzt CDL. Besonders aktiv ist der deutsche Ableger der nordamerikanischen Gründung HLI - Human Life International, der nach eigenen Angaben 5000 Mitglieder angehören.

Wie auf einem groß angelegten, wenn gleich auch schwach besuchten Kongreß der HLI in Köln zu erfahren war, teilen sie die Menschen in 2 einander gegenüberstehende Lager: Wer nicht für sie, für die Lebensschützer ist, der ist gegen sie. Wer nicht mit ihnen übereinstimmt, wer ihren Situationsbeschreibungen , ihren Wertungen, ihren Postulaten nicht rundum und auch vollauf zustimmt, der ist gegen den Schutz menschlichen Lebens, der verrät den Anspruch des menschlichen Lebens auf Schutz vom Anfang im Mutterleibe bis zu seinem Tode. Sie engagieren sich gegen Empfängnisverhütung und gegen Abtreibung, gegen Sterilisation und gegen Euthanasie. Das alles sei gleichermaßen verwerflich und gehöre in den gleichen Topf.

Der prominenteste Redner des Lebensschützertreffens, der römische Kurienkardinal Lopez Trujillo, Präsident des päpstlichen Familienrates erklärte ernsthaft: Die These von der Überbevölkerung sei ein Mythos, der herhalten müsse für einen neuen Kolonialismus, der den armen Ländern Verhütung, Abtreibung und Sterilisation überstülpen wolle und so das Unglück der reichen Länder in die armen Länder exportiere. Die Staaten des Westens und neuerdings auch Rußland, so eine andere auf diesem Kongreß mehrfach wiederholte These, seien sterbende Länder, ihre Systeme brechen zusammen. Es gebe für die Menschheit keine Zukunft, wenn die Praktiken von Verhütung, Abtreibung und Sterilisation weiter um sich griffen. Die Völker Europas seien sterbende Völker. Die Bevölkerungszahlen in den muslimischen Ländern aber würden wachsen.

Seit gegen Ende vergangenen Jahres zu hören war, der Papst werde möglicher-

weise einen Brief schreiben gegen die Beteiligung seiner Kirche in Deutschland an der staatlich geregelten Schwangerenkonfliktberatung, richtet Deutschlands zornige Minderheit Appelle und Speerspitzen gegen die katholischen Bischöfe. So standen Lebensschützer mit Plakaten, mit Grabstein und Kreuz zur Mahnung und Protest gegen Schwangerschaftsabbrüche tagelang vor der Wohnung des Mainzer Bischof Karl Lehmann, dem Vorsitzenden der deutschen Bischofskonferenz.

Sie standen in Würzburg, als der langvorhergesagte Brief des Papstes eingetroffen war und die residierenden Ortsbischöfe in Würzburg sich trafen zu erster Beratung. Sie demonstrierten während der Frühjahrsvollversammlung der Bischofskonferenz vor dem Kölner Dom und dem Honnefer Tagungslokal.

Als der Papstbrief dann eintraf, entsprach er weder ihren Erwartung noch ihren Ansprüchen, aber gegen den Papst prostestieren sie nicht, auch wenn er plädiert für den Verbleib im gesetzlichen Beratungssystem unter möglichst modifizierten Bedingungen. Aber das nehmen sie bis heute nicht zur Kenntnis. Sie lesen den Papstbrief durch ihre Brille und sehen sich in ihrem Sinne bestätigt. Sie bleiben bei ihrer vorgefaßten Meinung, die deutschen Bischöfe kämen ihrem Auftrag und ihren Pflichten nicht nach. Sie hätten sich statt dessen mit der Welt gemein gemacht. Der einzig treue in der geistigen Wüste sei Johannes Dyba, der Bischof von Fulda. Und er bläst bekanntlich in der Lebensschützer Horn, einsam wie Solobläser eben blasen.“

Die Frau: „Was soll man darauf noch eine Antwort geben. Im Grunde genommen ist alles gesagt, was zu sagen war.“

Der Pater: „Die Quadratur des Kreises löst niemand.“

Die Frau: „Aber, das ist doch gar keine Quadratur des Kreises, und damit nichts Unlösbares! Denn die Erteilung des Scheines zielen auf die Tötung eines unschuldigen Kindes hin. Das weiß doch jedermann.“

Der Pater: „Dann ist das Wort "Quadratur des Kreises" nur das Aushängeschild einer Ideologie, um zu täuschen?“

Die Frau: „Sie haben mich richtig verstanden.“

Der Pater: „Sie meinen aus einer solchen Verquickung aussteigen zu müssen, sei die selbstverständlichste Sache der Welt?“

Die Frau: „Genau, das meine ich.“

****

Bleibt nun alles beim alten?

Wird nun im Schoß der Kirche weiter getötet?

Haben Sie Angst? Ein bischen schon

Der Pater: „Die Fronten haben sich längst gebildet und die Gräben laufen quer durch Kirche und Welt und schonen keinen. Wieviel Stöhnen und Jammern im Hintergrund. Wieviel Fragezeichen, weil allzuviele Christen die Vertreter der Kirche mit der Kirche selbst identifizieren. Wieviel Verlassenheit der Herde und mit Recht erregen sich viele Gläubigen über tollste Experimente, die im Kirchenraum geschehen. Viele Geistliche machen, was sie wollen. Disziplinlosigkeit und Spaltung in und zwischen den Pfarreien, und zu gleicher Zeit werden nicht wenige offenkundige Häresien verkündet. Doch legt man immer den Finger auf den Mund mit dem Wort: »Pssst! Pssst! Bitte, nicht laut davon reden! Mir scheint, als ob von unten her die Fundamente der Kirche unterspült werden, so daß der Bau eines Tages wie von selbst einbrechen muß."

Die Frau: „Die Kirche ist die Kirche Jesu Christi."

Der Pater: „Sicher! Sie wird nicht untergehen! Aber regional, in den verschiedenen Nationen wissen wir nie, was geschieht. Denken wir an die Reformation oder an Heinrich VIII. von England."

Die Frau: „Haben Sie Angst?"

Der Pater: „Ein bißchen schon. – Wenn die eine Gruppe wie danach sucht, den Anschluß an die Postmoderne zu finden und die Substanz des Glaubens preisgibt, muß man einer solchen Preisgabe widersprechen. Wenn im Gegenzug andere Gruppen versuchen, eine Art Restauration einzuleiten und an Elementen festzuhalten, die man nicht festhalten kann, dann lädt sich die Spannung auf."

Die Frau: „Wollen Sie sich deutlicher aussprechen?"

Der Pater: „Dieser Tage hat mich eine Richtigstellung zu meinem Buch "Ganz sich nicht katholisch" erreicht, in der exakt ausgedrückt wird, was ich aussagen möchte. Zwar betrifft das mich selbst, dennoch ist es auch ein Darstellung, welche die kirchliche Situation offen legt. – In der "Mini-Börse", 1/98, (die Minibörse ist eine Ministrantenzeitung) herausgegeben vom Haus Altenberg steht auf Seite 60:

> *Richtigstellung: In der letzten Ausgabe der MiniBörse findet sich im Bereich Nachrichten und Tips der Beitrag „Rechter Faustschlag unter die Gürtellinie" (MiniBörse 4/97, Seite 244.). Dieser richtete sich gegen das sogenannte Weißbuch über den "Bund der deutschen katholischen Jugend" (BDKJ) „Ganz*

sicher nicht katholisch". In diesem Artikel wird auch erwähnt, daß der Pallottinerpater Otto Maier dieses "Weißbuch" zusammengestellt habe. Dazu erreichte uns folgende Richtigstellung des Provinzials der Pallottiner, P. Fritz Kretz SAC:

Pater Otto Maier ist rechtmäßig noch Mitglied unserer Gemeinschaft, lebt aber außerhalb unserer Gemeinschaft und macht derzeit sein Noviziat bei der von Pater Hönisch gegründeten Gemeinschaft "Gesellschaft Jesu und Mariae", hervorgegangen aus den "Europäischen Pfadfindern" mit der Absicht, in diese Gemeinschaft überzutreten. So gibt dieses Weißbuch wohl auch eher die Meinung dieser Gemeinschaft wieder, als die Meinung der Gemeinschaft der Pallottiner. – Ich möchte mit diesem Schreiben klarstellen, daß unsere Gemeinschaft nicht mit den Ansichten von Pater Maier konform geht in diesem Punkt, und daß wir somit nicht gerne in einen Topf geworfen werden mit solchen Veröffentlichungen aus konservativen Kreisen. – Die Erwähnung »Pallottinerpater Otto Maier« stimmt also lediglich rechtlich noch, sollte jedoch nicht dazu führen, unsere Gemeinschaft in die rechte Kirchenecke zu stellen."

Die Frau: „In dieser Richtigstellung stehen sich "konservativ" und "progressiv", – und "rechts" und "links" gegenüber."

Der Pater: „Ja! In diesem Text wird den "Minis", also den Ministranten und ihren Betreuern zugeflüstert: "Achtung, da ist der P. Maier, der gehört nicht mehr ganz zu uns." So wenigstens hört sich das an."

Die Frau: „Also den kleinen Ministranten flüstert man das ins Ohr?"

Der Pater: „Natürlich."

Die Frau: „Was Sie mit ihrem Buch "Ganz sicher nicht katholisch" angeregt hatten, war doch eine Sachdiskussion."

Der Pater: „Ja! Doch die Antwort darauf ist keine Sachdiskussion, sondern Markierungspunkte für jene Grenze, die ausgrenzt, werden gelegt. – Das aber ist die Situation in der Gesamtkirche, im kleinen und im großen Bereich. Eine zwar verborgene aber wirksame Spaltung liegt vor. Mich hat es erschüttert, als man mir vor Jahren über ein Ordinariat aussagte, daß dies eine Mafia sei, und ich fragte mich damals. Warum?"

Die Frau: „Spaltung ist Auflösung und eine schlimme Sache. Wo liegt der Kern zu dieser Erscheinung? Ist das die Liturgie? Oder was ist es?"

Der Pater: „Nein, es ist nicht die Liturgie, sondern es ist die Auflösung des Glaubens und seiner Glaubenswirklichkeiten selbst. Erst von dort her wird die Liturgie mit einbezogen. Wenn zum Beispiel der Glaube an die Jungfräulichkeit der Gottesmutter fällt, und das Priestertum Jesu

Christi abgehalftert wird, - wenn Jesus Christus nur noch "Statthalter" oder "Stellvertreter Gottes" ist anstatt der wahre Sohn Gottes, - wenn es keinen Missionsauftrag mehr gibt und vieles andere, dann zerbricht der Glaube in den Herzen der Glaubenden und die Gräben werden tief, und das Geschrei der verschieden Gruppierungen wird sehr laut."

Der Liberalisierungsdruck ist zu hoch
Es geht um den Glauben der Kirche

Die Frau: „Warum treten Sie zu Pater Hönisch über?"

Der Pater: „Weil der Liberalisierungsdruck in der Pallottinerprovinz, zu der ich gehöre, nicht mehr auszuhalten ist. Sicher ist, daß der Heilige Vinzenz Pallotti aus einer völlig anderen Geisteshaltung lebte, als diese Provinz heute lebt."

Die Frau: „Und konkret?"

Der Pater: „Dazu fehlt die Zeit. - Das Letzte, was mich erreichte, war das Buch "Ein Traum von Kirche" (Herder-Verlag), das mir Provinzial Kretz zugeschickt hat. Ich habe mir die Mühe gemacht, es durchzustudieren und mit den Aussagen des Buches den Glauben selbst zu konfrontieren. Das Ergebnis ist niederschmetternd. Es lautete: ***"Der Glaube des Buches ist nicht der Glaube der Kirche und umgekehrt."*** Als ich bei den Pallottinern eingetreten war, war die Geisteshaltung gegenüber der Kirche eine völlig andere. - Plötzlich erkühnt man sich mir ein Buch zuzuschicken mit den Autoren Gaillot, Haag, Häring, Zulehner und andere, zumeist Theologen, mit denen ich nichts zu tun haben möchte. Plötzlich ersetzen die Spruchweisheiten von Gurus oder chinesischen Weisen oder weltlich gesinnte Literaten wie zum Beispiel von Herrmann Hesse die Worte der Schrift oder die der Heiligen. Und dahinter scheint System zu liegen. Nein, ich will Katholik und Priester sein und nicht unter religiösem Kleid Sozial-Funktionär einer Humanisten-Clique werden."

Die Frau: „Sie glauben also, daß ein enormer Umbruch stattfindet?"

Der Pater: „Ja! - Heute steht vieles auf dem Kopf. Religiös und moralisch ist plötzlich das Gegenteil wahr, wobei mit Heuchelei gearbeitet wird, damit es die Leute nicht merken. Denken Sie an die zahlreichen Aussagen des BdKJ über menschliche Sexualität. - Und genau in dieser Umkehr des Glaubens und der Werte liegt der Sprengsatz. Manchmal hat man den Eindruck, als ob der gegenwärtige Katholizismus in eine rasende Torschlußpanik geraten sei, den Aufsprung auf den postmodernen Zug zu verpassen. Wieviel Priester versuchen, genarrt von den Medien, mit phantastischer Akrobatik die Aufmerksamkeit der Gläubigen zu gewinnen, – doch was sie uns da liturgisch vorzaubern und predigen ist ein "Theatrum". Dieses Theater hat mit dem Glauben Abrahams und dem Glauben an Jesus Christus, der da ist wahrer Gott und wahrer Mensch, nichts mehr zu tun."

Die Frau: „Also streben die Gruppen nun auseinander?"

Der Pater: „Ja! – Der Heilungsprozeß besteht darin, das ganze Credo wieder zu glauben und dem Heiligen Vater die Treue zu halten."

Die Frau: „Es ist nicht die Liturgiefrage sondern die Infragestellung der Glaubensexistenz, in deren Strudel die Liturgie hineingerissen wird?"

Der Pater: „So sehe ich das. Dabei wird ein recht ordentliches Haßpotential aufgebaut, das bis in den Schoß der Pfarreien oder in das Leben von religiösen Gemeinschaften hineinwirkt."

Die Frau: „Wer sind die schlimmsten?"

Der Pater: „Am meisten zertrümmern die liberalen Katholiken, weil sie von ihrer Ideologie her den unnötigen und hinderlichen Ballast abwerfen wollen. Doch bei dem Ballast sind auch Dogmen und jene Erscheinungsformen der Kirche, die diese Liberalen in das Reich der Mythen verweisen. Wunder, Sünde, Gericht, Himmel, Hölle, Teufel und Engel gibt es nicht mehr. »Man kann doch angesichts der modernen Medizin und ihrer Apparaturen nicht mehr an Wunder glauben«, meinen viele. Mir scheint, daß diese postmoderne, oberflächliche Epoche sich mit einer oberflächlichen Religion verehelichen möchte. Doch der wahre Glaube bleibt auf der Strecke. – Darum hat Pius X., als er den Antimodernisteneid forderte, gewußt, was er tat, wenn er auch nicht verstanden worden ist."

Die Frau: „Und welchen Bezugspunkt hat nun dieses Gespräch im Hinblick auf unsere Frage der kirchlichen Beratung?"

Der Pater: „Abtreibung und Empfängnisverhütung sind vor allem jene Mittel, die seit fast 30 Jahren von der Weltbevölkerungskontrolle eingesetzt werden, um die Weltbevölkerungszuwachsrate zu stoppen."

Die Frau: „Also hat das Abtreiben eine rationale Begründung, wie die Not der Frau einen vernünftigen Grund abgeben solle, abzutreiben."

Empfängnisverhütung und Abtreibung. Zwei Praktiken: schicksalhaft miteinander verknüpft

Der Pater: „Selbstverständlich! – Es ist vernünftig, so sagen sie, die Empfängnisverhütung breitflächig einzusetzen, um weniger Kinder zu haben. Doch im Gefolge der Empfängnisverhütung geht die Abtreibung einher, die darin wie von selbst auftaucht. – Nach den Aussagen der klassischen Literatur der Weltbevölkerungskontrolle ist Abtreibung das letzte Verhütungsmittel. Beide Praktiken sind schicksalhaft miteinander verknüpft."

Die Frau: „Pater, Sie können eine solche Aussage öffentlich nicht aussprechen, Sie dürfen ein solches Wort nicht stehen lassen! Sie geraten unter Beschuß und bekommen die allergrößten Schwierigkeiten. Man lacht Sie aus, man zerreißt Sie in den Medien, wie man ehemals den römischen Moraltheologen Caffarra zerrissen hat."

Der Pater: „Richtig! Besonders von denen, die uns vormachen, daß wir die Honkongisierung der Welt wollen. – Wer Abtreibung und Verhütung im gleichen Atemzug nennt, hat die Probleme nicht studiert, kennt die heutigen wissenschaftlichen Forschungsprojekte und ihre Ergebnisse nicht und ist so heillos dumm, daß man mit ihm nicht diskutieren sollte."

Die Frau: „Wie, bitte? Was heißt Hongkongisierung?"

Der Pater: „Man behauptet, daß katholischen Lebensrechtler eine Welt wollen, in denen die Menschen so dicht aufeinander gepackt leben müssen wie in Hongkong, also wie die Heringe in einer Blechdose."

Die Frau: „Sie sagen, bei Abtreibung und Verhütung lägen noch vernünftige Gründe vor, die man trotz allem nicht übersehen sollte."

Der Pater: „Es hat alles seine zwei Seiten, so sagen sie. Man sollte Abtreibung sehr ernst nehmen, und doch auch wieder nicht ganz so ernst. Man sollte keine Abtreibung durchführen, aber auch nicht eine letzte Tragik daraus machen, wenn eine geschehen ist. Man sollte mit den Frauen in ihrem Schmerz um abgetriebene Kinder sehr wohl mitfühlen, aber es gibt ja auch eine Trauerarbeit mit ihnen."

Die Frau: „Und der Heilige Vater?"

Der Pater: „Er nimmt diese Fragen absolut ernst. Bei ihm gibt es keine Rechtfertigung, auch nicht die der Weltbevölkerungskontrolle. Darum hat er gesagt, daß Abtreibung eine Hinrichtung ist. – Und er hat recht."

Die Frau: „Dann stimmen also die Daten, mit denen uns die Weltbevölkerungskontrolle in den Medien alle Tage überschüttet, nicht?"

Der Pater: „Die Daten entstammen ihrer ideologischen Anschauungen. Sie benützen auch der Wissenschaft, so daß sie "wissenschaftliche" Gutachten vorlegen, in denen sie die Leute glauben lassen, unsere Erdkugel werde zum "Stehplatz Erde". – Seit Jahrzehnten wird nun von Bevölkerungsexplosion gesprochen und die Leute glauben dieser Ideologie."

Die Frau: „Und Sie?"

Der Pater: „Ich? Ich glaube nicht daran. Ich sehe, daß unser eigenes Land seit 2 Jahrzehnten total überfremdet. Unsere jungen Ehen haben keine Kinder mehr, aber im kleinsten Dorf leben nun ausländische Familien und die haben Kinder."

Die Frau: „Also meinen Sie, daß der Beratungsschein in gewisser Hinsicht auch zu dieser Ideologie gehöre?"

Der Pater: „Ja!" Der Staat hat die Abtreibung freigegeben. Auf ihm liegt der Druck der Weltbevölkerungskontrolle und der Frauenverbände. Der Staat macht die Abtreibung straffrei mittels des Beratungsscheines."

Die Frau: „Wer wird da nicht traurig und zornig zugleich? Das ganze Geschrei um den Beratungsschein ist nichts weiteres als das laute Gezeter von liberalen und ideologisch festgelegten Katholiken. Sie halten daran fest, daß Retten und Töten in einem verpackt ist."

Der Pater: „Ja! – Man müßte so sagen. Natürlich liegt dahinter ein großes Ausmaß menschlicher Tragödien, die sich Jahr um Jahr seit Bestehen der Gesetze verkompliziert haben. Aber im Letzten muß man beim Grundsätzlichen anfangen."

Wir brauchen wieder das Grundsätzliche: Gott, seine Ordnung, sein Gebot

Die Frau: „Was ist das, das Grundsätzliche?"

Der Pater: „Die Ordnung, die Gott in unsere menschliche Natur hineingelegt hat, also sein Gesetz, seine Rechtssatzungen, seine Normen, sein Gebot. – In diesen Geboten liegt der Schutz des Menschen, seine Würde und seine Unantastbarkeit. Erst von Gott her ist menschliches Leben in die Liebe und die Sicherheit zugleich eingebettet."

Die Frau: „Ich frage töricht: Gottes Gebote darf man nicht brechen?"

Der Pater: „So muß man sagen! Man darf Gottes Gebot nicht brechen. Darum darf man auch keinen Beratungsschein unterschreiben, und zwar keinen einzigen!"

Die Frau: „Der Heilige Vater führt selbst aus, daß die Frau den Schein dazu gebrauchen kann, ihr Kind straffrei abtreiben zu lassen, was nach kirchlichem Sprachgebrauch ein abscheuliches Verbrechen ist."

Der Pater: „Dann ist der Schein ein Schein, der die Erlaubnis gibt, straffrei töten zu können. Dann ist die Ausgabe des Schein auf jeden Fall "objektiv" eine schwere unsittliche Tat. Der Moraltheologe würde, gemessen an der Sache selbst, von einer schweren Sünde reden."

Die Frau: „Dann ist nicht verständlich, warum man im deutschen Katholizismus nun nicht definitiv Schluß macht. Keiner darf ein Kindlein preisgeben und zwar kein einziges."

Der Pater: „Es wäre höchste Zeit, daß man Schluß macht."

Die Frau: „Was nun?

Der Pater: „Herr Ramm und ich haben Kardinal Trujillo einen Brief diesbezüglich geschrieben, in ihm wird die Situation noch einmal sehr deutlich. Im folgenden ist der Text abgedruckt:

25. März 1998

Eminenz, hochwürdigster Herr Kardinal!

Ich möchte auf unser kurzes Gespräch beim HLI-Kongreß am 14. März 98 in Köln zurückkommen und Ihnen ganz herzlich für Ihre dort gesprochenen Worte und Ihre klare Interpretation des Papst-Briefes danken. Wie sehr Sie die Wahrheit getroffen haben, konnte man einem gehässigen Kommentar des Kirchenfunks vom Sonntag, den 22.3.98, entnehmen. Man stellt Sie, Eminenz, darin als Extremist dar. Dies zeigt, daß Ihre geistige Haltung dem deutschen Katholizismus und der jetzt vorherrschenden Mentalität der Bundesrepublik nicht angenehm ist.

Daß sich in Köln Frau Gräfin von Plettenberg in unser Gespräch einmischte, hat mich sehr betroffen gemacht. Die Art und Weise ihres Verhaltens war unkorrekt. Außerdem vertrat sie ganz offenkundig Positionen, die der jetzigen deutschen Politik hinsichtlich der Beratung und des Beratungsscheines dienen, aber nicht der Kirche im Hinblick auf den Papstbrief. Mir scheint, daß sie eine treue Dienerin des Staates ist, dies aber zu verbergen sucht.

Ich bleibe bei meiner Aussage, daß die Mehrheit der deutschen Bischofskonferenz mit "Tricks" versucht, in der Beratungsfrage und dem Schein letztlich alles beim

alten zu belassen. Dafür gibt es vielfältige Belege von Pressekonferenzen und Interviews.

Die jetzt eingesetzte Arbeitsgruppe soll vor allem juristisch klären, auf welche Weise man so weiter machen kann wie bisher.

Bischof Lehmann brachte selbst ins Gespräch, man könnte der Frau anstelle des bisherigen "Scheins" vielleicht einen "Brief" als Beleg für eine stattgefundene Beratung aushändigen, oder der Staat würde eine "eidesstattliche Erklärung" als Nachweis der gesetzlich vorgeschriebenen Beratung akzeptieren. Außerdem könnte der abtreibende Arzt sich auch durch einen "telefonischen Rückruf" davon überzeugen, daß eine Beratung stattgefunden hat.

Bischof Lehmann sagte bei einer Pressekonferenz auch, daß er möglicherweise im Frühjahr 1999 nach Rom fahren werde, um dem Heiligen Vater die Akten auf den Tisch zu legen mit der Bemerkung, daß man sich bemüht habe, aber nicht weitergekommen sei. Er kämpfe dafür, daß es bei der jetzigen Regelung bleibe.

Bischof Lehmann ist der Vorsitzende der jetzt einberufenen Arbeitsgruppe, die mit Leuten besetzt ist, die ihm wohl mehrheitlich treu ergeben sind. Deshalb ist die letzte Variante, alles beim alten zu belassen, auch die wahrscheinlichste. Das nenne nicht nur ich: "Zeit schinden und tricksen!" Erzbischof Dyba nennt das kurz und treffend "Hinhaltetaktik".

Viele von uns haben den Eindruck, daß sich Bischof Lehmann in Rom eine große Lobby aufgebaut hat, um seine deutsche Politik und einen gewissen Nationalkatholizismus durchzusetzen.

Was den Papst angeht, sagte in der Illustrierten "Stern" ein Münchner Professor ganz ungeniert: "Vertrauen wir auf die biologische Lösung. Auch dieser Papst ist nicht unsterblich". (Stern, 29.1.98, S. 37)

Befremdend und für gläubige Katholiken unverständlich ist auch, daß trotz Papstbrief auch heute noch ganz selbstverständlich der "Beratungsschein" bis auf weiteres ausgestellt wird, obwohl nun auch von deutschen Bischöfen anerkannt wurde, daß man sich "schmutzige Hände" macht.

Wir bedauern, daß der Punkt, der am meisten für den fast totalen Zusammenbruch des Widerstandes in der Kirche Deutschlands verantwortlich ist – konkret die Anerkennung der Entscheidungsfreiheit der Frau zur Tötung ihres Kindes, die in katholischen Beratungsstellen trotz der widersprechenden kirchlichen Lehre anerkannt und akzeptiert wird – im Brief des Heiligen Vaters nicht erwähnt wird.

Bei der Pressekonferenz am 27.1.98 in Mainz äußerte Bischof Lehmann auf meine Frage hin: "Das Selbstbestimmungsrecht zum Töten gibt es nicht... Die Gewissensfreiheit ist nicht da, um dem anderen das Leben zu nehmen. ... Das ist ziemlich vergessen und verdunkelt, und ich denke, das muß jetzt erst recht mit aller Klarheit wieder gesagt werden."

Umso unverständlicher ist jedoch seine Aussage am selben Tag auf die Frage der Fernseh-Moderatorin Marion von Haaren in der ARD-Sendung "Farbe bekennen".

Auf ihre Frage: "Bleibt auch in Zukunft die Möglichkeit, daß eine Frau, die zu einer katholischen Beratungsstelle geht, danach noch eine Entscheidungsfreiheit hat, ja oder nein, antwortete Lehmann: "Ja natürlich, die hat sie bis jetzt auch gehabt und die hat sie künftig vielleicht sehr viel mehr."

Eminenz, ist das nicht ein eklatanter Widerspruch in den Aussagen des Bischofs von Mainz? Offenbar erkennt Bischof Lehmann zwar nicht das Selbstbestimmungsrecht als Grundlage der Entscheidungsfreiheit an, wohl aber "eigenverantwortliche Entscheidung".

Wir, die "Aktion Leben", anerkennen die vielfältigen Hilfen die in katholischen Beratungsstellen angeboten werden. Aber es ist für eine kirchliche Beratungsstelle unerläßlich, auch über die vorgeburtliche Entwicklung des Kindes, über das Geschehen der Abtreibungstötung und ihre Folgen und darüber, daß die Abtreibung eine schwere Sünde ist und die Kirchenstrafe der Exkommunikation nach sich zieht, zu sprechen. Das sind Themen, die bei dieser Art von Beratung der deutschen katholischen Kirche absolut tabu sind.

Wir haben in der Tat viele Beispiele dafür, daß es in den katholischen Beratungsstellen eben kein Ringen um das Leben des Kindes gegeben hat und gibt. Das ist auch nicht zu erwarten, wenn die Anerkennung der eigenverantwortlichen Entscheidung Grundlage der Beratung ist. Wenn das aber so ist, wozu braucht es dann die "katholische Beratung"? - Die uns ständig vorgehaltenen Erfolge, die Beratung angeblich aufzuweisen hat, und mit denen man den Heiligen Vater zu beeindrucken suchte, waren in der Tat fast ausschließlich sogenannte ambivalente (unentschiedene) Frauen, die sich durch ein Hilfsangebot von der Tötung ihres Kindes abbringen ließen.

Nicht wenige Frauen, die bereits einen Beratungsschein einer katholischen Beratungsstelle erhalten hatten, konnten wir in den letzten Jahren von einer Abtreibungstötung ihres Kindes abbringen. Verstehen Sie, warum wir, die "Aktion Leben", so sensibel sind gegen diese sogenannten staatlich-katholischen Beratungsstellen, von denen man nicht weiß, ob sie mehr dem Staat oder der Kirche dienen. Gottes Gebot aber haben sie (von ganz wenigen Ausnahmen abgesehen) nicht verkündigt.

Eminenz, ein Jurist, Herr Karl Lenzen aus Bonn-Bad Godesberg, schrieb uns zum Punkt Mitwirkung im staatlichen System unter anderem:

- *"In der Tat leidet die Glaubwürdigkeit der Kirche auch dann, wenn sie ohne Scheinerteilung am Vollzug des Beratungskonzepts durch Erfüllung der verfassungsgerichtlichen Vorgaben entscheidend mitwirkt. Denn es ist das System, das niemals akzeptiert werden kann, weil es das ungeborene Kind nicht mehr wie ein geborenes schützt. ... Ausgerechnet in einer Krise des moralischen Bewußtseins und des tödlichen Schweigens gegenüber einer Politik, die nur noch in einem reinen Machtkalkül danach trachtet, die Begehrlichkeiten der Bürger zu erforschen und zu befriedigen, ausgerechnet also in einer Zeit, der Entchristlichung unserer Gesellschaft, die den Freiheitsbegriff als uneingeschränkte Selbstverwirklichung mißversteht, hebt die Kirche die Schranke des natürlichen Sittengesetzes auf. Ausgerechnet in einer Zeit des dramatischen Vertrauensschwundes in die Kirche, ist die Kirche nicht mehr bereit, das unverzichtbare Recht auf Leben mit der letzten Konsequenz zu verteidigen, verbeugt sich die Kirche vielmehr vor dem "Letztentscheidungsrecht" der zum Schutz, nicht zur Tötung aufgerufenen Schwangeren. Es ist ungeheuerlich, daß die Kirche nur noch der Frau, nicht mehr dem Kind nahe sein, nur noch eine Minimalchance wahrnehmen will, nicht aber bereit ist, aus einem System auszusteigen, das den Lebensschutz auf raffinierteste Weise relativiert. ... Die deutschen Bischöfe werden dereinst Rechenschaft ablegen müssen, weshalb sie sich trotz eines gesetzlich zugestandenen Weigerungsrechts willentlich in ein System einbinden, das inhuman ist, weil unschuldiges menschliches Leben nicht mehr unantastbar ist. Es ist ein System des Unrechts... ."*

Deshalb, Eminenz, können wir weder mit irgendwelchen "Tricks", die den Anschein erwecken als habe man mit einer Verstrickung in das Tötungssystem des Staates nichts zu tun, noch eine Beratung, die nicht an Gottes Wort und der Lehre der katholischen Kirche orientiert ist, akzeptieren und werden unsere Stimme entschieden dagegen erheben, solange wir können. Ihnen, Eminenz, nochmals ein ganz herzliches Vergelt's Gott für Ihre klaren und wegweisenden Worte in Köln.

Mit der Bitte um Ihren Segen und Ihr Gebet verbleibe ich Ihre

AKTION LEBEN e.V. — *BEWEGUNG FÜR DAS LEBEN e.V.*

Walter Ramm — *P. Otto Maier*

Die Frau: „Sagen Sie, wie schwer fällt es Ihnen, in der Kirche für die Kirche zu kämpfen und zum Teil die Hierarchie oder den Apparat beim Namen zu nennen und offen auszusprechen, was Sie denken? Dabei wissen Sie doch, daß sie gewissen Würdenträgern Ärgernis geben."

Wir tragen nun alle unsere Haut zum Markt Doch jetzt geht es um den Embryo-Holocaust

Der Pater: „Es fällt mir sehr schwer. Doch darf man schweigen? Einmal hat mir ein guter Freund gesagt, daß die Herren eine sensible Haut hätten und verärgert reagierten, wie man ja meist auch sehr empfindsam reagiert. Darauf sagte ich, daß wir alle unsere Haut zum Markt tragen, daß aber ein einzelner angesichts des Ungeheuren eines Embryo-Holocausts kein Gesicht mehr trägt. Das Töten weist eine so schrecklich weltweite Dimension auf, daß es zum Ende kommen muß."

Die Frau: „Sie wollen damit sagen, daß im Angesicht des vieltausendfachen Sterbens der Kleinen alle Tage unser eigenes Leben zu gering ist, als daß wir schweigen dürften. Jetzt gilt nicht mehr die Ehre der Person sondern der Glanz der Wahrheit. Sie fordert unbedingt, nicht mehr zu schweigen."

Der Pater: „Ja! Genau darum geht es."

Die Frau: „Auch wenn es weh tut?"

Der Pater: „Der geistige Kampf ist genau so hart wie der mit den Waffen und wir haben einen geistigen Kampf größten Ausmaßes vor uns. Keiner kann ihm entrinnen."

Die Frau: „Nach der Kenntnisnahme dieses Briefes an den Kardinal fehlt uns noch der volle Wortlaut des päpstlichen Schreibens, das der Papst an den deutschen Episkopat geschickt hat."

Der Pater: „Wir besitzen den Text, den wir nun abdrucken."

Den verehrten Brüdern im Bischofsamt in Deutschland Gruß und apostolischen Segen

1. *Am 27. Mai 1997 haben wir entsprechend der Bitte von Herrn Bischof Karl Lehmann, dem Vorsitzenden Eurer Bischofskonferenz, miteinander die Fragen über die rechte Zuordnung der katholischen Schwangerschaftsberatungsstellen zur staatlich geregelten Beratung gemäß dem Schwangeren- und Familienhilfeänderungsgesetz vom 21. August 1995 besprochen und vertieft. Noch einmal danke ich Euch für diese Begegnung, in der Ihr Euer lebendiges Verantwortungsbewußtsein gegenüber dem Evangelium des Lebens sowie Eure Bereitschaft, in Einheit mit dem Nachfolger Petri die richtige Entscheidung zu finden, zum Ausdruck gebracht habt.*

In den seither vergangenen Monaten habe ich die verschiedenen Gesichtspunkte der Frage erneut studiert, mich weiter über sie beraten und das Problem im Gebet vor den Herrn getragen. So möchte ich heute, wie am Ende der Gespräche angekündigt, die erzielten Ergebnisse noch einmal zusammenfassen und gemäß meiner Verantwortung als oberster Hirte der Kirche einige Richtlinien für das künftige Verhalten in den umstrittenen Punkten geben.

2. *Eure Bischofskonferenz setzt sich seit Jahrzehnten in unmißverständlicher Weise ein, um die Botschaft von der unantastbaren Würde des menschlichen Lebens in Wort und Tat zu bezeugen. Denn obgleich das Recht auf Leben in der Verfassung Eures geschätzten Landes eine klare Anerkennung findet, hat der Gesetzgeber die Tötung ungeborener Kinder dennoch in bestimmten Fällen* *legalisiert, in anderen Fällen für straffrei erklärt, auch wenn dabei der Charakter der Unrechtmäßigkeit gewahrt bleibt. Eure Bischofskonferenz hat sich zu Recht mit dem früheren und dem jetzt geltenden Abtreibungsgesetz nicht abgefunden, sondern freimütig und unerschrocken gegen die Abtreibung Stellung genommen. In vielen Ansprachen, Erklärungen, ökumenischen Initiativen und anderen Beiträgen, unter denen besonders das Hirtenwort Menschenwürde und Menschenrechte von allem Anfang an vom 26. September 1996 zu erwähnen ist, habt Ihr den Wert des menschlichen Lebens von der Empfängnis an verkündet und verteidigt.*

Im Kampf um das ungeborene Leben muß sich die Kirche in unseren Tagen immer mehr von der sie umgebenden Umwelt unterscheiden. Sie hat dies von ihren Anfängen an getan (vgl. Brief an Diognet 5.1-6.2) und tut es bis heute. „Bei der Verkündigung dieses Evangeliums dürfen wir nicht Feindseligkeit und Unpopularität fürchten, wenn wir jeden Kompromiß und jede Zweideutigkeit ablehnen, die uns der Denkweise dieser Welt angleichen würde (vgl. Röm 12,2). Wir sollen in der Welt, aber nicht von der Welt sein (vgl. Joh 15,19; 17,16) mit der Kraft, die uns von Christus kommt, der durch seinen Tod und seine Auferstehung die Welt besiegt hat (vgl. Job 16,33)" (Evangelium vitae, Nr. 82). Durch Eure vielfältigen Bemühungen im Dienst am Leben habt Ihr diese Worte in die Tat umgesetzt und dazu beigetragen, daß die Haltung der Kirche zur Frage des Lebensschutzes den Bürgern Eures Landes von Kindesbeinen an vertraut ist. Ich möchte Euch aus ganzem Herzen meine Wertschätzung und meine volle Anerkennung für diesen unermüdlichen Einsatz aussprechen. Ebenso danke ich allen, die in der Öffentlichkeit das Lebensrecht eines jeden Menschen verteidigen. Besondere Erwähnung verdienen dabei die Politiker, die sich in Vergangenheit und Gegenwart nicht scheuen, die Stimme für das Leben der ungeborenen Kinder zu erheben.

3. *Neben einigen positiven Aussagen über den Lebensschutz und über die Notwendigkeit der Beratung sieht das Gesetz vom 21. August 1995 vor, daß die Abtreibung bei Vorliegen einer sehr vage umschriebenen „medizinischen Indikation" bis zur Geburt rechtmäßig ist. Diese Bestimmung habt ihr zu Recht heftig kritisiert. Ebenso ist die Legalisierung der Abtreibung bei Vorliegen einer „kriminologischen Indikation" für gläubige Christen und für alle Menschen mit wachem Gewissen völlig unannehmbar. Ich bitte Euch, weiterhin alle möglichen Schritte zur Änderung dieser gesetzlichen Verfügungen zu unternehmen.*

4. *Nun wende ich mich den neuen Gesetzesbestimmungen über die Beratung der schwangeren Frauen in Not zu, weil diese bekanntlich für die kirchliche Sendung im Dienst am Leben und für das Verhältnis von Kirche und Staat in Eurem Land von erheblicher Bedeutung sind. Aufgrund meiner Besorgnis über die neuen Bestimmungen fühlte ich mich verpflichtet, am 21. September 1995 in einem persönlichen Brief einige Grundsätze in Erinnerung zu rufen, die in dieser Sache sehr wichtig sind. Ich lenkte Eure Aufmerksamkeit unter anderem darauf, daß die positive gesetzliche Definition der Beratung im Sinn des Lebensschutzes durch gewisse zweideutige Formulierungen abgeschwächt wird und daß die von den*

Beraterinnen auszustellende Beratungsbescheinigung nunmehr einen anderen juristischen Stellenwert hat als in der vorigen gesetzlichen Regelung. Ich ersuchte Euch, die kirchliche Beratungstätigkeit neu zu definieren und dabei darauf zu achten, daß die Freiheit der Kirche nicht beeinträchtigt wird und kirchliche Einrichtungen nicht für die Tötung unschuldiger Kinder mitverantwortlich gemacht werden können.

In den Vorläufigen Bischöflichen Richtlinien habt Ihr das Ziel der kirchlichen Beratung gegenüber dem Gesetz weiter im Sinn des unbedingten Lebensschutzes präzisiert. Durch diese und andere Maßnahmen habt Ihr den kirchlichen Beratungsstellen ein deutliches eigenes Profil gegeben. Im Ringen um die staatliche Anerkennung der Vorläufigen Bischöflichen Richtlinien in den einzelnen Ländern ist die eigenständige Position der Kirche in der Frage weiter zutage getreten.

5. *Umstritten blieb die Problematik der Beratungsbescheinigung, die gewiß nicht aus dem Beratungskonzept herausgelöst werden kann, aber sorgsam gemäß ihrer objektiven rechtlichen Bedeutung zu bewerten ist. In der Ansprache vom 22. Juni 1996 während meiner Pastoralreise in Deutschland stellte ich fest: „Von unserem Glauben her ist klar, daß von kirchlichen Institutionen nichts getan werden darf, was in irgendeiner Form der Rechtfertigung der Abtreibung dienen kann".*

Um in der Frage des Beratungsscheines eine Lösung zu finden, kam es - in Fortführung einer ersten Unterredung am 5. Dezember 1995 - am 4. April l 997 zu einem zweiten Gespräch zwischen einer Delegation Eurer Bischofskonferenz und Vertretern der Kongregation für die Glaubenslehre, bei dem trotz einer grundlegenden Einmütigkeit in der Lehre der Kirche zum Lebensschutz und in der Verurteilung der Abtreibung wie auch in der Notwendigkeit einer umfassenden Beratung schwangerer Frauen in Not die strittige Frage der Beratungsbescheinigung nicht endgültig gelöst werden konnte. Während der Begegnung am 27. Mai 1997 wurden alle zu berücksichtigenden Elemente noch einmal in einer brüderlichen Atmosphäre freimütig und offen vorgetragen.

In meinem Auftrag, die Brüder zu stärken (vgl. Lk 22,32), richte ich mich nun wiederum an Euch, liebe Mitbrüder. Es geht nämlich um eine pastorale Frage mit offenkundigen lehrmäßigen Implikationen, die für die Kirche und für die Gesellschaft in Deutschland und weit darüber hinaus von Bedeutung ist. Auch wenn die gesetzliche Situation in Eurem Land einzigartig ist, so betrifft das Problem, wie wir das Evangelium des Lebens in der pluralistischen Welt von heute wirksam und glaubwürdig verkünden, doch die Kirche insgesamt. Der Auftrag, das Leben in allen seinen Phasen zu schützen, läßt keine Abstriche zu. Daraus folgt, daß die Botschaft und die Handlungsweise der Kirche in der Frage der Abtreibung in ihrem wesentlichen Gehalt in allen Ländern dieselben sein müssen.

6. *Ihr legt großen Wert darauf daß die katholischen Beratungsstellen in der Schwangerenberatung öffentlich präsent bleiben, um durch eine zielorientierte Beratung viele ungeborene Kinder vor der Tötung zu retten und den Frauen in* *schwierigen Lebenssituationen mit allen zur Verfügung stehenden Mitteln zur Seite zu stehen. Ihr unterstreicht, daß die Kirche in dieser Frage - um der ungeborenen Kinder willen - die vom Staat eröffneten Spielräume zugunsten des Lebens und der Beratung so weit wie möglich nützen muß und nicht die Verantwortung auf sich nehmen kann, mögliche Hilfeleistungen unterlassen zu haben. Ich unterstütze Euch in diesem Anliegen und hoffe sehr, daß die kirchliche Beratung kraftvoll weitergeführt werden kann. Die Qualität dieser Beratung, die sowohl den Wert des ungeborenen Lebens wie auch die Schwierigkeiten der schwangeren Frau ganz ernst nimmt und eine Lösung auf der Basis von Wahrheit und Liebe anstrebt, wird die Gewissen vieler Ratsuchender anrühren und für die Gesellschaft ein mahnender Aufruf sein.*

Ich möchte in diesem Zusammenhang den Einsatz der katholischen Beraterinnen der Caritas und des Sozialdienstes katholischer Frauen sowie einiger anderer Beratungsstellen ausdrücklich hervorheben. Ich kenne den guten Willen der Beraterinnen und weiß um ihre Mühen und Sorgen. Ich möchte ihnen aufrichtig für ihr Engagement danken und sie bitten, weiterhin für jene zu kämpfen, die keine Stimme haben und ihr Lebensrecht noch nicht selber verteidigen können.

7. *Was nun die Frage der Beratungsbescheinigung betrifft, möchte ich wiederholen, was ich Euch schon im Brief vom 21. Sept. 1995 geschrieben habe: „Sie bestätigt, daß eine Beratung stattgefunden hat, ist aber zugleich ein notwendiges Dokument für die straffreie Abtreibung in den ersten 12 Wochen der Schwangerschaft". Ihr selber habt diese widersprüchliche Bedeutung des Beratungsscheines, die im Gesetz verankert ist, mehrmals als „Dilemma" bezeichnet. Das „Dilemma" besteht darin, daß die Bescheinigung die Beratung zugunsten des Lebensschutzes bestätigt, aber zugleich die notwendige Bedingung für die straffreie Durchführung der Abtreibung bleibt, auch wenn sie gewiß nicht deren entscheidende Ursache ist.*

Der positive Text, den Ihr dem von katholischen Stellen ausgestellten Beratungsschein gegeben habt, kann diese widersprüchliche Spannung nicht grundsätzlich beheben. Die Frau kann den Schein aufgrund der gesetzlichen Bestimmungen dazu gebrauchen, um nach einer dreitägigen Frist ihr Kind straffrei und in öffentlichen Einrichtungen und zum Teil auch mit öffentlichen Mitteln abtreiben zu lassen. Es ist nicht zu übersehen, daß der gesetzlich geforderte Beratungsschein, der gewiß zuerst die Pflichtberatung sicherstellen will, faktisch eine Schlüsselfunktion für die Durchführung straffreier Abtreibungen erhalten hat. Die katholischen Beraterinnen und die Kirche, in deren Auftrag die Beraterinnen in vielen Fällen handeln, geraten dadurch in eine Situation, die mit ihrer Grundauffassung in der Frage des Lebensschutzes und dem Ziel ihrer Beratung in Konflikt steht. Gegen ihre Absicht werden sie in den Vollzug eines Gesetzes verwickelt, der zur Tötung unschuldiger Menschen führt und vielen zum Ärgernis gereicht.

Nach gründlicher Abwägung aller Argumente kann ich mich der Auffassung nicht entziehen, daß hier eine Zweideutigkeit besteht, welche die Klarheit und Entschiedenheit des Zeugnisses der Kirche und ihrer Beratungsstellen verdunkelt. Deshalb möchte ich Euch, liebe Brüder, eindringlich bitten, Wege zu finden, daß ein Schein solcher Art in den kirchlichen oder der Kirche zugeordneten Beratungs-

stellen nicht mehr ausgestellt wird. Ich ersuche Euch aber, dies auf jeden Fall so zu tun, daß die Kirche auf wirksame Weise in der Beratung der hilfesuchenden Frauen präsent bleibt.

8. *Verehrte Mitbrüder! Ich weiß, daß die Bitte, die ich an Euch richte, ein nicht leichtes Problem anrührt. Schon seit langem und verstärkt seit der Begegnung vom 27. Mai 1997 ist von vielen Seiten, auch von Menschen, die sich für die Kirche und in der Kirche einsetzen, nachdrücklich vor einem solchen Entscheid gewarnt worden, der die Frauen in Konfliktsituationen ohne den Beistand der Glaubensgemeinschaft lasse. Ebenso nachdrücklich ist freilich auch von gläubigen Menschen aller Schichten und Stände angemahnt worden, daß der Schein die Kirche in die Tötung unschuldiger Kinder verwickelt und ihren unbedingten Widerspruch gegen die Abtreibung weniger glaubwürdig macht.*

Ich habe beide Stimmen sehr ernst genommen und respektiere die leidenschaftliche Suche nach dem rechten Weg der Kirche in dieser wichtigen Sache auf beiden Seiten, fühle mich aber um der Würde des Lebens willen gedrängt, die oben dargelegte Bitte an Euch zu richten. Zugleich anerkenne ich, daß die Kirche sich ihrer öffentlichen Verantwortung nicht entziehen kann, am allerwenigsten da, wo es um das Leben und die Würde des Menschen geht, den Gott geschaffen und für den Christus gelitten hat. Das Schwangeren- und Familienhilfeänderungsgesetz bietet viele Möglichkeiten, um in der Beratung präsent zu bleiben; die Präsenz der Kirche darf letztlich nicht vom Angebot des Scheins abhängen. Nicht nur der Zwang einer gesetzlichen Vorschrift darf es sein, der die Frauen zu den kirchlichen Beratungsstellen führt, sondern vor allem die sachliche Kompetenz, die menschliche Zuwendung und die Bereitschaft zu konkreter Hilfe, die darin anzutreffen sind. Ich vertraue darauf, daß Ihr mit den vielfältigen Möglichkeiten Eurer Institutionen und Eurer Organisationen, mit dem reichen Potential an intellektuellen Kräften wie an Innovationsfähigkeit und Kreativität Wege finden werdet, die Präsenz der Kirche in der Beratung nicht nur nicht vermindern zu lassen, sondern noch zu verstärken. Ich bin davon überzeugt, daß Ihr in der geistigen Auseinandersetzung, die in der Gesellschaft Eures Landes bereits stattfindet und die nun folgen wird, alle Eure Kräfte mobilisieren könnt, um den Weg der Kirche nach innen und nach außen verständlich zu machen, so daß er auch dort wenigstens Respekt findet, wo man nicht glaubt, ihn billigen zu können.

Daß die Kirche den Weg des Gesetzgebers in einem konkreten Punkt nicht mitgehen kann, wird ein Zeichen sein, das gerade im Widerspruch zur Schärfung des öffentlichen Gewissens beiträgt und damit letztlich auch dem Wohl des Staates dient: „Das Evangelium vom Leben ist nicht ausschließlich für die Gläubigen da: es ist für alle da. ... Unser Handeln als ‚Volk des Lebens und für das Leben' verlangt daher, richtig ausgelegt und mit Sympathie aufgenommen zu werden. Wenn die Kirche die unbedingte Achtung vor dem Recht auf Leben jedes unschuldigen Menschen - von der Empfängnis bis zu seinem natürlichen Tod - zu einer der Säulen erklärt, auf die sich jede bürgerliche Gesellschaft stützt, ‚will sie lediglich einen humanen Staat fördern. Einen Staat, der die Verteidigung der Grundrechte der menschlichen Person, besonders der schwächsten, als seine vorrangige Pflicht anerkennt '" (Evangelium vitae, Nr. 101). Noch einmal danke ich Euch für Euer vielfältiges Bemühen, das Leben der ungeborenen Kinder zu schützen, und ebenso für Eure Bereitschaft, die katholische Beratungstätigkeit neu zu umschreiben. Ich empfehle die Euch anvertrauten Gläubigen - im besonderen die in der Beratung engagierten Frauen und Männer sowie alle schwangeren Frauen in Not - Maria, der Mutter vom Guten Rat, und erteile Euch von Herzen den Apostolischen Segen.

Aus dem Vatikan, am 11. Januar 1998, dem Fest der Taufe des Herrn

Die Frau: „Der Beratungsschein ist nach den unmittelbaren Folgerungen, die man aus den Worten des Papstes ziehen muß, ein schuldbare und anrechenbare Mitarbeit bei der Tötung unschuldiger Kinder. Dem kann wohl nicht widersprechen werden."

Der Pater: „Wenn die Frau den Schein zur Abtreibung gebrauchen kann, dann darf man ihr diesen Schein niemals in die Hand geben. Tut man es dennoch und gibt ihr den Schein in die Hand, dann läßt sich das vergleichen mit einem Mann, dessen Versuchung zu einer Tötungsabsicht man kennt, und dem man nun nach einem Gespräch darüber eine geladene Pistole in die Hand drückt mit der Versicherung, daß er mit dieser Pistole ungestraft töten könne. Wer die Pistole gibt, ist hernach schwer mitschuldig am Tod des Opfers!"

Die Frau: „Was kann noch getan werden, um die Bischofskonferenz dazu zu bewegen, aus diesem System mit seinem Schein auszusteigen. Aus Ehrfurcht vor der Würde des Amtes haben auch wir geschwiegen. Ist es jetzt zu spät?"

Der Pater: „Zu spät ist es nie! Darum haben wir offen dargelegt, was viele unter uns denken. Jesus Christus, unser Herr, ist die Wahrheit und der Wahrheit wollen wir mit diesem Buch dienen."

Die Frau: „Der Text des Papstbriefes, den wir abgedruckt haben, ist ein wenig lang, könnten wir ihn nicht auf eine Kurzformel bringen, um genau zu wissen, was der Papst nun wirklich sagt?"

Der Pater: „Doch. Wir haben diese Formel zusammengestellt und sind überrascht, mit welcher Deutlichkeit der Heilige Vater seine Forderungen stellt. Wer diese Forderungen aufmerksam liest, der muß zugestehen, daß trotz aller Höflichkeiten, die ausgetauscht wurden, der Papst mit hoher Dringlichkeit die deutschen Bischöfe ermahnt hat. – Warum gehorchen sie ihm nicht?

Und immer noch die Beratungsbescheinigung

Der entscheidende Satz im Brief des Papstes lautet: ***„Deshalb möchte ich Euch, liebe Brüder, eindringlich bitten, Wege zu finden, daß ein Schein solcher Art in den kirchlichen oder der Kirche zugeordneten Beratungsstellen nicht mehr ausgestellt wird."***

Dieser Bitte gehen zwei wichtige Feststellungen des Papstes voraus, die lauten: ***„Ich ersuchte Euch, die kirchliche Beratungstätigkeit neu zu definieren und dabei darauf zu achten, daß die Freiheit der Kirche nicht beeinträchtigt wird und kirchliche Einrichtungen nicht für die Tötung unschuldiger Kinder mitverantwortlich gemacht werden können."*** – **Weiter:** ***„Von unserem Glauben her ist es klar, daß von kirchlichen Institutionen nichts getan werden darf, was in irgend einer Form der Rechtfertigung der Abtreibung dienen kann."***

Der Papst zur Beratungsbescheinigung: ***„Sie bestätigt, daß eine Beratung stattgefunden hat, ist aber zugleich ein notwendiges Dokument für die straffreie Abtreibung in den ersten zwölf Wochen der Schwangerschaft."*** **Weiter sagt er:** ***„Die Frau kann den Schein aufgrund der gesetzlichen Bestimmungen dazu gebrauchen, um nach einer dreitätigen Frist ihr Kind straffrei und in öffentlichen Einrichtungen und zum Teil auch mit öffentlichen Mitteln abtreiben zu lassen."***

Die Texte sind klar. – Absolut unverständlich ist, warum nun eine weitere Hinhaltetaktik der Bischofskonferenz, dessen Vorsitzender der Bischof von Mainz ist, angewandt wird. – Es wird ohne Einhalt weiter getötet.

Die Frau: „Diese Kurzform das Papstbriefes bringt sehr klar zum Ausdruck, was der Papst will. Er sagt auch, daß die Kirche am Töten Unschuldiger niemals Anteil haben kann."

Der Pater: „Auf Grund dieses Papstbriefes hätte die Bischofskonferenz sofort anordnen müssen, daß keine Beratungsscheine mehr unterschrieben werden dürfen. – Nun zur Zusammenfassung:

DAS IST DIE STUNDE DER WAHRHEIT! WIE DAS KREUZURTEIL SO AUCH DER PAPSTBRIEF, SIE SCHEIDEN DIE SPREU VOM WEIZEN

- Das Schreibens des Papstes in seinem kurialen Stil und seiner "Captatio benevolentiae" kommt den Bischöfen sehr freundlich entgegen. Inhaltlich aber gibt der Papstbrief sehr klar an, welche Bedeutung die Ausgabe des Beratungsscheins durch die Beraterinnen juristisch besitzt.
- Die moraltheologische Frage der Mitwirkung wurde im Schreiben nicht angesprochen. – Trotzdem legt das Schreiben offen, daß die katholische Kirche Deutschlands mitwirkt an der Ausgabe des Scheines, mit dem man nach dreitägiger Frist das Kind straffrei und in öffentlichen Einrichtungen und zum Teil auch mit öffentlichen Mitteln abtreiben kann.
- Was hat die Kirche da gemacht? Was war das nur? Sie hat den Schein ausgestellt, und der Schein berechtigt zum straflosen Töten! Den Schein hätte man nie ausstellen dürfen. Man müßte ihn sofort absetzen. Denn was der Beratungsschein ermöglicht, ist vielen erst durch das Papstschreiben ganz zum Bewußtsein gekommen. – Eines Tages wird es für alle offenbar, daß wir mit dem Schein getötet haben und töten, und damit schwer sündigen.
- Im Grunde genommen hat der Heilige Vater die Argumentation der Lebensrechtsgruppen bestätigt, obwohl er seine Entschiedenheit unter vielen Dankesworten verkleidet hat. Der Papst bestätigt, daß Erzbischof Dyba recht hatte. – Die Öffentlichkeit aber fragt sich nun, warum die Kirche mitgemacht hat und immer noch mitmacht?
- Jeder Tag, den man hinausschiebt, kostet durch den Gebrauch der ausgehändigten Scheine Menschenleben. Indem man scheinbar so

tut, als ob man sich vor dem Papst beugt, verlängert man zugleich die Frist wieder um ein Jahr! – Seit 1995, also seit drei Jahren, liegt der Papst den Bischöfen in den Ohren."

- Diese Bischofskonferenz überläßt die Bearbeitung und Verantwortung der Kommission. Zugleich wird verkündet, daß eine Jahresfrist nicht ausreicht. – Man macht also so weiter wie vorher.
- Ist es nicht das Spiel der Großen in der Kirche, die "political correctness" zu beachten? – Ist es nicht ebenfalls das Spiel der Großen im Staat, die "ecclesiastical correctness" zu beachten? Man ist höflich und verneigt sich voreinander. Im Munde des Volkes heißt das: "Eine Hand wäscht die andere." Oder: "Eine Krähe hackt der anderen kein Auge aus." – Das bedeutet: daß der Satz stimmt, die Kirche sei das Feigenblatt vor der Blöse des Staates.
- Ist man in diesem Streit nicht auf breiter Fläche populistisch, didaktisch, opportunistisch und machiavellistisch vorgegangen, indem man all diejenigen, die auf Unrecht hinweisen wie den letzten Dreck behandelte? Man hat den Eindruck, daß dieser kirchliche Apparat, der einem entgegensteht, sich wie der mephistophelische Präzeptor Germaniae benimmt. hat. – Man sagt JA, handelt aber NEIN? Das war und ist wirklich ein kirchliches Tollhaus!
- Auch Bischof Lehmann spielte darin seine Rolle:
    - Lehmann hat die Funktion des Scheines umfunktioniert. Er behauptete, der Schein sei nur eine Bestätigung, obwohl er weiß, daß die Scheinerteilung den Abtreiber straflos stellte. Später sprach er dann vom Dilemma.
    - Er sagt, das Staatsgesetz sei keine Fristenregelung, obwohl er weiß, daß dies faktisch gegeben ist.
    - Er spricht offen aus, daß das Urteil des Bundesverfassungsgerichts gut sei, obwohl er weiß, daß dies nicht der Fall ist.
    - Er beteuert, daß wir uns dem Papst beugen müssen, obwohl er dann genau das Gegenteil tut. – Er bewegt sich nicht in Richtung auf den Papst zu, er macht, was er will.
- Die katholische Kirche Deutschlands soll doch nicht so tun, als ob sie Tausende von Kindern gerettet habe, ohne etwas dafür bezahlt zu haben? – Der Preis ist die Freigabe von unzähligen Kindern, die mittels des Scheins straffrei umgebracht wurden.

- Der Stempel und die Unterschrift unter den Beratungsschein hilft neben anderem auch den Schwängerern, welche die Frauen unter Druck setzen. Die Frau sagt, daß sie das Kind annehmen und austragen würde, betont aber zu gleicher Zeit, wenn sie ohne Schein nach Hause kommen würde, werde man ihr alle Knochen kaputt schlagen. – Und die Beraterinnen weiß dies und unterschreibt meist trotzdem! Und setzt damit Unrecht. – Also ist der Beratungsschein auch der Beschützer der Playboys.

- Nach Freiburg stehen 27,6 % der Frauen unter massivem Druck, was aus dem Beratungsschein auch eine Hilfeleistung zur Kriminalität und/oder Beihilfe zur Erpressung werden läßt. – So manche Beraterin entschuldigt sich wohl vor sich selbst bei der Scheinabgabe: »Ich leiste nur der bedrängten Frau Hilfe, damit sie der Bedrängung ihres Umfeldes durch das Töten des Kindes entfliehen kann.«

- Sieht diese Art von Verquickung nicht aus wie ein Staatskirchentum? Dabei geht es um Geld, und auch um das öffentliche Ansehen der Institution Kirche (und auch der Staates). Der Staat zahlt 150.- DM für jeden Beratungsfall. Deshalb wird wohl bewußt die Hinhaltetaktik weitergeführt bis zum Jahre 1999. – Fürchtet man, daß diese Staatsgelder gestrichen werden?

- Die sehr liberalen und sonst verbissenen Gegner der Kirche danken der Kirche im Hinblick auf ihre Beratungsstellen. – Sie ermahnen geradezu die Bischöfe in Sachen Beratung dem Papst gegenüber hart zu bleiben. – Allein diese Tatsache genügt, daß auch jedermann merken kann, was hier gespielt wird.

- Es ist eindeutig klar, daß das furchtbare Unrecht, das der Staat durchgesetzt hat, wie auf Schleichwegen fortdauert und das Leben von Ungeborenen millionenfach vernichtet hat und vernichtet. – Dafür ist das ganze Gesetz des 218/219 ein einziger Beweis. Leider ist die Kirche durch die Beratung nach Paragraph 218/219 in dieses System der Vernichtung von Menschenleben eingebettet.

In der Sendung "Halbzeit" mit dem Moderator Hubert Eser. Am Sonntag den 25. Januar 1998, Sendebeginn 11.30 Uhr sagte Frau Gräfin von Westphalen zu Frau Süßmuth: „Der Schein ist der Ablaßhandel unserer Zeit!“ – Darauf antwortete Frau Süßmuth: „Ich bin entsetzt.“

Der Pater: „Pater Andreas Hönisch SJM hat mich noch auf einen Zusammenhang aufmerksam gemacht, der zwar sehr peinlich ist und auch laut aufschreien läßt, aber dessen Argumentationskette richtig ist. Er wies auf den Jesuiten Graf Friedrich von Spee hin, der in seiner Epoche das Buch "Cautio criminalis" geschrieben hatte. Bei der Herausgabe des Buches mußte der Jesuit einen Verweis seines Ordens hinnehmen. Er konnte es auch nicht unter seinem eigenen Namen veröffentlichen. Das Buch richtete sich gegen die Hexenverbrennung seiner Zeit. Es wurde zum Wendepunkt und zu einer Neubesinnung in dieser schwierigen Materie.

Die Frau: „Wollen Sie das Töten der Kleinen und die Tragödie zur Zeit des Jesuiten Spee in einem Atemzug nennen?"

Der Pater: „Ja! Abtreibung ist (nach internationaler Auffassung) meist der letzte Schritt in der Kette der Empfängnisverhütung, die versagt hat. Das Kind kommt unerwünscht und ungelegen. Es wird von den Eheleuten oder denen, die es gezeugt haben, nicht angenommen. Darum muß es ***"weggemacht"*** werden. Der Staat gibt sein Placet und entsprechende Ärzte führen es aus. Abtreibungskliniken sind flächendeckend vorhanden. Die Bevölkerung ist von einer sehr breiten Abtreibungsmentalität erfaßt, so daß diese akzeptiert zu sein scheint. Und so kommt es dann auf der ganzen Welt zu den gigantischen Abtreibungszahlen der modernen und postmodernen Zeit."

Die Frau: „Das sind viele!"

Der Pater: „Auf dem Scheiterhaufen der Götzen einer modernen Wohlstandswelt und eines breiten Hedonismus wird das Blut der Ungeborenen abscheulichen Götzen geopfert. Die Zahl der Opfer ist Legion. Ihr Rauch steigt in den Himmel empor und schwebt in einer breiten Bahn über ihn hin. In ihm steigen die Seelen derer, die man getötet hat, empor zum Thron des Lebendigen Gottes und rufen um Gerechtigkeit. Es ist eine unzählbare Schar. – Was wird Gott, der absolut gerecht ist, antworten, zumal diese hedonistische Welt nicht bereit ist, sich zu bekehren?"

Die Frau: „Die Antwort Gottes steht in der "Geheimen Offenbarung". Wer sie zu lesen versteht, kennt Gottes Gerichte."

Der Pater: „Dann müssen wir solange warten, bis die Stunde Gottes gekommen ist?"

Die Frau: „Ja, wir müssen noch warten? – Doch wann wird diese Stunde uns erreichen?"

Der Pater: „Studieren Sie doch die blutige Geschichte unseres Jahrhunderts und Sie haben die Antwort. Die Braunen und die Roten haben den gigantischen Kampf gegen Gott gekämpft und in furchtbaren Niederlagen verloren. – Wer Augen hat zu sehen, der sieht es. Wer Ohren hat zu hören, der hört es. Und wer ein Herz hat, der weiß, daß es längst vor der Tür steht und auf uns wartet."

DIE GEGENÜBERSTELLUNG

Was wir nun eigentlich vorgeworfen?

Die einen sagen: Sie freuen sich über jedes Kind,
das durch die Beratung nach § 218/19 gerettet wird.

Die andern sagen: Sie weinen erschüttert über jedes Kind,
das durch die Beratungsstelle und durch den Beratungsschein
im Stich gelassen und getötet wurde.

Die einen sagen: Der Staat habe den Auftrag Leben zu schützen,
und die Beratung solle nach dem Gesetz dazu dasein, Leben zu schützen.
Diesen Auftrag Leben zu retten und zu schützen
würde sie durch die Beratung in Schwangerschaftskonflikten erfüllen.

Die anderen fragen: Wenn durch die Beratungsstelle und die Ausgabe
des Scheins das Kind zur Tötung freigegeben und ausgeliefert wird,
was will dann diese rein staatliche oder kirchlich-staatliche Beratung wirklich?

Die einen sagen: Der Schein sei nur eine Bestätigung.

Die anderen sagen: Der Beratungsschein ermögliche das Töten,
ja, er wird zur Tötungslizenz, mit dem man das Kind straffrei tötet.

Die einen sagen: Wenn die Beraterinnen
der Schwangerschaftskonfliktberatungsstellen nach §218/219
den Beratungsschein unterschreiben und der Frau aushändigen,
habe diese Handlung keinen Bezug zur Abtreibung des Kindes.

Die anderen sagen: Der Schein liefere
mit vorgedrucktem Formular, Stempel, Datum und Unterschrift
das Kind dem Tode aus, da er die Straflosstellung des Abtreibers garantiert.

Die einen sagen: Man habe "blutige Hände"
wegen unterlassener Hilfeleistung. Kindlein seien getötet worden,
weil die konfliktbeladenen Frauen nicht mehr den Mut fanden,
zur katholischen Beratungsstelle zu gehen,
da man dort keinen Schein bekommt.

Die anderen sagen: Man habe "blutige Hände",
weil eine bewußte, direkte und unmittelbare Mitarbeit
an der Tötung vieler unschuldiger Menschen geschehe.
Denn die Beraterin hätte
durch ihre Unterschrift den Abtreiber straffrei gesetzt.

Die einen sagen: Bei der Abtreibung würde der Staat
Unrecht an sich
unter weit auslegbaren Bedingungen straffrei setzen.
Der Staat wolle den Schutz des Lebens, sehe sich aber außerstande,
unter den gegebenen gegenwärtigen Bedingungen
den Lebensschutz per Gesetz zu garantieren.

Die anderen sagen: Abtreibung sei in sich
ein vor Gott und den Menschen abscheuliches Verbrechen ,
das auf keine Weise gerechtfertigt ist und dem man widerstehen muß.

Die einen sagen: Durch den Ausstieg aus der staatlichen Beratung
würde man die Frauen in ihrer Not allein lassen,
deshalb müsse man die Möglichkeiten des staatlichen Systems ausschöpfen,
um den Frauen effektiv in ihrer Not zu helfen.

Die anderen sagen:
Man könne den wirklichen seelischen und physischen Nöten der Frauen
nicht wirksam helfen, solange man das ungeborene Kindlein
im Schoße der Mutter nicht kompromißlos schützt.

Die einen sagen: Man dürfe nichts versäumen,
um durch vorhandene Institutionen alles zu tun,
Frauen zu überzeugen, ihr Kind auszutragen.

Die anderen sagen: Daß die Beratung
nach dem Willen des staatlichen Gesetzgebers die einzige Voraussetzung
für straflose Tötung des unschuldigen Kindleins im Mutterschoß ist,
und daß der staatliche Gesetzgeber letztlich die Abtreibung will.

Die einen sagen: Es sei eine Binsenweisheit geworden,
daß man das ungeborene Kind nur mit dem Einvernehmen der Frau
retten kann. Keine Macht der Welt könne dies ändern.

Die anderen sagen:
Ein solcher Ausspruch ist eine Verkennung der Wirkung gegebener Gesetze.
Es ist in vielen Staaten deutlich nachgewiesen worden,
daß die Abtreibungszahlen sprunghaft in die Höhe gestiegen sind,
nachdem die Liberalisierung der Abtreibung durchgesetzt werden konnte. –
Obengenannter Satz dient dazu,
eine liberale Abtreibungsgesetzgebung zu stabilisieren.

Die einen sagen: Daß offenbar die gewichtigen Verfassungsurteile
und geltenden Gesetze nichts nützen,
solange man von einer Freiheit der Entscheidung der Frau ausgeht,
die in der Praxis darüber hinaus als absolut eingeschätzt werden muß.

Die anderen sagen: Die Praxis aller Beratungsstellen
suggerierte und suggeriert eine absolute Entscheidungsfreiheit der Frau,
indem der Staat eine ergebnisoffene Beratung vorschreibt,
an der sich ganz offenkundig in der Vergangenheit
auch die katholischen Beratungsstellen ausgerichtet haben.

Die einen sagen: Daß die Praxis der Beratung
das Lebensrecht des ungeborenen Kindes
weder ernstlich wahrnimmt noch verteidigt.
Dies beweisen die Abtreibungszahlen unseres Landes.
(Bischof Dyba formuliert: „Ja wahrhaftig, wir haben ein System
in dem einem Kind zu keinem Zeitpunkt das "Recht auf Leben" genommen
werden darf, sondern nur das Leben selbst. – Perfekter geht es nicht.“)

Die anderen sagen: Daß alles freie Handeln aus eigener Verantwortung
am Recht des anderen eingeschränkt wird.
Die Entscheidung der Frau endet am Lebensrecht des ungeborenen Kindes.
So betrachtet könnte man zu keinem Zeitpunkt
weder direkt noch indirekt eine Abtreibung billigen oder zulassen.

Die einen sagen: Das Bundesverfassungsgericht habe 1993
in aller Klarheit festgestellt, daß es im Blick
auf das Lebensrecht eines ungeborenen Kindes keine Gewissensfreiheit gebe.

Die anderen sagen: Wie ist es dann möglich, daß es in diesem unseren Staat
juristisch straffrei Millionen von Abtreibungen gibt?

Dieses Buch zeigt eine Facette
des brutalen innerkirchlichen Kampfes der Gegenwart auf.
Spannend und der Gegenwart abgelesen.

Das vorliegende Buch zeigt den internen Kirchenkampf von heute auf. Es stehen sich zwei Gruppen gegenüber: eine progressive und eine konservative. – Bischof Berger entschließt sich, einen Sektenbeauftragten anzustellen, der es sich bald zu Aufgabe macht, auch die innerkirchliche "Sekten" aufzuspüren und zu jagen. Dabei nimmt dieser auch Priester nicht aus, die auf dem Boden des 2. Vatikanischen Konzils stehen, es leben und weitergeben.

Es gibt kaum ein heißes Eisen der heutigen Diskussion, das nicht genannt wird: Zölibat, die Geschiedenen-Pastoral, Beichte, Verbindlichkeit des Lehramts, usw. Doch die Themen werden nicht theoretisch behandelt, sondern sind Bestandteile der Handlungen. – Die Erzählung spielt in Deutschland, doch könnte sie sich in jedem Land der westlichen Welt abspielen. Denn es gelten die gleichen Mechanismen.

Vor allem zeigt das Buch auf, daß mit gezinkten Karten gespielt wird. Denn der eigentliche Sektierer ist der Sektenbeauftragte selbst, der Rechtgläubige aus der Katholischen Kirche ausgrenzt, obwohl er sich selbst schon nicht mehr mit dieser Kirche identifizieren kann.

Dieses Buch sollte man lesen, um diese absurde Situation besser einzuschätzen. Bis zur Stunde kommen die Auseinandersetzungen in der Kirche nicht zur Ruhe. Das Buch soll helfen, das Heute klarer zu sehen.

Das Weißbuch über den BDkJ, gut belegt in vielen Dokumenten, legt offen, was in den vergangenen Jahren in diesem Verband betrieben worden ist, was sich deutlich gegen die Kirche selbst richtet.

Dazu schrieb ein Kardinal: „Haben Sie dank für Ihr Schreiben mit der Übersendung des Buches »Ganz sicher nicht katholisch«. Ich habe ihre Zeilen sehr aufmerksam zur Kenntnis genommen und das Weißbuch zum Anlaß genommen die darin angesprochenen Dingen mit meinen Mitarbeitern zu besprechen. So geballt habe ich selten Unmoral dargestellt gefunden.“

Ein Bischof läßt schreiben: „Der Bischof teilt Ihre pauschale Kritik und Verurteilung des BDKJ nicht. Er stützt sich dabei vor allem auf sehr viele positive Gespräche und Erfahrungen.“

Ein Generalvikar schreibt: „Ich möchte Ihnen ganz herzlich für die Übersendung des Buches danken. ... Zu Ihrer Information darf ich ergänzen, daß ich als Generalvikar außerordentliche Schwierigkeiten mit dem BDKJ habe, weil dieser – anstatt gediegene katholische Jugendarbeit zu leisten – ideologisches Funktionärstum fördert. Für mich ist dies eklatant deutlich an einem Papier, das der BDKJ erarbeitet hat, dessen Verbreitung wir verboten haben, weil es vom ecclesiologischen Standpunkt her falsch ist, was diese Funktionäre aber nicht hindert, über alle möglichen Winkelzüge dieses Papier zu verbreiten und der Generalvikar der "böse Bube" ist, der die Arbeit der BDKJ nicht schätzt. – Von diesem Hintergrund her bin ich über diese Ihre Dokumentation dankbar, weil sie in meinen Augen deutlich macht, wie sehr des BDKJ genau auf der liberalen Zeitgeistwelle schwimmt, die immer nur fragt, was die Jugendlichen wollen, und nie auf die Idee kommt zu fragen, worauf es vom Evangelium her ankommt.“

– WERBUNG: SJM - VERLAG – HAUPTSTRASSE 124 –
67149 MECKENHEIM – Tel: 06326.7861 (Fax: 7361)

Mariam Dahlhaus

MEDITATIONEN über DAS LEBENS MARIENS

Eine kleine Schrift, doch voll Anmut und innerer Freude. Das Leben der Gottesmutter dargestellt mit Hilfe der Heiligen Schriften ergibt ein Bild von der tiefen Einigung mit Jesus ihrem Sohn und seinem Leben im Schoß der Familie. Sie begleitet ihn im Hintergrund auch in seinem öffentlichen Leben und steht unter dem Kreuz. Es ist dringend notwendig, die wahre Bedeutung Mariens zu erfassen. Darum diese Schrift.

Klaus Pfeiffer

Seid fruchtbar und mehret euch!

Göttlicher Auftrag und göttliche Ordnung in einer modernen Gesellschaft

Klaus Pfeiffer hat angesichts der heutigen Sexualerziehung als Abschluß seiner Studien ein Büchlein geschrieben, das uns die göttliche Ordnung der Familie vorlegt, die von vielen in Vergessenheit geraten ist. Kinder und Jugendliche, die heute am Leitbild modernen Sexes ausgerichtet werden, brauchen dringend eine Neuorientierung, die sich an Gott ausrichtet. Seine Ordnungen hat er in unsere Leiber hineingelegt, so daß wir fähig sind, sie aus unserer Natur herauszulesen.
Um uns erneut fähig zu machen, die wahren Freuden eines Familienlebens wieder erfahren zu können, haben wir dieses Kleinschrift in unser Programm aufgenommen.